On 323

O. 1705 p⁵
A.

DESCRIPTION

Dreſſée ſur les Mémoires du Sieur

GEORGE PSALMANAAZAAR,

Contenant une ample Relation de l'Iſle Formoſa en ASIE, du Gouvernement, des Loix, des Mœurs, de la Religion de ſes habitans & de ſes Voyages dans pluſieurs Endroits de l'EUROPE.

Enrichie de Cartes & de Figures.

A PARIS,
AUX DEPENS DE LA COMPAGNIE
MDCCXXXIX.

PREFACE.

IL y a long-tems qu'on soûpçonne les Jésuites, de n'aller dans les *Indes*, à la *Chine*, au *Japon* &c. que dans des veuës purement humaines. L'Or, les Perles, les Diamans sont, dit-on, bien plus vraisemblablement l'objet de leurs longs & perilleux voiages, que le zele de la gloire de Dieu & le desir de la conversion des Idolatres au Christianisme. Comme ils sont déja les maîtres dans les principales Cours de l'Europe, ne pourroit-on pas raisonnablement penser, en les voiant s'insinuer si avant auprès de ces grands Potentats de l'Asie,

(qui

(qui font affeurément les plus riches Monarques du Monde) qu'ils ont deffein de fe rendre un jour les Arbitres de l'Univers ? Le projet eſt grand, il eſt vrai, mais enfin, feroit-ce une entreprife ſi vaine & ſi abfurde qu'on ne pût, fans paffer pour vifionnaire, s'imaginer que les Jéfuites ofaffent former de femblables projets ? Ne les voions-nous pas déja établis dans prefque tous les lieux du monde connu ? Ne font-ils pas à la tête de toutes les affaires de la Chrêtienté ? Que les Rois, les Princes & autres Puiffances fe querellent & fe faffent la guerre tant qu'ils voudront, ne font-ils pas toûjours unis comme membres d'un même corps, gouvernés par un même Efprit & liés par les mêmes interêts ? Qui fçait ſi, par leurs intrigues, ils ne contribuent pas à entretenir le feu de la guerre, afin qu'en affoibliffant les Princes Chrêtiens, & en les épuifant d'hommes & d'argent,

ils

ils puissent s'en rendre un jour plus facilement les maîtres ? N'est-ce pas par là, que les Papes sont parvenus à ce haut degré de gloire & de puissance, où nous les voions aujourd'hui ? & si les Jésuites s'étoient une fois emparés de l'esprit & du cœur d'environ 30 ou 40 Têtes couronnées, quelle puissance sous le ciel seroit semblable à la leur ? Je me trompe, peut-être, mais il me semble entrevoir quelque chose de cela dans ce que disoit un jour à *Rome* le Général * des Jésuites, à un Cardinal, qui l'étant allé voir, paroissoit surpris du peu d'étenduë de son appartement, & en particulier, de la petitesse de sa Chambre : *Quelque petite que vous paroisse ma Chambre*, lui disoit-il, *sans en sortir, je gouverne tout le monde.*

Quand toutes les Rélations des Voiageurs ne nous instruiroient

* Le Pere *Aquaviva*.

pas de leurs démarches & de leurs intrigues dans ces puissantes Cours de l'Orient, la maniére dont-ils y prêchent l'Evangile, est si éloignée de l'Esprit de son divin Auteur, qu'il n'y a plus à douter qu'ils ne se jouent de la Religion, & ne s'en servent pour couvrir leur ambition & leur cupidité. Les Richesses qu'ils rapportent de ce païs-là, les progrés qu'ils font sur l'esprit de ceux qui y gouvernent, tout cela est enséveli dans le secret de la Société. Ils n'ont garde de publier le profit le plus réel de tant de missions, le Public n'en seroit pas satisfait. C'est pour cette raison, qu'ils s'attachent à repaître le Peuple de quelque chose d'éblouissant, qui l'empêche d'approfondir les mistéres qu'ils ont intérêt de cacher. C'est dans cette veuë, qu'ils ont compilé tant de volumes de la vie de leurs Saints, de leurs prétendus miracles, & des différens genres de mort qu'ils ont

ont souffert, en les mettant au rang des Martirs de Jesus-Christ, Martirs à la vérité, mais de l'ambition & de l'avarice, & dont on ne peut trop déplorer l'aveuglement. Car enfin le masque est levé : les accusations que d'autres Missionnaires * de la même Communion réitérent actuellement à *Rome* contre eux, ne laissent plus aucun lieu de douter de leur Hipocrisie : les honnêtes gens en sont convaincus, il n'y a plus que le Peuple ignorant & grossier, qui en puisse être desormais la dupe.

C'est en vain que les Jesuites attribuent la persécution du *Japon*, à la haine & à l'envie des *Bonses*, ou des Prêtres Païens, & à la ja-

---

* Mrs. de la Congrégation des Missions étrangeres & les Religieux Dominicains, accusent depuis plusieurs années les Jésuites de faire paganiser les Chinois nouveaux convertis. Ces accusations ont été portées par devant le Pape qui a établi une Congrégation pour juger de ces différends.

loufie des Hollandois; cela feul n'eût jamais été capable de porter ces Peuples à traiter les Chrêtiens auffi cruellement qu'ils ont fait; mais s'il reſtoit encore quelque doute dans l'ame de certaines gens, fur des faits que tout le monde ne peut pas approfondir, en voici un d'une nature à ne pouvoir être contredit, & dont chacun peut juger par foi-même.

L'avanture du Sr. *George Pfalmanaazaar* Japonnois, & Païen de naiſſance, l'éducation qu'il a receuë dans fon païs, d'un Jéfuite paſſant pour Japonnois & Païen comme lui, l'artifice dont ce Jéfuite s'eſt fervi pour le tirer de la maifon de fon Pere & le faire paſſer en France, la fermeté avec laquelle il a refiſté à toutes les follicitations d'une Société puiſſante & redoutable, qui a mis tout en ufage pour lui faire embraſſer une Religion qui lui paroiſſoit abfurde dans la pratique, quoi que raifonnable dans fa fource: en-

enfin sa conversion à la Religion Protestante, sans y avoir été engagé que par la seule force de la vérité, tout cela est accompagné de circonstances si extraordinaires que la curiosité de quantité de personnes judicieuses, tant en Hollande qu'en Angleterre, & dans tous les autres endroits, où il a passé, en a été excitée. On s'est empressé de le voir, de l'entretenir, & d'apprendre par sa bouche des choses si singuliéres. Ceux qui, en matiére de Religion, sont plus frappés par l'exemple que par la force d'un raisonnement suivi, trouveront dans ce recit un grand préjugé en faveur de la Réformation. C'est un Païen persuadé, convaincu, tant de la fausseté du culte dans lequel il est né, que de la sainteté de celui qu'enseigne la Religion Chrêtienne, qu'il est résolu d'embrasser. Il voit cette même Religion divisée en plusieurs Sectes, parmi lesquelles il se croit obligé de choisir : cela l'arrête

rête, il n'a aucun intérêt d'embraſſer un parti plûtôt qu'un autre : il eſt doué d'ailleurs de toutes les qualités néceſſaires pour ne ſe pas laiſſer ſurprendre. Tout le monde a admiré ſa vivacité, ſa penetration, ſon diſcernement, la netteté avec laquelle il conçoit les choſes & les exprime, & ſur tout ſa facilité à parler 9 ou 10 ſortes de langues, * qu'il a appriſes en très-peu de tems. Il a aſſés de ſavoir pour juger ſainement des points controverſés, il s'y arrête autant qu'il eſt néceſſaire pour ſe déterminer avec connoiſſance de cauſe. Ce Païen tel que je le repréſente, après avoir ouï tout ce que les plus habiles Docteurs de l'Egliſe Romaine ſont capables d'imaginer, pour faire valoir le ſens qu'ils donnent à certains

---

* Le Latin, le Grec, l'Italien, l'Eſpagnol, le haut Allemand, le Hollandois ou Flamand, le François & l'Anglois, outre le Japonnois qui eſt ſa lange naturelle; & aſſés de Chinois.

PREFACE.

tains passages de l'Ecriture, après avoir examiné la doctrine & les pratiques religieuses que les mêmes Docteurs adoptent comme des conséquences qu'ils prétendent s'inferer naturellement de leurs principes; après avoir comparé toutes ces choses avec ce que les Théologiens Protestans, tant de la Communion d'Ausbourg, que de celle d'Angleterre & de Hollande, lui ont allégué en faveur de leurs opinions, ce Païen, dis-je, favorisé de la grace, éclairé par l'Ecriture, aidé de sa raison, conduit par les avis charitables d'un homme * sçavant, pieux & desinteressé, fait choix de la Religion Protestante & se range à la Communion de l'Eglise Anglicane. Si une telle conversion ne prouve rien en faveur de la cause des Protestans contre l'Eglise Romaine; elle peut au-moins ser-

---

* Monf. *Innes* Ministre Ecossois, Conformiste, Chapelain de Monseigneur le Duc de *Schomberg*.

servir d'exemple à ceux qui depuis que les matiéres de controverse sont épuisées, demandent un Juge desinteressé pour prononcer en faveur de l'un ou de l'autre parti. Je sçai bien que l'opinion d'un particulier ne peut pas servir de regle pour se déterminer dans un choix de cette importance; mais supposé que les raisons alléguées de part & d'autre fussent d'un égal poids, le choix de ce particulier ne seroit-il pas seul capable de faire pancher la balance? Si donc les Protestans qui sont infiniment supérieurs en preuves & en autorités, ont encore le jugement de ce particulier par devers eux, ne demeurera-t-on pas d'accord que la conversion & le choix de cet Idolâtre leur doit-être un grand sujet de consolation? principalement lors qu'ils considérent que la seule persuasion qu'ils emploient l'emporte sur la force & la contrainte que leurs ennemis mettent en usage quand les preuves leur manquent,

PREFACE. XIII

quent, ou que leurs discours séduisans ne produisent point l'effet qu'ils en attendent. Mais avant que le Lecteur puisse juger des faits contenus dans cette Relation, il est bon de l'éclaircir sur certaines objections qui ont été faites au Sr. *Psalmanaazaar*, dans le tems qu'il travailloit aux Mémoires qui ont servi de matiére à cet ouvrage. A peine étoit-il arrivé en Angleterre, que tant de gens le questionnerent, sur la situation, l'étendue, les mœurs, les coûtumes & la Religion de son païs, que pour satisfaire la curiosité du public, se délivrer de la fatiguante nécessité de répéter cent & cent fois les mêmes choses & de répondre à mille questions, souvent ridicules & extravagantes, il résolut de mettre au jour une description de son Isle, la plus ample & la plus exacte qu'il lui seroit possible, espérant satisfaire par là tout le monde. Il le fit d'autant plus volontiers, qu'il voioit que plusieurs Auteurs, qui prétendent avoir été long-tems dans ces Pays-là, n'en ont rien dit qui approche tant soit peu de la vérité : & quoi qu'on lui representât, qu'il alloit écrire des choses qu'on ne manqueroit pas de traiter de fables, parce qu'en matiére de relation de lieux si éloignés, qu'on n'a pas grand intérêt d'approfondir, qu'il est même presque impossible de vérifier, on est toûjours plus porté à croire ce que les premiers Ecrivains en ont dit que les autres. Cette réflexion ne le rebuta point: *Je ne me soucie pas tant*, disoit-il, *qu'on me croie sincére, que j'ai dessein de l'être effectivement.*

Lors qu'il me communiqua ses Mémoires, qu'il avoit écrits en Latin, (car c'est de toutes les langues de l'Europe celle qu'il écrit avec le plus de facilité) après les avoir parcourus, je lui fis la même objection, & lui dis qu'asseurément

PREFACE. xv

ment la lumiére n'étoit pas plus opposée aux ténébres que ce que certains Voiageurs nous disent de *Formosa* avec ce que je venois de voir dans la description qu'il en avoit faite. Il me répondit d'abord en général, qu'il s'étoit uniquement attaché à dire la vérité, que si ce qu'il avoit dit ne s'accordoit pas avec ce que d'autres avoient écrit avant lui, ce n'étoit pas sa faute, qu'il n'avoit pas dessein néantmoins d'accuser ces Auteurs d'en avoir voulu imposer à tout l'Univers; mais qu'il lui étoit aisé de faire voir qu'ils s'étoient grossiérement trompés en bien des choses, & visiblement contredits en d'autres, qu'il ne prétendoit pas non plus donner une histoire complette de son païs, ni une description contre laquelle il n'y eût rien à dire, parce qu'il étoit sorti fort jeune* de *Formosa*, & que depuis plus de six ans qu'il étoit en Eu-

* A l'age de 19. ans.

Europe, il se pouvoit faire qu'il eût oublié bien des choses même essentielles, que par cette même raison, il pouvoit y avoir du plus ou du moins dans quelques-unes de celles qu'il avoit avancées, dont-il n'étoit peut-être pas parfaitement instruit; mais entrons, me dit-il, un peu dans le détail de ce que les principaux d'entre vos Voiageurs ont dit de *Formosa. Candidius* * Ministre des Hollandois au Fort de *Tyowan*, dans la description qu'il fait de cette Isle dit, *qu'il n'y a aucune sorte de Gouvernement, ni Monarchique, ni Démocratique, ni autre; ni Loix, ni Police, ni Juges, ni Magistrats, que les Peuples y sont tous égaux, & ne reconnoissent aucune sorte de subordination, n'y aiant même parmi eux, ni Maîtres, ni Domestiques; que le vol, le meurtre, l'adultére & tous les plus grands cri-*

_____

* Collection of Voiages. vol. 1. p. 526. imprimé à *Londres* 1703.

PREFACE.

crimes y sont impunis, que chacun peut venger lui-même l'injure qui lui a été faite ; que si, par exemple, un homme m'a volé cent écus, j'ai la liberté de lui en prendre autant si je puis, par represailles ; que si un particulier en assassine un autre, ceux qui s'intéressent à la mort du deffunt peuvent poursuivre eux-mêmes l'assassin, & lui ôter la vie ; qu'il en est de mêmes de l'adultére & des autres crimes. Enfin il soûtient *qu'il n'y a point de mines d'or ni d'argent, & qu'on n'y recueille point d'Epiceries.* A quoi je répons prémiérement, que les Marchands conviennent tous qu'il y a un Gouverneur à *Formosa* auquel on paie de gros droits pour toutes les marchandises qu'on tire de cette Isle : que s'il y a un Gouverneur, il faut qu'il y ait quelque sorte de Gouvernement, il faut qu'il y ait des Loix, & s'il y a des Loix, il doit y avoir des personnes préposées pour les faire executer. Les habitans ne sont donc pas tous égaux.

On

On prouve qu'il y a des mines d'or & d'argent par la grande quantité de ces précieux métaux, que les Negocians en tirent de tems en tems, aussi bien que des épiceries par celles qu'ils en rapportent.

La raison seule ne nous permet pas de concevoir un Etat dans une Anarchie telle que *Candidius* nous dit être à *Formosa*. Quel est le Roiaume sur la terre qui puisse subsister sans loix & sans autorité? Quelle Société peut se conserver, si les crimes ne sont pas punis? Un tel Etat ne seroit-il pas un théatre continuel de meurtre & de rapine, principalement si les Peuples, ainsi qu'on l'asseure des Formosans, regardoient les crimes les plus noirs comme des actions innocentes ou permises? Que dirons-nous donc? *Candidius* se seroit-il imaginé voir des choses qui ne furent jamais? Quel plaisir auroit-il trouvé à faire une longue description des mœurs & des coûtumes d'un Peuple,

PREFACE. xix

ple, qui n'auroient eu de réalité que dans son imagination? non, mais voici ce qui est arrivé.

Depuis les Côtes de la *Chine* jusqu'au *Japon*, il y a une chaine d'Isles qui remplit une étenduë de mer de plus de 200. lieues en longueur. Ces Isles sont au nombre de 1000. ou 1200, petites ou grandes, la plûpart désertes & inhabitées. Proche de cette partie de *Formosa* appellée le grand *Peorko*, à la distance d'une lieüe ou environ, en tirant vers la *Chine*, il y a une petite Isle * à l'extremité de laquelle les Hollandois ont bâti un Fort, sur une petite dune, qu'ils ont nommé *Tiowan* ou *Thyowan* § aiant répandu leur colonie tout autour. Cette petite Isle étoit déja habitée par quelques

---

· Voiés la Carte ci jointe.

* *Martineau du Plessis* dit que cette petite Isle a environ 2. lieües de long, mais qu'elle n'est éloignée que de 1000. pas de *Formosa* Géograf. tom. 2. pag. 354.

§ Du nom d'un petit Bourg voisin. Ils l'ont quelquefois appellé *Zelandia*.

ques Montagnards fort sauvages, & c'est apparemment de ces gens-là dont *Candidius* veut parler. Il appelle cette petite Isle *Formosa*, parce qu'elle en est toute proche, & que le nom de celle-ci étant plus connu, les Hollandois s'en sont toûjours servis pour désigner le lieu de leur colonie; car la véritable Isle de *Formosa*, ou plûtôt les cinq Isles connuës en Europe, sous le nom de *Formosa*, à la *Chine*, sous celui de *Pak-Ando*, & que les Naturels nomment *Gad-Avia*, n'ont jamais été, ni en tout, ni en partie, en la possessions des Hollandois. Peut-être aussi que *Candidius* a cru que ces Isles étant si voisines les unes des autres, il ne devoit pas y avoir beaucoup de différence dans les coûtumes de tous ces Insulaires, & que n'aiant jamais été à *Formosa*, non plus que les Hollandois qui, quoi qu'ils y commercent depuis plusieurs années, n'ont pas la liberté de s'avancer dans les terres de

cette

PREFACE. xxi

cette Isle, comme on le verra par la suite de cet ouvrage, il a jugé des mœurs & des coûtumes des Formosans, par ce qu'il a veu pratiquer aux environs du Fort de *Tyowan*. Je m'explique davantage: si quelques Japonnois venoient en Europe, & obtenoient la permission du Roi ou de la Reine d'*Angleterre* de s'établir dans quelques-unes des Isles *Hebrydes* ou *Westernes*, ou des *Oreades* ou de *Schetland*, qu'ils y eussent un Fort avec une colonie, sans néantmoins qu'il leur fût permis d'approcher les côtes d'*Ecosse* ou d'*Angleterre*, que pour leur Commerce: si quelqu'un d'entre eux s'avisoit de publier au *Japon* une description de ces deux Roiaumes, ne jugeant des Loix, des Mœurs, des Coûtumes, des Richesses, du Gouvernement & de la Religion de ce beau païs, que par ce qu'il auroit ouï dire, ou qu'il auroit pû remarquer parmi les habitans naturels du lieu,

* où

* où ils se seroient établis, & qu'il soutint que c'est dans un tel païs, & chés une telle nation qu'ils ont une colonie § pour faciliter leur commerce avec ces Peuples barbares (car il n'y a point de doute qu'ils ne passassent pour tels dans leur esprit) à quel reproche ne s'exposeroit pas un tel Ecrivain? principalement si un Anglois ou un Ecossois alloit au *Japon*, & se hazardoit de les vouloir détromper, en leur donnant lui-même une description exacte de son païs.

Il y a d'autres Auteurs qui disent que l'Isle de *Formosa* est une dépendance de la *Chine*. Si cela est, d'où vient que les Chinois paient de si gros droits aux Gouverneurs des Pla-

* Cette comparaison n'est pas tout à fait juste, les habitans de Tyowan aiant des coûtumes bien plus dissemblables de celles des Formosans que les Habitans des Isles d'Ecosse les moins peuplées, ne différent d'avec les Ecossois ou les Anglois mais elle ne laisse pas de faire voir plus clairement la bévue de *Candidius*.

§ Il y a apparence qu'ils parleroient de cet Etablissement, comme étant en *Angleterre* ou en *Ecosse*.

PREFACE. XXIII

ces, d'où ils tirent leurs marchandises? D'où vient que les Hollandois, après avoir été chassés de *Tyowan* (par les Formosans même, ou par le Pirate Chinois *Coxinga*, il n'importe) & leur commerce aiant été interrompu pendant plusieurs années, se sont adressés à l'Empereur du *Japon*, & ont obtenu de lui la permission de rentrer en possession de leur Fort, & de rétablir leur commerce à *Formosa?*

L'Auteur du livre * intitulé *Ambassades de la Compagnie Hollandoise des Indes d'Orient, vers l'Empereur du Japon*, dit *que la Flotte qui menoit* Mrs. BLOCKHOVIUS § *&* FRISIUS *Ambassadeurs, aiant été surprise d'une grosse tempête relâcha à* FORMOSA, dont il fait la description ou plûtôt l'Histoire. Est-il possible que des gens qu'un coup de vent

a

---

* imprimé à *Leyde* 1685. 2. Vol in 12. Volés la 2. partie du 2. vol. pag. 267

§ Il mourut dans la traversée à la hauteur de l'Isle de **Chyamba** le 16. Aoust, 1644.

a jettés sur une Côte, où ils n'ont demeuré que peu de jours, & qui par conséquent ne peuvent avoir eu de commerce qu'avec quelques Païsans, ou Pêcheurs, gens sauvages, ignorans & grossiers, entreprennent de juger des Mœurs, des Coûtumes, des Richesses, des Loix, du Gouvernement & de la Religion de tout un païs, par ce qu'ils en ont ouï dire à de telles gens, dont ils n'ont pas souvent entendu la langue, ou par ce qu'ils auront pû remarquer dans quelque méchant village, où la curiosité les aura conduits? On ne comprend pas d'où cet Auteur a pris tout ce qu'il dit, sinon que voulant orner sa Relation de la description Géografique ou Historique des lieux où il avoit passé, il a mieux aimé, aiant à parler de Formosa, copier, comme il a fait, *Candidius* mot pour mot, que de ne rien dire d'une Isle dont le nom est si connu.

De toutes les coûtumes receuës chés les Païens, celles qui intéressent

PREFACE. xxv

la Religion font ordinairement plus curieufement examinées que les autres: plus elles font éloignées de celles que nous pratiquons, & plus elles nous paroiffent étranges. Les facrifices que font les Formofans de leurs propres Enfans, tantôt à Dieu, quelquefois au Diable, paroiffent fi inhumains, fi effroiables, que bien des gens font tentés de n'en rien croire, & prétendent, fur cela feul, être en droit de taxer de menfonges tout ce que le Sr. *Pfalmanaazaar* a dit de plus vrai-femblable. On fe récrie fur le nombre prodigieux de ces innocentes victimes, dont on répand le fang fi impitoiablement : 18000. Enfans mâles, qui periffent chaque année par les mains des Sacrificateurs, outre ceux que les accidens, les maladies enlévent, & cela dans l'étendue de 130. leuës de païs, cela eft impoffible dit-on, & on y doit d'autant moins ajoûter foi, qu'aucun Auteur n'en a jamais fait mention, & que quelque peuplé que puiffe être un Roiaume, il n'en faudroit pas davantage pour y éteindre

dre en peu de tems la race des hommes, & le rendre semblable au païs * des Amazones.

Pour répondre avec ordre à cette objection, qui est sans contredir la plus forte qu'on ait faite contre nôtre Japonnois, je dirai prémiérement que cette coûtume, toute inhumaine, toute impitoiable, & toute dénaturée qu'elle est, a été néantmoins receuë de tout tems, non seulement parmi des Peuples grossiers & barbares, mais même chés des Nations, qui se sont piquées de politesse, je veux dire les Grecs & les Romains, en sorte que plu-

---

* Vaste Région de l'*Amerique* Meridionale qui s'étend depuis le 1. degré de Latit. Sep. jusqu'au 15. de la Mérid. entre le *Perou*, le *Paraguay* & le *Bresil*. Ce Païs est arrosé de l'*Amazone*, qui est sans contredit la plus belle riviére qui soit au monde, aiant 800. lieuës de cours en droite ligne. On tient que cette belle contrée n'est habitée que par des femmes qui ne souffrent point d'hommes dans leur Etat : qu'elles font l'amour à leurs voisins une fois l'an, qu'elles estropient & rendent inutiles tous les Enfans mâles dont elles accouchent, & que pour les femelles, elles leur brûlent le sein droit, afin qu'elles soient plus propres à tirer de l'arc & à lancer le javelot. Cela paroît si bizarre & si étrange qu'il ressemble bien fort à une fable, née apparemment de ce qu'en quelque contrée de l'*Asie Mineure* on a vû des femmes aller à la guerre avec les hommes, ou de quelques autres causes qu'il ne seroit pas difficile d'imaginer.

plusieurs Historiens nous asseurent, que jusqu'au tems de l'Empereur Adrien, les sacrifices d'hommes étoient ordinaires par toute la terre. Je ne pourrois sans passer les bornes d'une Préface, rapporter tous les exemples que les célébres Ecrivains nous en donnent: je me contenterai de citer leurs noms * en marge, afin que le Lecteur les puisse consulter, s'il en a la curiosité. Les Israëlites mêmes avoient adopté cét abominable culte. L'Ecriture † nous apprend qu'ils lui avoient établi un lieu exprés dans une ‡ vallée proche de *Jerusalem*, où ils faisoient passer leurs Enfans par le feu, & les sacrifioient en l'honneur du Soleil & de la Lune, dont ils s'étoient fait une Idole, § laquelle fut détruite par le bon Roi *Josias*, qui abolit entierement ce culte impie & détestable. Ce n'est donc pas une chose nouvelle, ni qui soit particuliére aux

** 2 For-

---

* *Lactance* l. 1. *de falsa Rel.* c 21. *Plutarque* Quæst. Rom. 83 quæst. *Euseb.* l. 4. ch. 16. præp. Evangél.

† *Jeremie* 7. V. 31. *Levit.* 18. V. 21. 11. *Rois* 11 & 23. 1 *Chron.* 28. *Amos* 5. *Actes* 7. V. 43.

‡ Cette vallée se nommoit *Topheth* ou du fils de *Hinnon*.

§ Qu'ils appelloient *Moloch*, ou *Remphan*

Formosans. A l'égard du nombre, le Sr. *Pſalmanaazaar* a déclaré pluſieurs fois, que leur loi eſt poſitive ſur celui de 18000 ; mais qu'il ne ſait pas ſi elle s'execute à la lettre. Cependant il eſt certain que cette Iſle eſt fort peuplée, & que la poligamie y étant permiſe, les familles y ſont fort nombreuſes, ainſi ce nombre n'eſt peut-être pas ſi incroiable qu'on ſe l'imagine, ce qui ſuffit pour détruire toute la force de cette objection. Mais ſi ce qu'aſſeure nôtre Japonnois paroît ſi extravagant, que penſer de ce que dit *Candidius*, & aprés lui l'Auteur * des Ambaſſades des Hollandois au Japon? que, lors que les femmes de FORMOSA ſe trouvent enceintes avant l'âge de 37 ans, les Prêtreſſes les couchent ſur un lit (qui eſt fort dur n'étant fait que de quelques peaux de Cerf étenduës ſur le pavé) & leur ſautent ſur le ventre, en leur faiſant ſouffrir des douleurs effroiables, juſqu'à ce qu'elles les ayent fait avorter. & qu'en 1628, il avoit veu une femme, qu'on avoit fait accoucher 16 fois de cette cruelle

* Pag. 279.

PREFACE. XXIX

le & barbare maniére, qui étoit alors enceinte du 17. Enfant, qu'elle espéroit porter jusqu'à son terme, parce qu'elle avoit enfin l'âge requis pour le pouvoir mettre au jour sans honte, & plusieurs autres absurdités pareilles. Or je demande, s'il y eût jamais rien de moins vraisemblable, ou qui soit plus propre à rendre un païs desert & à le dépeupler absolument ? & s'il est naturel qu'une femme, qu'on auroit fait avorter si souvent, & par des efforts capables, de faire mourir les plus robustes, pût se trouver en état de concevoir de nouveau. Qu'on me dise lequel est le plus croiable, ou de *George Candidius*, Ministre Hollandois, qui rapporte des usages qu'il peut avoir observés chés quelques Sauvages de *Tyowan*, & qu'il a appliqués trop légérement aux Formosans, sans les avoir approfondis, ou de *George Psalmanaazaar* Formosan, qui nous donne un détail des mœurs & des coûtumes d'un païs, où il est né, dans lesquelles il a été élevé, & dont il a lui-même pensé être la victime ?

time*? mais voici la source des contradictions que ce pauvre Néofite a trouvées en son chemin.

Il est venu en *Angleterre* par le conseil du zelé Ministre qui l'a instruit. Il a été adressé à *Mylord Evêque de Londres*, qui l'a receu avec sa bonté & sa charité ordinaire. L'Histoire de sa conversion, dont nous venons de parler, a fait du bruit. Les Cathol. Romains de *Londres* l'ont veu, l'ont oui raisonner comme les autres, persuadés que des faits de la nature de ceux qu'il a avancés, ne pouvoient manquer de donner prise sur eux, & particuliérement sur les Jesuites, ils se sont ligués pour le décrier, & le rendre suspect: ils lui ont tendu des piéges, dont il n'a pû se deffendre: ils ont fait courir le bruit que c'étoit un Imposteur & qu'il n'étoit rien moins que ce qu'il se disoit étre. A la vérité c'est à quoi on s'est bien attendu: les Jesuites ont intérét à se disculper tout autant qu'ils pourront des justes reproches que le pu-

---

* Il avoit été destiné à être sacrifié: son pere qui l'aimoit le racheta moiennant une somme d'argent, & livrant un de ses autres enfans en sa place.

public leur pourra faire à l'occasion de ce Proselite : ainsi il n'est pas surprenant qu'ils cherchent à le diffamer & s'efforcent de le rendre odieux dans un païs, où, quoi que cachés, ils ne laissent pas d'être malheureusement très puissans. Ce qu'il y a d'étrange c'est, que des Protestans, qui ont éprouvé un million de fois ce dont ces bons Peres sont capables, n'aient pas encore appris à s'en défier, ni à démêler le vrai d'avec le faux, dans des cas, où ils sçavent bien qu'ils peuvent être interéssés. Mais il semble que ces Messieurs-là tiennent tous les Peuples du monde dans une espéce d'enchantement à leur égard, qui fait qu'on les respecte, lors qu'on devroit le moins les ménager. On les connoît parfaitement, on est instruit de leurs détestables maximes & de leur pernicieuse politique : on sçait jusqu'où peut aller leur ambition, on est convaincu par une malheureuse expérience des maux * qu'ils sont capables de faire. On n'i-

---

* On leur a reproché les deux attentats commis sur la personne *de Henri 4.* par *Jean Châtel* en 1594. & *François Ravaillac* en 1610.

n'ignore pas que cette Société s'est rendue suspecte, & qu'elle a été notée dés le commencement * de son établissement: on convient que leur doctrine expose les Souverains à de continuelles révolutions, les Protestans au carnage, & la Morale Chrétienne au plus déplorable relâchement que l'on puisse apprehender: en un mot que c'est une Peste qui ne peut qu'infecter toutes les Sociétés, où elle se trouve. Des Roiaumes, † des Républiques, ‡ ont été souvent contraints de les chasser, de les proscrire honteusement, cependant ils ont trouvé le moien de se rétablir plus honorablement que jamais. Dans quelques endroits § on les souffre, on les tolére en d'autres, ‖ que dis-je? on les recherche, on leur applaudit, d'où cela vient-il? constamment il n'y a pas de païs au monde, où les Jésuites aient fait plus de ravage & causé de plus grands désordres qu'en *Angleterre*. Ces Iles fortunées n'ont elles

* En 1534. sous le Pontificat de Paul 3.
† L'Angleterre en 1585. l'Ecosse en 1601. la France en 1594 le Japon en 1616.
‡ La République de Venise en 1607.
§ En France, à Venise.
‖ En Angleterre quoi que cachés.

PREFACE. xxxiii

les pas été à deux doigts de leur perte, & si Dieu ne les avoit préservées comme par miracle, ne gémiroient-elles pas aujourd'hui sous un dur & impitoiable esclavage? Quels autres que les Jésuites ont tramé toutes les conjurations * qui ont été découvertes en ces trois Roïaumes? Cependant un Jésuite ✝ arrive tout récemment de la *Chine*, après y avoir passé plusieurs années en mission : la Compagnie des Indes, qui se louë de quelque service qu'il leur a rendu en ce païs-là, lui donne passage sur un de leurs vaisseaux. A peine a til mis pied à terre, que chacun s'empresse à lui faire civilité : les plus grands Seigneurs du Roïaume le régalent & le comblent d'honneurs : il en est lui même confus. Quelle autre Nation seroit capable d'une telle générosité? En bonne foi, si un Ministre de l'Evangile avoit passé en *France* sur quelque vaisseau du Roi ou de la Compagnie, pourroit-il se flatter d'y re-

---

* La conjuration des poudres appellée la *Fougade* sous le Regne de *Jaques* I. en 1605. & plusieurs autres. V. l'Hist. d'Angl. par Larrey tom 2. p. 632.

✝ Le Pere Fonteney de Paris.

recevoir un pareil traitement?

Ce Jésuite demeure quelques mois à *Londres*: il apprend qu'un nommé *Psalmanaazaar* natif de l'Isle de *Formosa*, aprés avoir embrassé la Religion Anglicane, est sur le point de publier un livre dans lequel il se plaint extrémement de quelques membres de la Société, & déclame de toute sa force contre l'Eglise Romaine. Ce Jésuite travaille sourdement à diminuer son crédit, & sans paroître s'intéresser en aucune façon aux choses qu'il débite, il met tout en usage pour le faire passer pour un fourbe : encore une fois rien n'est plus naturel que cette conduite dans un disciple de *Loyola*. Voions cependant quel avantage ce Jésuite a remporté sur lui.

Messieurs de la Société Roiale * d'Angleterre, trouvérent à propos de faire venir un jour † le Sr. *Psalmanaazaar* à une de leurs assemblés dans le tems que le Pere *Fonteney* y étoit. La première question qu'on fit à ce Jésuite

---

* Cette Société est à peu prés à Londres ce qu'est l'Académie Françoise à Paris.

† Mercredy 2 Février. 1704.

te fut, à qui appartenoit l'Isle *Formosa*. Il répondit qu'elle étoit tributaire de la *Chine* : on le pria ensuite de dire comment il le sçavoit : c'est, dit-il, qu'un vaisseau Anglois, nommé le *Harwich* aiant été jetté par la tempéte sur la côte de *Formosa*, dans lequel il y avoit cinq passagers Jésuites, l'un d'eux s'étant noié, & les quatre autres qui avoient pris terre dans l'Isle, y étant étroitement serrés, ils lui écrivirent dans une ville de la *Chine*, où ils sçavoient qu'il étoit alors, & qu'aussi-tôt qu'il eût présenté sa requête au *Cham* ou à l'Empereur, il fit redemander aux Formosans le vaisseau & tous ceux qui s'en étoient sauvés, à quoi les Formosans ont obéi. Le Japonnois prenant la parole dit, qu'il ne doutoit pas du fait : mais que cela ne prouvoit pas que l'Isle *Formosa* fût tributaire de la *Chine*, & que c'étoit la coûtume en tems de paix de se rendre réciproquement & les hommes & les vaisseaux que l'orage jettoit sur les côtes, dés qu'on les réclamoit. Il a apris, depuis, par quantité de marchands

qui

qui l'en ont assuré, que ce vaisseau avoit échoué non à *Formosa*, mais sur une Isle dépendante de la *Chine*. Le Japonnois s'apercevant que le Jésuite pour l'embarasser feignoit de se méprendre, lui demanda quel nom les Chinois donnoient à l'Isle *Formosa*, je n'en sache point d'autre, répondit le Jésuite, si ce n'est *Tyowan*. Il savoit bien le contraire, & n'ignoroit pas que les Hollandois, en désignant comme ils ont presque toûjours fait, leur petite Isle de *Tyowan* par le nom de *Formosa*, ont donné occasion aux Voiageurs & aux Ecrivains de confondre ces deux Isles. Mais le Japonnois lui aiant dit que les Chinois l'appelloient *Pak-Ando* qui signifie belle Isle ; Pak, Pak, reprit le Jésuite, il n'y a pas un seul mot dans toute la langue Chinoise qui se termine ainsi par une consonne. Il me sera facile de vous faire voir le contraire, repliqua le Japonnois, car presque tous les noms de grandes villes ses terminent de cette maniére, comme *Nanking*, *Kanton*, *Peking* &c. & afin qu'on ne croie pas que ce
soient

PREFACE. xxxvii

soient des exceptions qu'il faille faire, aiés la bonté, s'il vous plaît, de dire en presence de ces Messieurs, quelques phrases en Chinois: le Jésuite aiant recité *l'Oraison Dominicale*, il lui fit observer cinq ou six mots dans cette courte priére, qui avoient la même terminaison. Cette contradiction sauta aux yeux de toute l'assemblée, la conversation s'échauffant, & *le Pere Fonteney* aiant avancé que la langue Chinoise étoit égale par tout l'Empire de la Chine, & qu'il n'y avoit aucune diversité de Dialecte, on lui fit voir que cela ne pouvoit pas être, & qu'effectivement cela n'étoit pas : mais quoi qu'il ne pût rien répondre de raisonnable aux objections que ces Mrs. lui firent, il ne laissa pas de persister toûjours dans ce qu'il avoit avancé. Le Japonnois en fut si indigné, que pour lui faire la confusion toute entiére, il lui dit que de deux choses l'une, ou que les Jesuites & autres qui avoient écrit de la langue Chinoise ne disoient pas la vérité, ou que ce qu'il disoit lui-même n'étoit pas vrai : car ils asseurent

rent * qu'il y a dans chaque Province de la *Chine* un Dialecte particulier, & que tous les Chinois de chaque Province, ont entre eux des maniéres de s'exprimer differentes, selon les différens degrés de leurs qualités & conditions, que les Nobles parlent en *Mandarins*, les Prêtres, ou les Bonzes différemment de ceux-ci, & que le Peuple a encore sa maniére de parler particuliére. Le Jésuite ne répondit à tout cela, qu'en cherchant de mauvaises défaites, & n'alleguant jamais rien de positif: il nia même que les Chinois fissent aucunes infléxions de voix en parlant, pour marquer la différente signification de certains mots, qui s'écrivent les uns comme les autres; ce que nôtre Japonnois soûtint au contraire estre trés-veritable, asseurant qu'il a conversé plusieurs fois à *Formosa* avec des Chinois, qui lui sembloient bien plûtôt chanter que parler. Si les Jésuites étoient faits comme les autres hommes, je demanderois vo-

---

* Voiés les Mémoires de la Chine par le Pere le Comte tom. 1. pag. 246.

PREFACE. xxxix

volontiers, pour quelle raison le Pere *Fonteney*, qui trés constamment arrive * de la *Chine*, & qui y a passé un bon nombre d'années, parle de ce païs-là comme s'il n'y avoit jamais été, en s'inscrivant en faux sur des faits connus de tout le monde, & qu'on ne s'étoit encore jamais avisé de contredire. Mais qui dit un Jésuite, dit un homme incomprehensible. Il agit, il demeure dans l'inaction : il parle, il garde le silence : il dit vrai, il dit faux : il accorde, il nie : tout cela dans quelle veuë ? Dieu le sçait. Enfin pour cette fois, le Japonnois & ce Jésuite n'eurent pas une plus longue conférence.

Depuis ce tems-là, quelques personnes aiant cherché à les faire rencontrer encore l'un avec l'autre, leur ont donné deux rendés-vous, l'un chés *Madame la Comtesse de Powis* † & l'autre à *Sion-College* ; mais le Pere *Fonteney* ne s'y est pas voulu trouver.

Huit jours ‡ aprés leur entreveuë

à

---

* Au mois de Janvier 1704.

† Les Papistes & les Jacobites la traitent de Duchesse : elle a été Gouvernante du prétendu Prince de Galles. ‡ Mecredi 9 du dit mois de Février.

à la Société Roiale, nôtre Japonnois aiant été invité à dîner chés le *Docteur Sloane*, Sécretaire de la Societé Roiale, où étoient *Mylord Comte de Pembroke*, *Monsieur Spanheim*, Ambassadeur de sa Majesté Prussienne, quelques autres Personnes de qualité, & *le Pere Fonteney*, son Excellence demanda à ce dernier, à qui apartenoit l'Isle *Formosa*. Voici un jeune homme, répliqua-t-il, en indiquant nôtre Japonnois, natif de cette Isle, qui peut vous en rendre un meilleur conte que moi, qui n'ai point été ailleurs qu'à la *Chine*, à quoi le Sr. *Psalmanaazaar* répondit, que depuis environ 53 ou 54 ans elle étoit dépendante de l'Empereur du *Japon*, aiant eu auparavant ses Rois particuliers, qui ne relevoient d'aucune puissance. Le Jésuite n'eut pas l'asseurance de rien dire davantage, il contrefaisoit seulement l'étonné de voir nôtre Japonnois manger de la viande cruë, asseurant que les Chinois aprêtoient les leurs comme les Européens, avoüant néantmoins que les Tartares

ne

PREFACE.

ne faisoient que montrer leur viande au feu. Mais soit que la Compagnie s'apperçût bien que le Pere *Fonteney* évitoit d'entrer en aucun éclaircissement avec le Japonnois, & qu'elle voulût bien avoir cette complaisance là pour lui, soit qu'on négligeât de parler davantage de cette matiére, on ne dit plus rien de remarquable sur ce sujet. Mais un jour s'étant trouvé par hasard dans un *Coffée-house*, en *Devereux court*, proche *Temple-bar*, où étoient alors plusieurs personnes de distinction, le Pere *Fonteney* fut là un peu plus hardi qu'ailleurs. Il demanda au S. *Psalmanaazaar* le tems, la maniére & les raisons, qui lui avoient fait quitter son païs, en quoi il le satisfit pleinement, lui faisant en abregé le détail de l'Histoire qu'on trouvera fort au long à la fin * de cét ouvrage, à quoi il ne répondit rien autre chose, sinon qu'il ne connoissoit point le *Pere de Rode* dont il parloit, & qu'ils n'avoient point de Missions à *Formosa*. Il vouloit peut-étre dire qu'ils n'avoient point là de Missions

* chap. 36.

pu-

publiques, comme à la *Chine*, ce qu'on ne contefte pas. Ceux qui entendent la doctrine des Reftrictions mentales, ne feront pas furpris de voir un Jéfuite parler de cette maniére.

Quoi qu'il en foit, le Pere *Fonteney* n'a rien oublié pour calomnier le Japonnois dans tous les lieux, où il s'eft trouvé, ne lui aiant pourtant jamais rien ofé dire en face : mais plus lui & les autres Catholiques Romains de Londres, fe font attachés à ruiner fa réputation, & plus il a trouvé de protection & d'appui. On efpére que les perfonnes équitables fauront lui rendre la juftice qu'il mérite, & conviendront, qu'aiant un auffi puiffant & auffi redoutable ennemi à combatre que les Jéfuites en corps, il a befoin d'un fecours plus qu'humain : auffi efpére-t-il que la Providence, qui l'a fauvé n'étant encore qu'enfant, des mains des Sacrificateurs idolâtres, qui l'a affifté fi vifiblement dans tous les lieux, où il a paffé, & qui n'a permis toutes les perfécutions qu'il a fouffertes que pour l'éclairer & l'affermir dans la con-

PREFACE. XLIII

connoissance de son Evangile, le protégera encore contre tous les efforts de ses ennemis. *Des gens terribles se sont élevés contre lui, qui n'ont point Dieu devant les yeux, & qui cherchent sa vie; mais Dieu est son aide, le seigneur est de ceux qui soûtiennent son ame, il fera retourner le mal sur ceux qui l'épient & les détruira selon sa vérité.*

Peut-être que quelques Théologiens seront scandalisés de la maniére libre dont nôtre Japonnois parle, dans l'abregé des motifs de sa conversion, sur certains points de doctrine par rapport à la grace & à la prédestination : il proteste qu'en cela, il n'a été porté par aucune passion, mais seulement pour faire connoître les raisons qui l'ont empêché de se soûmettre à leurs opinions, aiant été d'ailleurs trés édifié de leur zéle & de leur charité, principalement depuis qu'il s'est veu guéri des préjugés de son éducation, car bien loin de condamner personne, il convient que, quoi que ces opinions ne soient pas conformes à l'idée qu'il s'est faite de la Morale de *Jesus-Christ*, el-

* Pseaume 54. v. 5. 6. & 7.

elles ne laiſſent pas de pouvoir être orthodoxes & ſalutaires.

Il reſte maintenant à dire quelque choſe de cét ouvrage. Dans le tems que je le compoſois, un Miniſtre *Ecoſſois* * travailloit à la même choſe en Anglois, & ſur les mêmes Mémoires que moi. Son livre vient de paroître; je l'ai parcouru, avant que de mettre la derniére main à celui-ci, je crois m'être non ſeulement beaucoup plus étendu que lui, en expliquant des choſes qu'on n'auroit pû comprendre autrement, mais auſſi avoir évité des fautes dans leſquelles il n'eſt tombé que pour avoir ſuivi trop ſcrupuleuſement la lettre de ſes Mémoires; outre que voiant le Japonnois tous les jours, & l'aiant conſulté ſur toutes les difficultés qui ſe ſont preſentées, je me ſuis inſtruit de pluſieurs choſes fort curieuſes, que j'ai placées dans leur lieu, & qui ne ſe trouveront pas dans l'Edition Angloiſe. Pour ce qui regarde la différence du ſtile, je laiſſe au Lecteur à en juger. Peut-être que ſi j'euſſe eu plus de loiſir, j'euſſe moins mal réüſſi.

* Le Doctr. Oſwald.

DESCRIPTION DE L'ILE FORMOSA.

CHAPITRE PREMIER.
De la Fertilité, situation, étenduë & division de l'Ile.

'Ile *Formosa*, que les Naturels du Païs nomment *Gad Avia** & les Chinois *Pac Ando**, est un des plus beaux & des plus agréables séjours de l'A-
sie,

---

* Ces 4. mots ont la même signification, quoi-qu'en langues différentes, & veulent dire *Belle Ile* qui est le nom que les François lui donnent, quoi-qu'elle soit plus universellement connuë en Europe, sous le nom de *Formosa*, que les Espagnols lui ont donné, & qu'ils ont retenu du Latin, & qui signifie aussi *belle*. Les Portugais l'appellent *Le-queio*, quelques Insulaires la nomment *Talliochà*.

sie, soit qu'on en considere la situation, le bon air, la fertilité, la beauté des sources & des Rivieres & la quantité des mines d'or & d'argent qu'on y trouve; outre qu'elle jouit de plusieurs avantages, dont les autres Iles sont privées, elle ne manque d'aucun de ceux que ces mêmes Iles possedent.

Les Montagnes en sont généralement fort élevées, mais il y a de belles & grandes plaines & d'excellens pâturages, qui sont toujours remplis de bétail, comme, Bœufs, Vaches, Taureaux, Veaux, Brebis, Agneaux, Chévres &c. on y trouve aussi des bois fort épais, qui nourrissent des Cerfs, des Sangliers, des Boucs, des Liévres, des Lapins & autres bêtes en abondance. Le terroir est trés fertile, quoique dans quelques endroits, les Habitants soient fort paresseux & ne cultivent la terre, qu'autant que le besoin les presse. On y recueille du Sucre, du Gingembre, de la Canelle, des noix de Coco & autres Epiceries, mais le Riz est ce qu'il y a de plus commun & dont on fait un plus grand usage. On y voit des fruits & des racines de toutes sortes, & quoi qu'il n'y croisse pas de raisins, on ne laisse pas d'y boire des liqueurs trés fortes, qu'on tire de certains

tains arbres, comme dans presque tous les autres endroits des Indes, mais principalement d'une, que l'on fait du Riz & qui enivre comme le vin d'Espagne.

Cette Ile est située presque sous le Tropique du *Cancer*, entre le 25. & 26. degré de Latitude Septentrionale. Elle est à l'Orient de *la Chine*, séparée de la Province de *Foquien*, d'un trajet d'environ 60. lieuës ; * elle a au *Nord* les Iles du *Japon* dont la plus grande † n'en est qu'à 200. lieuës : & au *Sud* les Iles *Luçon* ou *Philippines*, qui en sont éloignées d'environ 100. lieuës.

Son étenduë est de plus de 70. lieuës du *Nord* au *Sud*, & elle a à peu prés 15. ou 18. lieuës de *l'Est* à *l'Ouest*, dans sa plus grande largeur, & environ 130. lieuës de circuit.

Elle est divisée en cinq Iles, deux desquelles sont appellées *Avias dos ladronos*, ou Iles des voleurs : la troisiéme *grand Peorko*, la quatriéme *petit Peorko*, & la cinquiéme *Kaboski*, ou la principale Ile : étant effectivement la plus grande, car elle a 17. ou 18. lieuës de long, sur 15. de large & c'est celle

A 2   pro-

---

* Nos Géografes n'en comptent que 30. ou 34. au plus. † L'Ile *Niphon* ou du *Japon*.

proprement qu'on appelle *Gad Avia*, quoi que toutes les autres, auxquelles on a donné de différens noms pour les distinguer, soient connuës sous le nom général de *Gad Avia* ou *Formosa*. On trouvera ci-après un plus grand détail de ce qui regarde chacune de ces cinq Iles en particulier.

CHAPITRE II.
Des grandes Révolutions arrivées dans l'Ile Formosa.

LEs Habitans disent qu'autrefois l'Ile *Formosa* a été gouvernée pendant plusieurs siecles, par un Roi qui, pour le Gouvernement, se reposoit sur les soins de deux ou trois personnes choisies dans chaque ville ou village, qui veilloient à l'interêt du Peuple qu'ils representoient : ce Roi, qu'ils appelloient dans leur langue *Bagalo*, avoit un Gouverneur dans chacune des cinq Iles ci-dessus mentionnées, qu'on nommoit *Tano*, & qui ne rendoit compte de son administration qu'à lui seul.

Environ l'an 1510, l'Empereur de *Tartarie* envahit cette Ile & en demeura paisible possesseur pendant plus d'un sié-

siécle : mais le troisiéme Empereur, qui succeda à cette conquête, & qui étoit un Prince fort cruel envers les Naturels de l'Ile, dont il avoit résolu de détruire la Religion, les irrita tellement, que d'un consentement unanime, ils prirent les armes contre le Député de l'Empire, & les forces qu'il commandoit, & aprés un sanglat combat, ils le chasserent hors de leur Païs, avec un fort petit nombre de ses troupes qui avoient échappé à leur vengeance ; c'est ainsi qu'ils se délivrerent de l'Esclavage des Tartares, sous le joug desquels ils avoient gémi pendant plus de 70. ans, & rétablirent leur Prince naturel sur le thrône de ses Ancêtres, qu'ils rendirent plus puissant que jamais, non seulement en l'affranchissant de toute domination étrangére, mais encore du pouvoir de plusieurs petites Républiques qui divisoient cét Etat.

Il demeura dans cette situation l'espace de 70. autres années, pendant lesquelles les Européens, sçavoir, les Anglois, Portugais*, & Hollandois vinrent

_____
* Ils y avoient construit les Forteresses de *Fabrou*, de *Quilam* & de *Tamsui*, dont les Hollandois s'emparerent l'an 1635.

rent tour à tour établir un grand commerce dans cette Ile, principalement au grand *Peorko*, où les Hollandois bâtirent un Fort appellé *Tyonvam* *, ſur une petite dune à un mille de la terre ferme. Dans ce même tems, les Chinois tenterent pluſieurs deſcentes dans l'Ile, à deſſein de s'en rendre les maîtres, mais ils furent vigoureuſement repouſſés par les Formoſans, qui aiant pris les armes pour la deffenſe de leur Patrie, ſoûtinrent la guerre contre les Chinois, tant par mer que par terre, pendant quelques années ; juſqu'à ce qu'enfin, ils les en chaſſerent abſolument. Mais s'étant imaginé que les Hollandois, ſous une fauſſe apparence de ſe joindre à eux, pour repouſſer les Chinois, les avoient trahis & favoriſé ſous main leurs ennemis, ils les bannirent, leur deffendirent de jamais aprocher de leur Ile, & démolirent leur Château de *Tyonvam*.

Cependant depuis que *Formoſa* eſt devenuë de la dépendance du *Japon*, les Hollandois ont eu tant de crédit à la Cour

---

* Baudrand aſſeure qu'ils en ont été chaſſés par *Coxinga*, fameux Pirate Chinois, l'an 1661, mais cela n'eſt pas vrai, ce ſont les Formoſans eux-mêmes qui les bannirent de leur païs.

Cour de cet Empereur, & ils ont fait de si belles promesses, qu'ils ont obtenu la permission d'aborder les côtes de l'Ile, & de descendre à terre, à condition qu'ils n'y resteront que peu de tems, & qu'il y aura toujours une garde suffisante pour observer leurs mouvemens. Quand ils peuvent debiter leurs marchandises à *Formosa*, ils ne vont pas plus loin, si non ils poussent jusqu'à *Nangesaque* * dans le *Japon*; mais ils n'osent aller ailleurs.

Pendant tous ces troubles, les Formosans conserverent toujours la forme de leur Gouvernement, dans l'indépendance d'aucun autre Prince étranger, jusqu'à ce que *Meryaandanoo* aprés s'être emparé de l'Empire du *Japon* par la plus noire & la plus horrible de toutes les perfidies, se rendit aussi maitre de *Formosa* par une ruse également hardie & injurieuse à la Religion. Je ferai en peu de mots un récit exact de ces deux Ré-

---

* Ville avec un port de Mer, sur un Golfe de l'Ile de *Ximo* à 33. dégrés de Latitude Septentrionale. Les Japonois appellent cette Ile *Saycock* ou *Checock* qui signifie neuf Roiaumes, mais ce ne sont que des Provinces de l'Empire du *Japon*. Les Portugais avoient autrefois érigé dans cette ville un Evêché suffragant de *Goa*.

Révolutions, tel qu'il se trouve dans les Annales du Païs, & que les Peuples tiennent pour constant, plusieurs d'entre eux, qui vivent encore, en aiant été les témoins oculaires, n'y aiant pas plus de 50. où 53. ans, que la chose est arrivée.

Meryaandaneo étoit Chinois : étant venu au *Japon* dés sa jeunesse, il fut introduit à la Cour de l'empereur *Chazadiin* par quelques grands Seigneurs, qui l'avoient pris en affection : il fit un si bon usage de sa faveur, & s'en servit si à propos, qu'il ne tarda pas à se faire connoître de l'Empereur lui-même, lequel s'étant apperceu dans quelques occasions de son esprit & de ses talens, lui donna de l'emploi dans ses armées : il s'y comporta si sagement & avec tant de courage, que dans peu de tems, il se vit élevé à des postes plus considerables. Enfin, sa bonne conduite, sa valeur & son intrépidité, l'aiant rendu de plus en plus recommandable, il s'insinua si avant dans l'esprit de l'Empereur, qu'aprés avoir insensiblement passé des moindres postes aux plus hautes charges, il parvint jusqu'a la dignité de *Carilban* ou Généralissime des forces de l'Empire, place la plus haute, tant pour l'honneur &
l'au-

l'autorité que pour l'importance, dont un sujet pût être honoré.

Sa nouvelle dignité ne fit qu'augmenter son attachement pour l'Empereur & pour l'Empire : il continua de se conduire avec tant de prudence & de zéle, que l'Empereur l'aimoit passionnément. La fortune, toujours extrême, ne borna pas le bonheur de *Meryaandanoo* à la faveur de son Maître, elle lui fit faire une conquête capable de satisfaire son ambition, s'il eût pû lui prescrire des bornes. L'Impératrice fut si charmée de sa bonne mine, & toutes ses autres qualités les rendirent si aimable à ses yeux, que son cœur ne put se deffendre de l'aimer. Elle en devint si passionnée que quelque soin qu'elle prît d'abord de cacher le désordre où elle se trouvoit, ses yeux, ses discours & toutes ses démarches la trahissoient sans cesse, elle ne pouvoit vivre un moment sans lui. *Meryaandanoo* étoit trop clair-voiant, pour ne pas s'appercevoir du nouveau dégré de faveur où il étoit monté, & trop habile homme pour n'en pas profiter : il parloit bien, & si son esprit lui fit bientôt trouver le moien de lier une parfaite intelligence avec l'Impératrice, elle ne fut pas long-tems sans lui donner des preuves d'une entiere confiance. Enfin, elle en vint jusqu'à lui accorder des rendés-vous sécrets, où l'amour fut le seul témoin des plaisirs qu'ils y goûterent. Le bonheur de *Meryaandanoo* étoit d'autant plus grand, que, quand il n'y auroit eu entre eux que des entretiens particuliers, c'étoit une faveur si singuliere, tant par rapport aux coûtumes du Païs, qu'au rang de la personne, qui y jouoit le principal rôle, qu'on a peine à s'imaginer, qu'un homme pût souhaiter quelque chose au delà.

Cependant nôtre Général, au milieu de tant de biens, d'honneurs & de plaisirs, n'est pas content : l'ambition qui le dévore lui fait regarder avec envie la Couronne Impériale sur la tête de son Bienfaicteur, il s'imagine être plus digne de la porter que lui; & ne jugeant personne au monde capable de lui faire tête, ou de s'opposer à ses vastes projets, il forme le dessein de s'en rendre le maître, à quelque prix que ce soit.

Il commença d'abord par inspirer de la jalousie à l'Empereur contre l'Impératrice, & lui persuada qu'elle étoit Amante aimée d'un certain Seigneur qu'il lui nomma, l'asseurant qu'ils se voioient souvent en sécret dans ses jardins. L'Empepereur, qui ne doutoit pas un moment du zele & de l'attachement de son Favori, entra dans une fureur qu'on ne peut exprimer. Il ordonna à *Meryaandanoo* de s'informer avec soin à quelle heure & dans quel endroit, ils avoient coûtume de se rendre; que, dés qu'il en seroit asseuré, il ne manquât pas de l'en avertir, & qu'il donneroit de si bons ordres, que l'un & l'autre ne lui échapperoient pas. *Meryaandanoo* promit d'exécuter les ordres de son Maître & se retira. A peine avoit-il quité l'Empereur, qu'il se rendit à l'appartement de l'Impératrice & persuadé qu'elle ne lui refuseroit rien, moins encore ce qu'il avoit à lui demander, il la pria de lui accorder un entretien particulier, à quoi elle consentit trés volontiers : ils convinrent avant que de se séparer, du lieu, du jour & de l'heure. Muni de cette asseurance, il court avertir l'Empereur que le Seigneur dont il lui avoit parlé, se devoit rendre avec l'Impératrice un tel jour & à telle heure, dans un endroit du Jardin qu'il lui spécifia, & qu'il pourroit facilement les y surprendre ensemble. Le jour venu, l'Empereur aiant assemblé sa garde, la fit poster dans toutes les avenuës, pendant que *Meryaandanoo*, qui avoit promptement

ment changé d'habit & s'étoit mafqué, de peur d'être reconnu par l'Empereur, fe rendoit en diligence au lieu du rendés-vous, où l'Impératrice, qui s'impatientoit déja de ne l'y point voir, l'attendoit : mais le traître en s'approchant d'elle, lui enfonça un Poignard empoifonné * dans le fein, qui dans l'inftant, lui ôta la vie & ne lui permit pas de jetter un feul cri. L'horreur d'un tel crime ne le faifit point, il en meditoit un autre non moins cruel que celui là : pour y mieux réuffir, il embraffe le corps de fa Maîtreffe encore tout chaud, & demeure ainfi couché prés d'elle, en attendant que celui, par qui devoit finir la cataftrofe, vinft fe prefenter au coup qu'il lui préparoit.

L'Empereur qui craignoit que la prefence de quelqu'un de fes Gardes ne lui fît manquer ce qu'il cherchoit, venoit feul & s'approchoit doucement, autant pour fatisfaire fa curiofité, que pour mieux furprendre nos deux Amans enfemble. A peine eut-il apperceu celui, qu'il croioit être un tout autre homme

que

* C'eft un poifon fi fubtil que toute la maffe du fang fe glace dans le moment, de forte que les plus grandes païes n'en rendent pas une goute.

que son Favori, couché auprés de l'Impératrice, dans une posture qui ne lui permettoit pas de douter de la verité du rapport qu'on lui avoit fait, qu'il appella ses Gardes, lesquels aians été postés à une distance considérable, donnerent le tems à *Maryaandanoo* de se jetter sur lui, & de le percer du même Poignard dont il avoit percé la Princesse. Les Gardes arriverent à la voix de l'Empereur, mais trop tard, le coup étoit fait, & le traître meurtrier, qui connoissoit tous les détours & les fausses sorties du Jardin, s'étoit échappé & avoit déja gagné son logis. On le chercha inutilement dans tous les coins les plus cachés: on commençoit à desesperer de le découvrir, lorsque les soldats se mutinerent, & ils se feroient sans doute portés à quelque entreprise, si le Capitaine des Gardes ne leur eût dit, qu'il falloit d'abord donner avis au *Carilhan* de ce qui s'étoit passé: un parti fut détaché, pour lui en porter la triste nouvelle, il se contrefit si bien & en parut si troublé, que personne au monde ne l'eût pû soupçonner d'en avoir la moindre connoissance. Cependant, pour ne point perdre de tems dans une telle conjoncture, il se rendit au Jardin, suivi d'un grand nombre de personnes,

A 7 où

où aprés avoir consideré les corps de l'Empereur & de l'Impératrice, il donna des marques d'un extrême déplaisir; mais ses soupirs, ses pleurs & ses cris ne l'empêchoient pas de songer aux moiens d'étouffer jusqu'au moindre soupçon qu'on auroit pû concevoir contre lui: C'est pourquoi, aprés avoir exprimé ses regrets & la perte qu'il faisoit, en son particulier, d'un Prince auquel il avoit tant d'obligations; il déclara, qu'il connoissoit trés bien l'auteur de ce detestable Parricide, qu'il en sçavoit jusqu'aux moindres circonstances, & en accusa le même Seigneur, dont il s'êtoit d'abord servi, pour exciter la jalousie de l'Empereur: il ne l'eut pas plûtôt nommé, que les Gardes, qui cherchoient avec le dernier empressement, l'occasion de venger la mort de leur Maître, coururent à la maison de ce Seigneur innocent & l'assommerent. Peut-être que *Meryaandanoo* craignoit que l'Empereur n'eût fait confidence à quelqu'un du sujet de son trouble & de l'accusation formée contre un Seigneur, qui dans la suite auroit pû découvrir l'imposture, & qui apparemment ne la lui auroit pas pardonnée, peut-être qu'il étoit d'ailleurs son ennemi, & qu'autant pour se venger

ger de lui, que pour couvrir davantage son crime, il le sacrifia à la rage du Peuple & à sa passion. Quoi qu'il en soit, aprés être ainsi venu à bout de son barbare dessein, il ne lui manquoit plus, pour en tirer le fruit qu'il s'en étoit promis, que de se voir déclarer Empereur. Le deffunt n'avoit point laissé d'enfans de l'Imperatrice, mais seulement de ses Concubines: cette circonstance lui étoit favorable, il y en avoit beaucoup d'autres qu'il pouvoit bien faire valoir dans l'occasion, mais comme il arrive d'ordinaire, que plus on est élevé en dignité & en faveur au dessus des autres, plus on se trouve d'ennemis puissants à combatre, principalement quand on ne doit toute sa grandeur qu'à la fortune, il y avoit parmi les Généraux de l'Armée un parti considerable, attaché à la maison de *Chazadiin*, qui cabaloit sous main & traversoit de tout son pouvoir l'Election de *Meryaandanoo*, qui de son côté, aiant déja ménagé de longue main les esprits & gagné le cœur du Peuple & des soldats, par ses largesses, étoit instruit de toutes les démarches de ses Concurrens, de sorte qu'aiant facilement rompu toutes leurs mesures les mieux concertées, & son parti s'étant trouvé le plus fort,

il

il fut choisi & déclaré Empereur du *Japon*, reconnu par toute l'Armée & proclamé ensuite, dans toutes les Iles dépendantes de ce vaste Empire.

Environ deux ans après son Elévation, connoissant la beauté, la grandeur & la fertilité de l'Ile *Formosa*, il résolut d'en faire la conquête & de la joindre à ses Etats. Pour en venir plus facilement à bout, il eut recours à une ruse, qui ne lui réussit pas moins heureusement, que le cruel & sanglant moien dont il s'étoit servi, pour s'emparer de la Couronne Imperiale. Il contrefit le malade, & fit offrir un nombre infini de sacrifices à tous les Dieux du *Japon*, afin d'appaiser leur colere & d'en obtenir sa guérison. Le sang de plusieurs milliers de victimes fut inutilement répandu, le malade ne vouloit pas être exaucé, mais aiant assemblé un jour les Chefs de son Conseil & de l'Armée, il leur déclara que, puisque les Dieux du Païs n'avoient pas le pouvoir ou la volonté de le guérir, il se voioit obligé d'avoir recours à des Dieux étrangers : qu'aiant entendu parler de la puissance de celui qu'on invoquoit à *Formosa*, il avoit formé le dessein d'envoier des Ambassadeurs au Roi de cette Ile, pour lui demander la permission

sion de faire immoler des victimes dans tous les Temples des principales villes de son Roiaume, esperant que ce Dieu lui rendroit une santé, pour laquelle, il avoit en vain imploré le secours de toutes les Divinités du *Japon*, quoi qu'il leur eût fait offrir plus de 10000. sacrifices. Cette résolution prise & applaudie par tous ses Ministres d'Etat & tous les Grands de la Cour, il nomma ses Ambassadeurs & les chargea d'une lettre pour le Roi de *Formosa*, à peu prés conceuë en ces termes.

Meryaandanoo Empereur du *Japon* au Roi de *Formosa* mon ami.

ETant depuis long-tems affligé d'une cruelle maladie, j'ai en vain tâché d'appaiser la colere des Dieux de mon Empire, j'ai fait tout ce qui étoit en mon pouvoir pour obtenir d'eux ma guérison, ils ont dédaigné mes sacrifices & sont demeurés sourds à mes vœux; je ne sçai si je m'en dois prendre ou à leur colere ou à leur impuissance, quoi qu'il en soit, aiant toujours eu une singuliere vénération pour vôtre Dieu *de la puissance & bonté duquel je suis pleinement convaincu, je vous prie de permettre, que quelques-uns de mes sujets abordent dans vôtre Ile & conduisent*

sent jusqu'aux Temples de vos principales villes, les victimes que j'ai fait préparer pour être offertes en sacrifice à vôtre Dieu, vous promettant que, s'il daigne me rendre la santé, j'établirai son culte dans tout le Japon & dans toutes les Iles qui en dépendent, ainsi vôtre Dieu sera nôtre Dieu, & nous vivrons dans une liaison & amitié plus parfaite que jamais.

L'Empereur MERYAANDANOO.

Le Roi de *Formosa* receut cette lettre avec toutes les démonstrations de joie imaginables, il assembla les Chefs d'entre les Prêtres de ses Etats, il leur exposa le contenu de la lettre de l'Empereur du *Japon*, & leur ordonna de consulter Dieu sur cette affaire. Les Prêtres aprés une longue & meure déliberation, esperant tirer de grands avantages, en recevant les victimes d'un si grand Empereur, ne manquerent pas de dire au Roi, que Dieu consentoit que l'Empereur du *Japon* envoiât les victimes qu'il avoit destinées à lui être sacrifiées, & qu'il trouvoit bon qu'elles lui fussent offertes; ajoûtant, que, quoiqu'il n'eût pas plû à Dieu de déclarer, si l'Empereur recouvreroit la santé ou non, ils ne laissoient pas

pas de bien augurer de ce consentement. Aprés cette Réponse des Prêtres, le Roi manda les Ambassadeurs & leur dit, *Allez saluer l'Empereur de ma part, & dites lui que nôtre Dieu aura pour agréables ses sacrifices, & que je consens qu'il envoie quelques-uns de ses sujets pour conduire le nombre de victimes que sa pieté lui suggerera. Que si nôtre Dieu lui rend la santé, je compte qu'il établira son culte par tous ses Etats, suivant sa promesse.* Les Ambassadeurs aiant pris leur audience de congé retournerent promptement rendre compte à leur maître de leur négociation. *Meryaandanoo* fut tout joieux d'un commencement qui sembloit lui promettre un bon succés dans son entreprise : peu s'en fallut que dans ce moment, il n'oubliât qu'il étoit malade : il avoit déja un corps d'Armée tout prest ; il fit préparer un grand nombre * de *Norimmonnos*, c'est une espece de litiere, qui peut contenir 30. ou 40. personnes à l'aise, les uns plus, les autres moins. Ils sont communément divisés en plusieurs espaces assés larges, avec des ouvertures, en forme de fênetres, pour y donner de l'air : ce sont des maisons portatives : un de ces *Norimmonnos* est porté par deux Elé-

* Environ 300.

Eléfans, à peu prés de même que les mulets ou chevaux portent les litieres en Europe. On logea dans chacun 30. soldats bien armés, ou environ * selon sa grandeur; & pour mieux tromper les Formosans, on mit dans quelques-uns, un Bœuf ou un Belier, dans d'autres, des Agneaux &c. qu'on pouvoit facilement discerner par les ouvertures qu'on avoit laissé entr'ouvertes exprés, afin que le Peuple s'imaginât, que ces *Norimmonnos* n'étoient remplis que des victimes de l'Empereur. On les embarqua, avec les Eléfans † qui les devoient porter, sur des *Arkha-kaffeos*, ce sont de grands bâtimens plats, d'une grandeur extraordinaire, ils contiennent 100. rames & plus de chaque côté, ils ont à peu prés la forme de ces bacs sur lesquels on passe des carosses & autres voitures, d'un bord de riviere à l'autre, on s'en sert ordinairement pour transporter des marchandises d'Ile en Ile, qui sont en grand nombre dans le *Japon* & peu éloignées les unes des autres. Ces *Arkha-kaffeos* vont presque toûjours terre à terre, en côtoiant & ne sortent jamais

---

* Le nombre des troupes pouvoit être de 9. ou 10000. hommes. † Environ 600.

mais qu'avec un tems fort calme. Il y a sur ces bâtimens, des especes de huttes, ou cabannes rangées d'espace en espace, qui ressemblent assés à des maisons de Païsans, de maniere que de loin, on diroit que ce sont des Villages flottants & c'est aussi ce que signifie le mot d'*Arkha-kasseos* † en Japonois.

Lorsque cette flotte fut arrivée devant *Formosa*, on s'approcha le plus prés de terre qu'il fut possible, pour débarquer les Elefans : comme ces *Arkhan-kasseos* sont fort plats, ils ne tirent pas plus de 3. ou 4. pieds d'eau, on fit tenir les Elefans dans l'eau rangés à côté du bâtiment, en suite par le moien de certaines Gruës faites exprés, on éleva les *Norim-monnos*, les uns aprés les autres, avec tout ce qu'ils renfermoient, & on les laissa doucement descendre sur le dos de ces animaux, qu'on conduisit à terre, où ceux qui en devoient prendre soin, les attendoient. Les Peuples étoient ravis en admiration de voir un appareil si magnifique & jugeoient, par le nombre de ces *Norimmonnos*, qu'ils devoient contenir une quantité prodigieuse de victimes. Le respect qu'on a dans ce païs

pour

† *Archa* veut dire flottant & *Kasseos*, Villages.

pour les animaux destinés aux sacrifices, fit qu'on n'approcha pas trop curieusement de ces *Norimmonnes*, & ne contribua pas peu à couvrir la ruse.

Le stratagême des Grecs *, pour surprendre la ville de *Troie* †, aprés un siege de dix ans, & dont un des plus excellens Poëtes ‡ de l'Antiquité nous a fait une si belle description, n'eut pas un succés plus heureux, que les *Norimmonnos* de l'Empereur du *Japon*. Ils étoient accompagnés d'un grand nombre d'Officiers richement vêtus & dont la suite & les Equipages se ressentoient de la gran-

---

* Ils feignirent de lever le siege & se retirerent à *Ténédo* une des Iles de l'Archipel, laissant dans leur camp une monstrueuse machine de bois qu'ils bâtirent exprés en forme de cheval, & qu'ils remplirent de soldats armés : on y voioit cette Inscription, *Minervæ Donum, armipotenti Danai abeuntes dicant.* Les Troiens méprisant les avis de Laocoon qui vouloit qu'on mît le feu à ce monument, firent une brêche à leur muraille pour le faire entrer dans leur ville, où ils le placerent en mémoire de leur vigoureuse résistance, mais dés la premiere nuit, les soldats en sortirent, saccagerent la ville & la réduisirent en cendres. † Ville célebre, capitale de l'ancien Roiaume de Priam, elle étoit dans l'Asie mineure au pied du mont Ida : les Grecs la ruinerent si absolument l'an 1282. avant N. S. J. C. qu'on n'en voit plus que les vestiges. ‡ Virgile Enéide liv. 2. au commencement.

grandeur & de la magnificence de leur Maître. Toute cette nombreuse suite fut divisée en trois bandes, on ordonna que la plus considérable seroit conduite à *Xternetsa* ville Capitale de l'Ile & la Résidence du Roi. Les deux autres furent envoiées à *Bigno* & à *Khadzey*. Le jour que la scene devoit s'ouvrir, & dont ceux qui conduisoient les *Norimmonnos* étoient convenus; les Soldats, au premier signal, en sortirent le sabre à la main, menaçant les habitans & le Roi lui-même, de mettre tout à feu & à sang, s'ils ne se soûmettoient au Gouvernement de l'Empereur du *Japon*; le Roi qui n'eut pas le loisir de se reconnoître, ni de se consulter sur ce qu'il avoit à faire dans une conjoncture si pressante, n'aiant pas non plus lieu de se flatter, que sa mort pût conserver la liberté à son païs ; fut contraint de subir le joug & de se rendre à la discretion des executeurs des ordres de *Meryaandanoo*. Tous les autres Habitans de l'Ile se virent obligés de suivre le torrent & d'imiter ceux des trois principales villes, qui avoient été surprises : ainsi ce Roiaume se trouva subjugué en moins de 24. heures sans presque aucune effusion de sang. Depuis ce tems là, l'Empereur du *Japon* entretient

tient toûjours une forte garnison dans l'Ile, & y envoie un Roi qu'on appelle *Tano Angon* comme qui diroit Surintendant du Roi, n'aiant laissé à celui qu'il a dépouillé que le vain titre de *Bagalandro*, ou Vice-Roi pour lui & les siens, avec quelques honneurs, prerogatives & revenus sans aucune autorité. Voilà la maniere dont l'Ile *Formosa* est devenuë dépendante du *Japon*, par la ruse de *Meryaandanoo*, qui au lieu de sacrifier des victimes au Dieu du Païs, avoit résolu d'immoler tous les Habitans à son ambition, s'ils eussent refusé de se soûmétre à ses Loix. Nous allons voir la forme du Gouvernement qu'il y a établi, qui est presque le même que celui des autres Iles du *Japon*.

CHAPITRE III.
De la forme du Gouvernement de l'Ile Formosa & des Loix que l'Empereur Meryaandanoo y a établies.

Meryaandanoo aiant, comme nous avons dit, conquis l'Ile *Formosa*, fit de nouvelles Loix concernant le Vice-Roi qu'il y établit, & confirma les ancienciennes Loix, auxquelles le Peuple étoit déja soûmis, se contentant d'augmenter les peines contre les Transgresseurs.

La premiere Loi qu'il fit, regarde généralement tous les Rois qui lui sont soûmis, & qui sont au nombre de 25. outre 8. qui ne sont que Vice-Rois. Cette loi les oblige *à se rendre deux fois l'année auprés de l'Empereur, pour lui rendre compte de leur administration & de tout ce qui est arrivé de considerable dans l'étenduë de leurs Etats, pendant l'espace de six mois.* Aprés quoi ils reçoivent les nouveaux ordres qu'il plaît à l'Empereur de leur donner.

La deuxiéme leur deffend de contrevenir aux ordres de l'Empereur, à moins que dans une necessité pressante, ils ne lui en donnent avis, alors cette loi est moderée, suivant l'exigence des cas.

La Troisiéme porte, que lesdits Rois ou Vice-Rois n'entreprendront rien au desavantage des Peuples qui leur sont soûmis & qui sont sujets de l'Empire, qu'ils ne leur feront aucune injustice, qu'au contraire, ils les traiteront avec toute sorte d'humanité, prenant garde de ne leur causer aucun préjudice, dans leur vie, leur fortune & leur réputation. On voit bien qu'il fit

B cette

cette loi pour s'attirer l'affection des Peuples.

La Quatriéme ordonne qu'aucun desdits Rois ou Vice-Rois ne souffrira de Chrétiens dans le Païs, mais qu'ils entretiendront des Commissaires dans tous les ports de Mer, pour examiner les étrangers aussi-tôt qu'ils y seront arrivés, & éprouver s'ils sont Chrétiens ou non, en leur proposant de fouler aux pieds un Crucifix. Cette loi a toujours été rigoureusement observée depuis l'an 1616. que l'Empereur du *Japon* extermina tous les Chrétiens * qui se trouverent alors dans ses Etats, & deffendit à tous les autres d'y entrer, sous peine de mort. Car pour les étrangers, qui ne font point de difficulté de marcher sur le Crucifix, le Gouverneur du lieu où ils arrivent, leur donne un passeport, avec lequel ils peuvent aller dans tous les lieux qui dépendent de son Gouvernement, pourveu qu'ils ne viennent pas au dessus de 20. personnes à la fois.

La Cinquiéme & derniere porte, qu'aucun Roi ne contraindra personne dans sa Religion,

---

* On en fit mourir plus de 500000. outre ceux qui périrent dans plusieurs Batailles. L'ambition des Jésuites & autres Missionnaires fut la cause de cette Révolution.

ligion, mais que tout sujet aura la liberté d'adorer Dieu à sa maniere, à moins qu'il n'y ait quelque soupçon de Christianisme, auquel cas, ceux qui en seront accusés, ou soupçonnés, passeront par l'épreuve du Crusifix.

La conclusion de toutes ces Loix fut, qu'elles seroient executées à la lettre, par lesdits Rois ou Vice-Rois sous peine de mort, & c'est la raison pour laquelle l'Empereur du *Japon* est si ponctuellement obéï dans toute l'étenduë de son Empire.

Il ne fit point de nouvelles loix pour ses Peuples, comme nous avons déja dit, mais il fit revivre celles qui étoient déja faites, en augmentant les peines contre les Violateurs.

Les premieres qu'il remit en vigueur fut contre les Chrétiens. Il ordonna que *tout étranger reconnu pour Chrétien & qui aura séduit ou se sera efforcé de séduire un ou plusieurs habitans du Païs, & les aura engagés à se faire Chrétiens, sera mis en prison lui & tous ceux qu'il aura persuadés. Si l'étranger renonce à la foi Chrétienne & adore les Dieux du Païs, non seulement il lui sera pardonné, mais il sera recompensé, que s'il refuse de le faire, il sera brûlé tout vif. Si celui qui aura été séduit retourne à la Religion qu'il avoit abandonnée, il*

B 2 sera

sera mis en liberté, sinon il sera pendu.

La dixiéme est contre les *Voleurs* & les *Meurtriers*. Celui qui vole est puni suivant la conséquence de ce qu'il a pris, ou par le Khagoudijnn*, ou par l'*Exil*, ou par une prison perpétuelle, ou enfin par le dernier supplice. Un *Voleur* qui assassine & dérobe en même tems est crucifié. Un *Meurtrier* ou celui qui tuë injustement est pendu par les pieds, & demeure en cet état plus ou moins longtems, suivant que les circonstances de son crime sont plus ou moins agravantes, aprés quoi on le met à mort, à coups de fleches, ou autrement.

La Troisiéme est contre les *Adulteres* : pour la premiere faute, on paie une amende de 100. Copans, c'est à dire 100. livres d'or † Ceux qui n'ont point d'argent, sont publiquement fouëttez par la main du

---

* C'est un supplice fort usité dans le Païs & fort rude. On asseoit un homme à terre, on lui lie les mains derriere le dos, puis on lui fait pancher la tête sur les genoux, & par le moien d'une corde qu'on lui passe dans le cou & au travers d'une boucle de fer attachée au plancher, qui repasse entre ses deux jambes, on le tient ainsi, le corps plié en deux, plus ou moins long-tems, selon son crime.
† Cela revient à 1800. Florins de *Hollande* ou 150. livres sterlin monnoie d'*Angleterre*. On peut voir ci aprés dans un autre chapitre, pourquoi la livre d'or est de si peu de valeur à *Formosa* comme dans tout le *Japon*.

du Bourreau, & s'ils sont surpris une seconde fois, hommes ou femmes, ils perdent la tête.

Car quoi qu'un homme puisse avoir autant de femmes qu'il en peut nourrir, cependant s'il connoît aucune autre femme que celles auxquelles il a promis fidélité, il est coupable d'Adultere. Cette même loi oblige aussi tous ceux qui ne sont pas mariés à demeurer dans la continence, pourveu qu'ils soient Naturels du païs; mais elle ne s'étend pas jusques sur les étrangers, car comme il y a beaucoup de filles qui demeurent sans être mariées, quelque envie qu'elles en aient, soit à cause de leur peu d'agrémens, ou de leurs autres défauts naturels, soit parce qu'elles ont le malheur de n'être pas recherchées, celles qui ont du penchant au libertinage, peuvent se prostituer impunément *, pourveu que ce soit

---

* L'Empereur en retire un droit considerable: ainsi le Pape n'est pas le seul Prince, qui autorise un libertinage si condamnable; mais puisque les Papes ont cru sanctifier les cérémonies des Païens, en les introduisant dans l'Eglise, il est vraisemblable qu'en permettant l'usage des Courtisanes dans le lieu même de leur Résidence, ils ont cru pouvoir justifier ce vice, quelque contraire qu'il paroisse être aux Loix du Christianisme.

soit à des étrangers, car les Naturels, qui sont convaincus d'avoir eu commerce avec quelque fille que ce soit, quand même elle seroit publique, sont punis comme les Adulteres.

Il faut ici observer, qu'un mari a un tel pouvoir sur sa femme, que, s'il la surprend en Adultere, il peut la punir sur le champ, même lui ôter la vie : ce qui arrive infailliblement, quand la chose est publique, mais si la chose n'est pas connuë, & que sa femme lui promette d'être plus sage, il peut lui pardonner s'il le juge à propos. Il est vrai qu'il arrive souvent que les hommes abusent de ce pouvoir, leur étant facile de trouver des pretextes pour accuser leurs femmes d'infidelité, & se défaire de celles dont ils sont las.

La quatriéme Loi est contre les faux Témoins & ceux qui les subornent : ils sont condamnés à réparer le dommage qu'ils ont causé, en suite dequoi, on leur coupe la langue, & ils sont quelquefois mis à mort suivant l'énormité de leur crime.

La cinquiéme est contre les Blasfémateurs, lesquels sont brûlez tout vifs.

La sixiéme est contre ceux qui frapent leur Pere ou Mere, ou quelqu'un de leurs parens, d'un certain âge, ou quelque personne élevée en autorité. On les condamne à avoir les bras & les jambes coupées, puis on leur met une pierre au cou, & on les jette à la Mer, ou dans une riviere. Mais s'il arrive qu'un Prêtre soit batu, celui qui est convaincu de l'avoir fait, a les bras brûlés, & son corps est enterré tout vivant. Que si quelqu'un étoit assés hardi pour frapper un Roi, un Vice-Roi, ou un Gouverneur, on le pendroit par les pieds jusqu'à ce qu'il expirât, & son corps seroit mangé des chiens.

La septiéme est contre les Médisans, ou les Calomniateurs, auxquels on perce la langue d'un fer chaud.

La huitiéme condamne à perdre la tête ceux, qui refusent d'obeïr à leurs Superieurs, en des choses ordonnées par la loi.

La neuviéme regarde les Séditieux, ou ceux qui se trouvent impliqués dans quelque conspiration publique ou particuliere, contre l'Empereur, ou contre quelqu'un des Rois, ou Vice-Rois qui lui sont soûmis, pareillement ceux qui entreprennent de détruire la Religion receuë dans le Païs, tous lesquels sont condamnés à être tourmentés par toutes les tortures imaginables, jusqu'à ce qu'ils expirent.

Voilà en peu de mots les principales loix que Meryaandanoo fit, ou qu'il remit en vigueur la quatriéme année de son Regne, à l'Assemblée générale de tous les Rois, Vice-Rois & Chefs des Prêtres de toutes les Villes de son Empire, par le moien desquelles, tous ses sujets jouissent d'une profonde paix; les Peuples étant aussi soigneux de s'y conformer, que les Rois, Gouverneurs & autres Officiers sont vigilans à les faire exécuter.

Il y a plusieurs y autres choses, qui regardent le Gouvernement, que le Lecteur s'attendoit peut-être de trouver ici; mais on a jugé plus à propos de les placer ailleurs, pour ne pas user de répetitions ennuieuses. Ceci suffira pour donner une idée des loix fondamentales de l'Etat & de la maniere dont *Meryaandanoo* se gouverne avec les Rois, ou Vice-Rois, qui lui sont soûmis.

CHAPITRE IV.

De la Religion des Formosans.

QUoi que tous les habitans du *Japon* en général, soient Idolatres, il ne laisse pas d'y avoir parmi eux, une grande diversité de Religions, ou Sectes particulieres; mais comme on n'a dessein de de parler ici, que de celle qui est établie à *Formosa*, on se contentera de marquer au Lecteur, les trois principales sources d'où procedent tant de differentes opinions, parce qu'elles ont une grande affinité avec la Religion des Formosans.

La premiere est l'Idolatrie, ou le culte des Idoles : c'est la Religion dominante du Païs & la plus universellement receuë dans tout le *Japon*, puisque dans le seul Temple d'*Amida*, à *Meaco* * autrefois Ville capitale de l'Ile *Niphon* †, il n'y a pas moins de 3500. Idoles, sçavoir 1000. d'or, 1000. d'argent, 1000. de cuivre & 500. de bois ou de pierre, à toutes lesquelles on sacrifie des Bœufs, des Brebis, des Chevres & autres bêtes semblables, & quelquefois des Enfans, quand

---

* Cette Ville est sur un Golfe du même nom : elle est fort grande & fort peuplée : elle a été long-tems la Capitale de tout le *Japon*, à présent, c'est *Yedo*. Cependant l'Empereur y a toujours son Palais & c'est aussi la résidence du *Dairo* qui est le souverain Pontife des Japonois. † *Niphon* veut dire *source de lumiere* : c'est la plus grande de toutes les Iles dont l'Empire du *Japon* est composé, les Européens l'appellent l'Ile du *Japon* par excellence : elle est entre le 30. & 40. dégré de Latitude Septentrionale : elle a 250. lieuës de long & environ 100. de large dans sa plus grande largeur, & prés de 690. lieuës de tour.

quand les Dieux ne font pas appaisés par les sacrifices ordinaires.

La deuxiéme sorte de Religion est celle qui enseigne à ne reconnoître qu'un seul Dieu, que les Peuples croient si grand & si redoutable, qu'ils n'osent lui faire aucun sacrifice, mais ils ont établi le Soleil pour l'objet de leur culte, comme aiant le souverain pouvoir aprés Dieu, & gouvernant tout le monde. Ils regardent la Lune & les Etoiles, comme des puissances inférieures, & plus particulierement destinées à veiller aux besoins des habitans de la terre: c'est pour cette raison, qu'ils sacrifient des Enfans au Soleil & des animaux à la Lune & aux Etoiles.

La troisiéme est plûtôt une Secte de l'Atheïsme qu'une Religion; car ceux qui en font profession, nient l'existence d'aucun Dieu, & tiennent que le monde a été & sera éternellement. Quelques-uns d'entre eux croient que l'ame de l'homme meurt comme celle des bêtes. D'autres soûtiennent qu'elle est immortelle, qu'elle passe successivement d'un corps dans un autre & que cette transmigration durera toujours, à quoi ils ajoûtent, que l'ame des bons passe dans le corps d'un homme puissant & riche,

riche, dans lequel elle goûte à son aise tous les plaisirs & toutes les commodités de la vie, mais que celle des méchans passe dans celui de quelque malheureux, où elle souffre toutes les miseres & les incommodités qu'elle mérite. Ainsi selon leur sistême, l'ame est exposée à une perpetuelle vicissitude de vertus & de vices, de plaisirs & de peines. Ces Athées n'ont aucun culte, ils disent qu'ils n'auroient tout au plus besoin de sacrifier qu'aux malins esprits, afin qu'ils ne leur fissent point de mal, sans qu'ils puissent rendre raison, d'où viennent ces malins esprits & qui les a faits. Quoiqu'il en soit, la metampsicose, ou la transmigration des ames est généralement cruë par tous les Japonois de quelque Secte qu'ils soient, excepté par ceux qui croient l'ame mortelle.

La Religion des Formosans leur a été revelée par le Dieu même qu'ils adorent, si nous en croions leur *Jarhabadiond*, c'est à dire *la terre choisie* *. C'est un livre qu'ils ont en grande vénération & qui contient la révélation sur laquelle est fondé le culte Religieux, qui est

* Les Formosans se disent aussi le Peuple choisi.

en usage dans leur Païs. Voici en peu de mots ce qui y est rapporté.

Il y a environ 900. ans, que les habitans de l'Ile *Formosa* ne connoissoient point d'autres Dieux que le Soleil & la Lune, qu'ils regardoient comme des Divinités suprêmes, s'imaginant que les Etoiles n'étoient que des Demi-Dieux ou des Divinités inférieures. Tout leur culte se réduisoit à l'adoration de ces Astres le matin & de soir, auxquels ils offroient des sacrifices d'animaux de toutes les especes. Environ ce tems-là, parurent deux Filosofes, qui avoient long-tems mené une vie austere dans un désert, où ils prétendoient que Dieu leur estoit apparu, & leur avoit parlé en cette maniére.

Je suis émeu de compassion de l'aveuglement des Peuples de cette Ile, qui adorent le Soleil, la Lune & les Etoiles comme des Divinités: allez leur dire, qu'il n'y a point d'autre Dieu que moi, que ces Astres ne sont que les ministres de mes volontés & que sans moi ils ne peuvent subsister: allés leur faire entendre, que c'est moi qui vous ai parlé dans le désert, & que, s'ils veulent m'adorer, je serai leur Protecteur, je me ferai connoître à eux, & s'ils obeissent à mes commandemens, je les récompenserai magni-

magnifiquement & les rendrai éternellement heureux.

Les noms de ces deux Filosofes étoient *Zeroaboabel*, nom qui n'a aucune signification en langue Japonoise, & *Chorhe Makhein*, qui veut dire, *le Créateur public*. Ces deux prétendus Profetes, aprés plusieurs autres apparitions & conférences avec Dieu, dans lesquelles ils s'instruisirent exactement de la manière dont il vouloit être adoré, se rendirent à une Montagne nommée *Tanalio*, proche la Ville capitale, où le Peuple s'étoit assemblé, pour offrir des sacrifices au Soleil, selon sa coûtume : i's se posterent sur une éminence, d'où ils pouvoient être facilement apperceus, leur figure sauvage & leur visage have & décharné, leur attira les regards de tous ceux qui étoient présens, aprés plusieurs signes & postures, qui montroient assés qu'ils avoient quelque chose à dire, ils parlerent à peu prés en ces termes.

O vous, aveugles mortels, qui adorés les Astres & leur rendés un culte qui ne leur est pas dû, aprenés qu'il y a un Dieu autant & plus élevé au dessus d'eux, qu'ils le sont eux-mêmes au dessus de vous, & qu'ils ne sont que les instrumens de sa puissance : Mais aujourd'hui ce Dieu a pitié de vous, &

B 7 *nous*

nous a commandé de vous annoncer de sa part, qu'à lui seul est deuë l'adoration & l'hommage de toutes les créatures. Ils s'efforcerent aprés cela de prouver par plufieurs raisons, qu'il n'y peut avoir qu'un seul Dieu, lequel est élevé au dessus de toutes les choses visibles de ce monde, dont il est le Maître & le Conservateur & qu'il les peut anéantir aussi facilement qu'il les a créées. Ce discours aiant émeu le Peuple, quelques-uns leur demanderent de quelle maniére ce Dieu vouloit être adoré, & s'il se contenteroit qu'on lui rendît le même culte qu'on rendoit au Soleil ; à quoi ils répondirent *que non, mais que, s'ils vouloient l'adorer selon sa volonté, il falloit premierement qu'ils lui bâtissent un Temple, dans lequel ils éleveroient un Autel & un Tabernacle, que sur cét Autel, ils brûleroient les cœurs de 20000. jeunes enfans, depuis 9. ans & au dessous, & qu'aprés que ce sacrifice auroit été offert, Dieu se manifesteroit à eux dans le Tabernacle & que là il leur feroit sçavoir ce qu'il leur resteroit à faire pour son service.*

Le Peuple eut à peine ouï ces derniéres paroles, qu'il entra dans une telle rage contre les Profétes, que peu s'en fallut qu'ils ne fussent assommez : on les traita d'hipocrites & d'imposteurs : on
leur

leur demanda comment il se pouvoit faire que ce Dieu qu'ils annonçoient, fût assés cruel pour exiger d'eux, qu'ils missent à mort un si grand nombre de leurs enfans, pour les lui offrir en sacrifice ; mais eux craignant la fureur du Peuple, s'enfuirent en les menaçant, *qu'ils auroient bientôt lieu de se repentir de leur désobeissance, & que la vengeance divine étoit toute prête à tomber sur leur tête.*

En effet, quelques jours aprés, le Ciel s'obscurcit, il en tomba une pluie mêlée de grêle d'une grosseur extraordinaire qui détruisit tous les fruits de la terre : le Tonnerre se fit entendre d'une maniere terrible, & l'Isle fut agitée d'un tremblement de terre * prodigieux, auquel succeda une peste qui emporta tout d'un coup la meilleure partie des habitans : les Bêtes sauvages sortirent des forêts, entrerent dans les villes & dans les maisons & dévorerent un grand nombre d'enfans. Ces calamités durerent l'espace d'un jour & demi, & l'Isle étoit menacée d'un bouleversement & d'une ruine totale. Les habitans, qui ne sçavoient à quoi attribuer tout ces maux, les regardoient

* Ils sont fort fréquens, non seulement à *Formosa* mais aussi dans toutes les Isles du *Japon*.

doient comme un effet des menaces des Profétes. Ils eurent recours à eux dans une occasion si pressante, ils les trouverent dans leur désert & les conjurerent de prier le Dieu, de la part duquel ils leur avoient parlé, de détourner sa colere de dessus eux, & de leur pardonner leur desobeissance & leur incrédulité, protestant qu'ils étoient prests à se conformer en toutes choses à sa volonté. Les Profétes les renvoierent & promirent d'interceder pour eux. Le lendemain un des deux * se présenta pour leur annoncer de la part de Dieu la paix & la reconciliation qu'il vouloit être faite entre lui & son Peuple, qui n'eut pas plûtôt oui cette agréable nouvelle que tous s'écrierent d'une commune voix, *Psalmanaazaar* † c'est-à-dire *Auteur de Paix*. Ce nom demeura depuis au Proféte. Il ordonna de bâtir un Temple dans lequel il fit dresser un Tabernacle & un Autel, le tout suivant le modele qu'il disoit avoir receu de Dieu même. C'est un

* On ne dit point qui de *Zeroaboabel* ou de *Chorhe Machcin* fut l'Ambassadeur de Dieu: l'autre mourut apparemment, car il n'en est plus fait mention. † C'est un des noms qu'ils ont le plus en vénération & que beaucoup d'entre eux, sont bien aises de porter.

Pag. 42

Forme extéri[eure du]
grand Temp[le de]
Formos[e]

un Edifice fait de pierre de taille quarré d'un ordre d'Architecture admirable, d'une grandeur & d'une hauteur extraordinaire. L'Autel & le Tabernacle, dans lequel Dieu se fait voir de tems en tems, sont sous une espece de Tour, qui regarde l'Orient. Les figures suivantes en donneront une plus juste idée.

Explication de la premiere figure.

A, Tour où est le Tabernacle dans lequel Dieu apparoît au Peuple. B, Tour où sont les Chantres, Musiciens & Joueurs d'instrumens. C, Ouverture par où la lumiere entre dans la Tour. D, Tête d'un Bœuf, simbole de la Divinité. E, Image du Soleil. F, Image de la Lune. G, Portes du Temple. H, Les fenêtres. I, Divers endroits couverts d'or. K, Place destinée pour les hommes. L, Place destinée pour les femmes.

Explication de la deuxiéme figure.

1. Couronne suspenduë sur le haut du Tabernacle. 2 Tête d'un Bœuf simbole de la Divinité présente & appaisée. 3 Le haut du Tabernacle avec ses cinq lampes ardentes. 4 Petite Piramide sur
la-

laquelle eſt la figure du Soleil. 5 Autre Piramide ſur laquelle eſt celle de la Lune. 6 Lampe ardente à l'honneur du Soleil. 7 Autre lampe à l'honneur de la Lune. 8 Deux grands rideaux qui couvrent le fonds du Tabernacle les jours ordinaires. 9 Le fonds du Tabernacle, azuré & parſemé d'Etoiles d'or, repréſentant le Firmament, dans lequel Dieu ſe fait voir au Peuple 10 Dieu ſe manifeſtant au Peuple, ſous la figure d'un Bœuf. 11 Deux Lampes ardentes, à l'honneur de Dieu. 12 Deux Piramides, ſur leſquelles ſont les 10 Etoiles qu'on adore. *Toutes ces choſes ſont faites d'or ou d'argent.* 13 Gril ſur lequel on rôtit les cœurs des enfans immolés. 14 Le fourneau deſtiné à brûler leurs corps. 15 Cheminée par où la fumée s'échappe. 16 La chaudiere dans laquelle on fait bouillir la chair des Sacrifices. 17 Le fourneau ſur lequel eſt poſée la chaudiere. 18 Le Sanctuaire, ou le lieu où les enfans ſont égorgés. 19 La foſſe où leur ſang eſt répandu. 20 Autre Sanctuaire, où les bêtes deſtinées aux Sacrifices ſont égorgées. 21 élévation de marbre, dans laquelle eſt placé le gril, pour rôtir la chair des animaux. 22 Autre élévation de pierre, en forme d'autel,

tel, qui renferme la chaudiere. 23 La fumée des Fourneaux. 24 La voute. 25 La muraille.

Ce premier Temple fut bâti à *Xternetsa* ville Capitale de l'Isle. Le Tabernacle y fut placé en grande cérémonie, & aprés que tout fut fini, les Magistrats de chaque ville & village, firent le dénombrement des enfans, par chaque famille, desquels on prit un certain nombre, à proportion de la quantité des enfans males qui s'y trouvérent pour être sacrifiés, suivant les ordres du Proféte Psalmanaazar. Ensuite il ordonna une grande Fête qui dura 10 jours, pendant lesquels on sacrifia 2000 enfans par jour. Aprés que les dix jours furent expirés, & que le dernier Sacrifice eut été offert, le nouveau Dieu se fit voir au Peuple dans le Tabernacle, sous la forme d'un Bœuf, & parla * en ces termes, en présence du Proféte *Psalmanaazaar*, qui écrivit soigneusement tout ce que ce Dieu voulut & ordonna être fait & observé en son honneur.

I Vous diviserez, dit-il, *l'année en dix mois,*

* Le *Jarhabadiond* ne dit point si ce fut le Bœuf qui parla, ou si la voix du Dieu se fit seulement entendre dans le Tabernacle.

mois, qui porteront les noms de dix Etoiles, sçavoir Dig, Damen, Analmen, Anioul, Dattibes, Dabes, Anaber, Nechem, Koriam, Turbam. Chaque mois aura 4 semaines, de 9 jours chacune. Cinq de ces mois, sçavoir, le 1. le 3. le 5. le 7. & le 9. seront de 37 jours ; ainsi la derniere semaine de ces mois aura 10 jours, & ce Dixiéme jour sera jour de Jeûne. Les autres cinq mois n'auront que 36 jours.

II. Vous commencerés l'année au premier jour de la Fête des dix jours, lequel sera toûjours le premier du mois Dig. Vous me sacrifierés tous les ans, en cette Fête, les cœurs de 18000 enfans mâles, depuis l'âge de 9 ans & au dessous, & tous les premiers jours de chaque mois de l'année, vous me sacrifierés dans tous vos Temples 1000 bêtes de gros bétail, sçavoir 300 Taureaux, 400 Brebis ou Béliers, & le reste en Veaux & Agneaux. Tous ces animaux seront pris dans les Villes, Bourgs & Villages, a proportion du nombre qui s'y trouvera : & chaque semaine, vous m'offrirez autant de Poules, Pigeons & autres especes de Volatiles, qu'un chacun de vous en pourra fournir. Et vous observerés exactement chaque année toutes ces choses que je vous commande.

III. Vous celebrerez deux grandes Fêtes en mon honneur, la premiere au commencement

ment de l'année, laquelle durera une semaine entiere : & la seconde pendant la derniere semaine du 5. mois Dattibes. Le premier & le dernier de ces jours de Fête sera célébré de cette maniere. Vous vous leverés de grand matin pour m'adorer, puis vous irés au Temple prier & chanter des Himnes, depuis la premiere jusques à la deuxiéme heure : vous irés ensuite à une fontaine ou riviere, hors la ville, où vous vous jetterés de l'eau sur la tête 12 fois & retournerés au Temple, vous irés & reviendrés tous ensemble, & durant le chemin, vous serés toûjours en prieres. Au retour de la fontaine ou riviere, les bêtes destinées aux sacrifices seront égorgées, divisées par morceaux, purifiées & bouillies dans leur sang. Un chacun de vous se présentera devant l'Autel, où, aprés avoir receu des mains du Prêtre un morceau de cette chair, vous le mangerés en baissant la tête & mettant le genou gauche en terre. Pendant ce temslà, les instrumens de musique joüeront & les Chantres & le Peuple chanteront des Himnes ensemble.

Le tems qu'on emploirera à égorger les victimes & à offrir les sacrifices, ne durera que 3 heures, depuis la 3. jusqu'à la 6. heure, auquel tems, il y aura un Sermon ou une Explication des Principes de la Religion

& à

& à la fin une action de graces. Alors vous irés chés vous prendre vôtre repas, jusques à la deuxiéme heure du soir, que vous retournerés au Temple, où vous demeurerés encore jusqu'à la 6, priant & chantant avec les instrumens de musique & écoutant une seconde lecture, qui sera faite sur la Religion, laquelle étant finie, vous retournerés chez vous, où vous vous occuperés à des Exercices honnêtes & convenables à la solemnité du jour. Les autres jours, c'est-à-dire, ceux d'entre le premier & le dernier de la Fête, aprés l'adoration du matin, vous vous laverés la tête seulement trois fois, & vous n'irés au Temple qu'une fois, sçavoir, le matin; où vous demeurerés depuis la premiere jusqu'à la 6. heure, aprés quoi vous serés libres de vous emploïer à tout ce qu'il vous plaira. Le premier & le dernier jour sera appellé Fête double * les autres Fête simple.

Il faut sçavoir que les Formosans divisent le jour en 4 parties, chacune de 6 heures, & que, lors qu'on dit, *demeurer dans le Temple depuis la premiere heure jusqu'à la 6.* cela veut dire, depuis six heu-

* Une Fête est appellée double parce qu'en ce jour le Peuple va deux fois au Temple, & qu'aux Fêtes simples il n'y va qu'une.

heures du matin, jusqu'à midi selon la maniére de compter en Europe.

On ne se sert point d'autre horloge publique, que d'un certain instrument de bois, plein de sable ; qui fait le même effet que nos sabliers de l'Europe. Il y a un homme destiné à observer le moment que le sable finit, pour fraper sur une espece de tambour certain nombre de coups, qui avertissent le Public de l'heure qu'il est : c'est ainsi qu'on en use dans toutes les Villes, car pour les Païsans, ils connoissent trés exactement l'heure, par le cours du Soleil, de la Lune & des Etoiles.

IV. Le premier jour de chaque mois, sera Fête double, & le 2. Fête simple. Vous me sacrifierez en ces jours des Bœufs, des Moutons &c. & mangerés de leur chair. Le premier jour de chaque semaine sera aussi Fête double, vous ne me sacrifierés en ce jour que des Poules, Pigeons & autres Volatiles, & vous mangerés pareillement de leur chair.

V. Outre les cinq jours de jeûne, qui arriveront les derniers des cinq mois qui ont 37 jours, vous observerés encore deux autres jeûnes plus considerables, qui dureront chacun l'espace d'une semaine entiere, pendant laquelle vous ne boirez ni ne man-
gerez

gerés quoi que ce soit, avant que le Soleil soit couché ; Car alors un chacun pourra boire & manger selon son besoin.

Le premier jeûne se célébrera pendant la derniére semaine de l'année, pour servir de préparation à la Féte des dix premiers jours de l'année suivante : le second, dans la 3. semaine du 5. mois Dattibes. Pendant ces tems de jeûne, vous m'adorerez & m'invoquerés, ce que vous n'entreprendrés jamais de faire dans les jours ordinaires.

Ces tems de jeûne se célébreront de cette maniére : Le matin aussi-tôt que vous serés levés, vous m'adorerés, puis vous vous laverés la téte, les mains & les pieds, aprés quoi chacun s'emploiera à son travail, mais ni vous, ni vôtre bétail, ne boirés, ni ne mangerés jusqu'à ce que le Soleil soit couché, & les tems de jeûne seront exactement observés tous les ans.

Ils le sont à la verité si rigoureusement, que dans ce tems-là un homme mourroit plûtôt de soif que d'avaler une goute d'eau. Le Bétail est enfermé de maniére qu'il ne peut rien manger de tout le jour. On enferme aussi toutes les provisions avec un soin extrême, afin que personne ne voie rien qui le puisse tenter de rompre son jeûne.

VI. *Je vous ai déja dit*, continua ce
Dieu

Dieu en présence du Peuple & de son Proféte Pfalmanaazaar, *que dans les jours ordinaires vous ne ferés jamais affés hardis, pour ofer m'adorer, ou invoquer mon nom, mais vous vous adrefferes au Soleil, à la Lune & aux dix Etoiles, à qui j'ai commis le foin de gouverner le monde & de vous fournir toutes les chofes dont vous avés befoin. Vous leur immolerés les mêmes efpeces d'animaux qu'à moi ; mais non pas des enfans, ce font des victimes que je me fuis réfervés, comme étant feules capables de m'appaifer, lors que vos péchés m'auront irrité contre vous ; mais voici comme vous adorerés ces Aftres, les Miniftres de mes volontés.*

Le matin, à la premiere heure, au moins dans les jours ordinaires, vous verferés trois fois de l'eau fur vos têtes, vous monterés fur le toit de vos maifons, & vous vous profternerés trois fois devant le Soleil, & les cinq Etoiles, & les invoquerés, leur demandant en général, les chofes dont ils fçavent que vous avés befoin, & vous leur rendrés graces pour les faveurs que vous en avés déja receuës. Au foir, à la premiere heure, vous adorerés la Lune & les cinq autres Etoiles de la même maniere. Car il faut que vous fachiés que le Soleil eft la plus excellente des créatures, & que je l'ai fait

C

pour

pour vous gouverner, lui aiant donné pouvoir de vous départir les biens dont vous vous rendrés dignes, par vôtre bonne vie : j'ai placé la Lune ensuite, & les dix Etoiles avec la même autorité : mais si vous négligés ce culte que je vous ordonne de leur rendre, non seulement je leur ai permis de vous priver des biens que vous possedés ; mais de vous tourmenter & affliger de tous les maux imaginables, par la perte des fruits de la terre, par la respiration d'un air empesté, & par toutes les autres afflictions & maladies qu'ils peuvent vous envoier. C'est pourquoi outre le culte journalier que vous leur rendrés, vous observerés trois Fêtes principales dans l'année. La premiere à l'honneur du Soleil : cette Fête se celebrera pendant la premiere semaine du second mois Damen & durera 9 jours. La seconde pendant la premiere semaine du 5. mois Dattibes & durera aussi 9 jours & la troisieme dans la 3. Semaine du 8. mois Koriam & durera pareillement 9 jours.

Vous choisirés une montagne, sur laquelle vous bâtirés trois Autels, un à l'honneur du Soleil, l'autre à l'honneur de la Lune & le 3. à l'honneur des dix Etoiles. Chaque ville se choisira une pareille montagne voisine, sur laquelle tous les habitant s'assembleront, le premier & le dernier jour de

cha-

chacune de ces Fêtes; & là vous sacrifierés le même nombre & la même espece d'animaux que vous me sacrifiés. Vous ne mangerés point de leur chair, mais elle sera entiérement consumée par le feu; chacun emportera seulement chés soi une partie des cendres. Durant ces Fêtes, vous ne ferés aucun ouvrage ni trafic, mais aprés la fin des sacrifices, vous pourrés vous divertir & vous récréer à des exercices honnêtes & modérés.

Les sacrifices commenceront à la 2. heure du matin, & dureront jusqu'à la 6. sur le soir. Chaque famille montera sur le toit de sa maison, pour adorer le Soleil, la Lune & les Etoiles, comme aux jours ordinaires, c'est-à-dire, ceux qui sont entre le premier & le dernier jour de la Fête, dans lesquels vous irés sur la montagne, non pour y offrir des sacrifices, mais seulement pour adorer & chanter des Himnes, en joüant sur les instrumens. Vous aurés des Prêtres particuliers pour ces sacrifices, car ceux qui seront destinés pour mon service, n'entreprendront point de sacrifier a d'autres qu'à moi. Les Prêtres du Soleil, de la Lune & des Etoiles ne pourront pas avoir plus de deux femmes.

VII. Vous vous choisirés un Prêtre, qui présidera sur tous les autres, & qui pourra *conferer la puissance d'exercer le Sacerdoce. Le Grand Prêtre ne se mariera jamais, tant qu'il continuera dans sa charge ; mais si son tempérament l'oblige à prendre une femme, il pourra se marier, après s'être démis de son office, & les autres Prêtres en éliront un autre en sa place : mais ceux-ci n'auront jamais qu'une seule femme à la fois.*

Voilà en abrégé, * les loix que Dieu dicta à son Profete *Psalmanaazar*, en présence de son Peuple & que tous les habitans de chaque Ville & Village ont observées trés religieusement depuis ce temps-là, aiant bâti un grand nombre de Temples, à l'honneur de Dieu, & des Autels sur les montagnes voisines des principales Villes & Villages au Soleil, à la Lune & aux dix Etoiles.

Explication de la 3. Figure.

1 Image du Soleil. 2 Deux pots, où l'on brûle de l'encens devant le Soleil aux jours de Fêtes. 3 Le haut de l'Autel.

---

* Le *Jarhabadiond* contient encore quelques autres réglemens qu'il auroit été trop long de rapporter ici, & dont on dira quelque chose dans la suite, en parlant des cérémonies observées à la naissance des Enfans, aux Mariages &c.

Pag. 5. Fig. 3

Fig. 4

Fig. 5

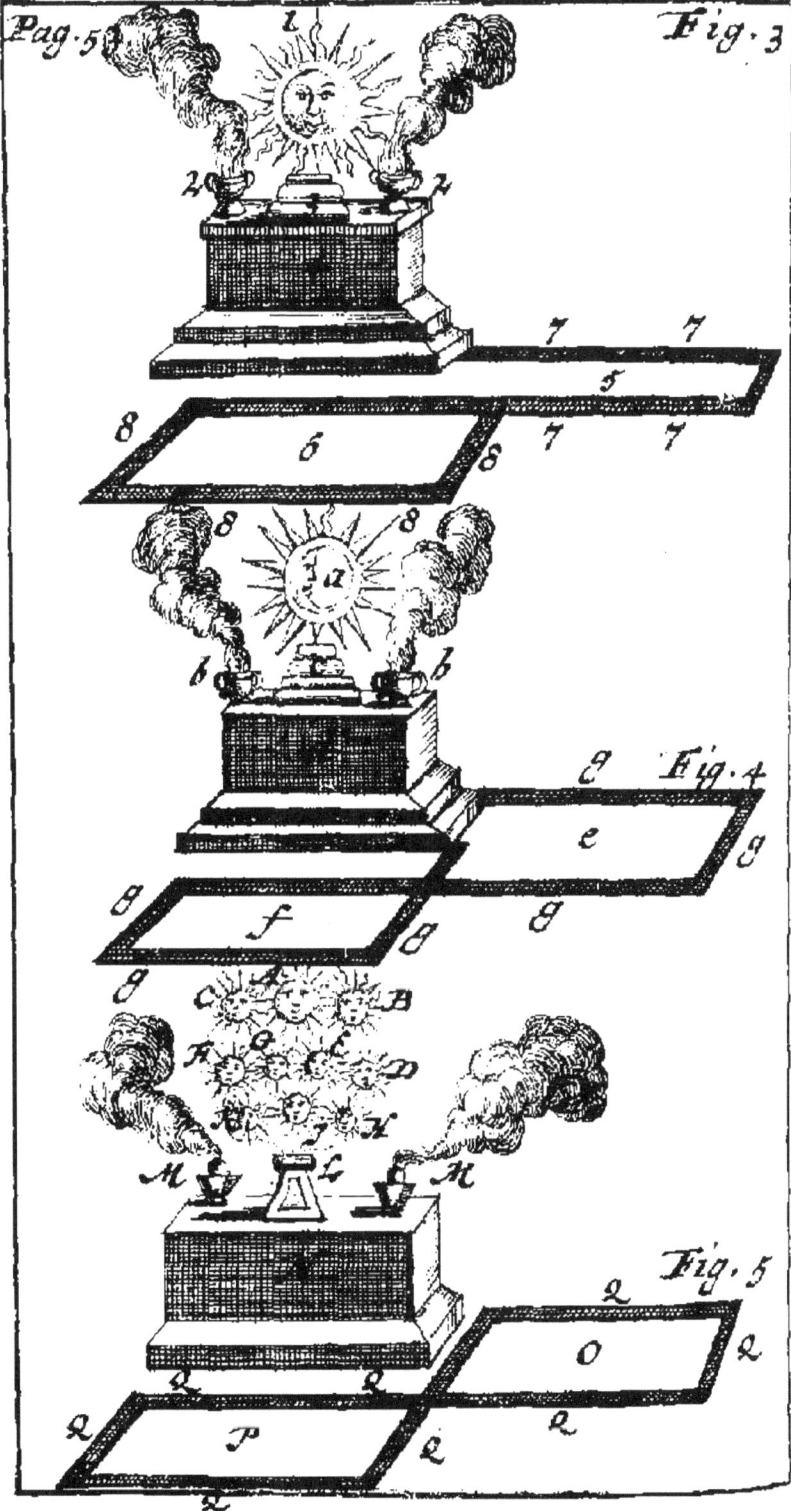

tel. 4 L'Autel. 5 Le Sanctuaire où les Bêtes sont égorgées. 6 Le lieu où elles sont brûlées. 7 & 8 enceinte de pierre qui environne l'Autel.

Explication de la 4. Figure.

a, Image de la Lune. b, Deux pots d'encens pour les Fêtes. c, Le haut de l'Autel. d, L'Autel. e, Le Sanctuaire, où les Bêtes sont égorgées. f, Le lieu, où elles sont consumées par le feu. g, Enceinte de pierre qui environne l'Autel.

Explication de la 5. Figure.

A, Dig. B, Damen. C, Analmen. D, Anioul. E, Dattibes. F, Dabes. G, Anaber. H, Nechem. I, Koriam. K, Turbam. *Ce sont les noms des dix Etoiles adorées.* L, Le haut de l'Autel. M, Deux pots d'encens. N, L'autel. O, Le Sanctuaire, où les Bêtes sont égorgées. P, Le lieu, où elles sont brûlées. Q, La muraille qui enferme l'Autel.

Ces trois Autels sont bâtis de maniere, que celui du Soleil est placé sur le plus haut de la montagne, celui de la Lune, un peu plus bas, & celui des dix Etoiles encore plus bas.

CHAPITRE V.

De la croiance des Formosans, sur l'état des ames aprés la mort.

LE Livre que les Formosans appellent *Jarhabadiond*, & pour lequel ils ont autant de respect que les Chrétiens en ont pour l'Evangile, promet toute sorte de bonheur, aprés cette vie, à ceux qui auront bien vêcu. Mais comme ce livre ne dit rien en particulier de l'état où se trouvent les ames aprés la mort, les Peuples sont divisés sur ce point en une infinité d'opinions différentes. Car quoi que la transmigration des ames soit presque universellement receuë dans tout le païs, aïant toûjours été la plus commune & la plus ancienne croïance des Paiens, les Formosans ne s'accordent pas sur la maniere dont cette transmigration se fait. Il y en a qui croient que l'ame passe dans le corps de quelque bête soit sauvage, soit privée; d'autres disent qu'elle va animer le corps d'un autre homme, pauvre ou riche, heureux ou malheureux, selon la bonne ou mauvaise vie qu'elle a menée : qu'ainsi,

en

en passant de corps en corps, soit d'homme, soit de bête, elle est dans une perpetuelle vissicitude de bonheur ou de misere. Il y en a d'autres qui ont des notions plus relevées, ils assurent que l'ame qui doit être recompensée aprés cette vie, est transformée en Etoile, & placée dans le Ciel, où elle jouit de toutes les délices imaginables, qui consistent dans la veuë & la jouissance de Dieu. Mais parce que les péchés que cette ame destinée à la gloire a commis dans ce monde, ne sont jamais entiérement effacés, mais seulement couverts par les Sacrifices qui ont été offerts pour leur expiation, avant que cette ame arrive à la félicité qu'elle a meritée par sa bonne vie, elle est condamnée à faire penitence de ses péchés, dans quelque lieu propre à cela, & ils s'imaginent que ce lieu est le corps de quelque animal. C'est pour cette raison qu'ils disent, que Dieu deffend de les tuer, & de manger de leur chair. Ces animaux sont les Bœufs, les Béliers, les Moutons, les Veaux, les Agneaux, les Chevres, les Eléfans, les Chameaux, les Chevaux, les Chiens, les Poulets, les Pigeons &c. qui vivent tous en asseurance, sans qu'il arrive que qui que ce soit osé attenter sur leur vie, à moins qu'ils ne soient sacrifiés. Si quelqu'un d'entre eux meurt de vieillesse, ou de maladie, on l'enterre avec soin, si ce n'est que les Bêtes féroces le mangent. Ils croient donc que les ames qui doivent être bienheureuses, demeurent dans ces corps, jusqu'à ce que, par leur pénitence, elles aient achevé d'expier les péchés qu'elles ont commis dans leurs anciens corps, & qu'aussi-tôt que l'animal, qui leur tient lieu de prison, cesse de vivre, soit qu'il meure de lui-même, ou qu'il soit offert en Sacrifice, ou de quelque autre maniere que ce puisse être, cette ame est délivrée & changée en Etoile, pour être éternellement heureuse.

Voilà en partie les principales opinions des Formosans, sur l'état des ames aprés la mort. Ces opinions sont adroitement fomentées par leurs Prêtres qui contribuent de tout leur pouvoir à entretenir ces Peuples dans un aveuglement dont ils tirent de grands avantages. Car quand quelqu'un meurt, les parens du deffunt leur paient une somme d'argent plus ou moins grande, selon leur pouvoir, afin que par leurs prieres, ils obtiennent une diminution de
péni-

pénitence pour l'ame de leur deffunt, & qu'elle soit soulagée dans ses peines. C'est pour cette raison, qu'ils disent que les ames dans le lieu de leur pénitence, ont besoin d'argent pour leurs nécessités, & que personne qu'eux n'ont le pouvoir de leur en distribuer. Voilà comme tout l'argent qu'ils exigent de ceux qui prêtent l'oreille à leurs discours, tant pour l'envoier aux ames des morts, que pour les prieres & Sacrifices qu'ils font, pendant tout le tems qu'ils déclarent que ces ames sont détenuës dans leurs lieux de pénitence, tourne à leur profit : de sorte que l'art de s'enrichir aux dépens de la folle crédulité des Peuples, n'est pas moins connu chés les Païens, que dans quelque Secte de la Religion Chrétienne.

A l'égard des ames qui ont mérité des châtimens éternels, ils sont également partagés sur cet article. Quelques-uns croient que ces ames entrent dans des corps d'animaux sauvages, ou privés qu'ils estiment impurs, comme sont, les Lions, les Ours, les Loups, les Singes, les Cochons, les Chats, les Couleuvres, les Serpens & autres semblables, dont elles ne sortent que pour rentrer dans un autre de la même sorte pendant une éternité. D'autres s'imaginent qu'elles sont en quelque maniére anéanties immediatement aprés la mort, mais la plus commune opinion est, qu'elles errent éternellemeut dans les airs, & que Dieu, pour les punir, leur imprime une connoissance parfaite de la grandeur & excellence de la félicité qu'elles ont perduë, & une honte insuportable des péchés qu'elles ont commis, & ce font là ces esprits aëriens, dont ils croient que l'air est rempli, & qu'ils appellent *Os Pagóstos*, auxquels plusieurs d'entre eux offrent souvent des Sacrifices, dans la pensée qu'ils diminuënt leurs peines & qu'ils les empêchent de leur faire du mal. Les Formosans ne connoissent point d'autres Diables que ceux-là.

CHA,

CHAPITRE VI.
De l'Election & Office du Grand Prêtre, du Grand Sacrificateur, des differens Prêtres & Sacrificateurs inferieurs, & des Religieux qui vivent en commun sous la Conduite d'un Superieur.

LE Proféte *Psalmanaazaar*, suivant le commandement de Dieu, choisit un Filosofe d'une ancienne & Roiale famille qu'il établit Grand Prêtre, & auquel il donna le pouvoir d'en ordonner d'autres, qui lui seroient soûmis : en vertu dequoi le Grand Prêtre choisit trois habitans dans chaque Ville, & un dans chaque Village, jusqu'à ce qu'y aiant eu depuis ce tems-là des Temples bâtis par tout, le nombre de ces Prêtres s'est tellement acru, que dans la seule ville de *Xternetza* on en compte jusqu'à 160. * & de même à proportion

---

* Ce nombre est plus considerable qu'on ne s'imagine, non seulement parce que ni les Moines ni les Prêtres du Soleil, de la Lune & des Etoiles n'y sont pas compris, mais aussi parce qu'il n'y a que cinq Temples dans *Xternetza*, quoi que cette ville soit fort grande & fort peuplée.

dans toutes les autres Villes & Villages.

Ce Grand Prêtre créa de plus dans chaque Ville un Grand Sacrificateur avec pouvoir d'ordonner des Prêtres & des Sacrificateurs qui lui seroient pareillement soûmis. Voici les noms de tous ces différens Ministres de la Religion des Formosans.

Le Grand Prêtre s'appelle *Gnotoy Bonzo*, le Grand Sacrificateur *Gnotoy Tarhadiazar*, les Sacrificateurs ordinaires *Os Tarhadiazors*, les Prêtres qui lisent le livre des loix & qui font les Prieres *Ches Bonzos*, & tous les autres Prêtres qui sont emploiés à diverses fonctions dans le Temple, se nomment *Bonzos Leydos* ; parmi lesquels, ceux qui sont plus particulierement adonnés à la Prédication s'appellent *Bonzos Jatupinos* ; & ceux qui sont occupés à enseigner la jeunesse *Gnosophes Bonzos*.

L'Office du Grand Prêtre est de parler à Dieu en secret : Privilege dont les Principaux d'entre les autres Prêtres ne peuvent jouir sans sa permission : car c'est lui qui leur déclare ordinairement la volonté de Dieu, & qui a droit de faire châtier ceux qui ne s'aquitent pas fidèlement de leurs fonctions. Tant qu'il est revêtu de cette dignité, l'usage des femmes lui eſt interdit, & s'il en veut prendre une, il faut qu'il quitte ſa charge & qu'ou en éliſe un autre en ſa place.

Le Grand Sacrificateur eſt non ſeulement chargé d'ordonner des Prêtres, dans l'étenduë de ſon détroit, mais de veiller ſur eux, d'avoir ſoin des ſacrifices & principalement des enfans, qui doivent être immolés. C'eſt pour cette raiſon qu'il tient régiſtre des enfans mâles de chaque famille, pour avertir les peres & meres, d'envoier en tems & lieu ceux qu'il a choiſis & deſtinés à être ſacrifiés. C'eſt lui qui les doit égorger & leur arracher le cœur : les autres Sacrificateurs n'y touchant que pour les arranger ſur le Gril. Il fait la priere à haute voix, pendant que ces cœurs innocens rôtiſſent.

Les Sacrificateurs inférieurs tuent les animaux deſtinés aux ſacrifices, les lavent, en font bouillir la chair & en diſtribuent des morceaux au Peuple. Quelques-uns d'entre eux prient avec le Grand Prêtre, pendant le tems que durent les ſacrifices.

L'emploi des Prêtres ordinaires eſt different : quelques-uns liſent publiquement dans le Temple, d'autres Prê- chent

chent, les autres inftruifent la jeuneffe & les autres veillent au Tabernacle, & ont foin que tous les ornemens & uftenciles qui en dépendent, foient nets & en bon ordre.

Le Grand Sacrificateur & les Sacrificateurs inferieurs, & généralement tous les Prêtres du Temple de Dieu peuvent fe marier, pourveu qu'ils n'aient qu'une femme.

Le Proféte *Pfalmanaazar* fit auffi bâtir un Monaftere à *Xternetfa* & en plufieurs autres Villes, que les gens du Païs appellent *Roch-Aban*. Il y établit des Religieux, auxquels il prefcrivit, de la part de Dieu, des Régles conformes à l'état qu'il leur faifoit embraffer. Ces fortes de Moines ou Religieux s'appellent *Bonzos Roches*, & leur Superieur *Bonzo Soulleto*. Ils ne font point d'autres vœux que celui de chafteté, par lequel néanmoins ils ne fe lient pas abfolument ; Car fi dans la fuite ils fentent qu'ils ne peuvent fe paffer de femmes, ils font libres de fortir du Monaftere & de fe marier ; mais pendant le tems qu'ils y demeurent, ils font obligés de vivre dans la continence. Ils ne font point de vœux d'une aveugle obeïffance à leurs Supérieurs, ni d'une

pau-

pauvreté affectée en renonçant d'intention à toutes les richesses de ce monde, comme font les Moines de l'Europe, qui sous une fausse apparence de pauvreté volontaire & évangélique jouissent effectivement de toutes les commodités de la vie. Mais voici en général la régle de ces Sociétés. Un homme qui se sent de la disposition, ou de l'inclination pour un genre de vie retiré du monde, pourveu qu'il soit sage, sçavant & sincere, riche ou pauvre, il est admis dans la Societé. Quand il y entre, il est obligé d'apporter avec lui la part de son Patrimoine, qui lui est écheuë, petite ou grande, il n'importe, & de la joindre au revenu du Couvent. Si dans la suite, il lui prend envie de se marier, on lui rend ce qu'il a apporté, & il se retire. Si pendant qu'il demeure dans la Communauté, il souhaite quelque chose au delà de ce qui est porté par les réglemens, comme cela arrive souvent, il faut qu'il l'achete de son propre argent. * Il n'est jamais permis de sortir hors

---

* Apparemment qu'ils peuvent avoir quelque argent en particulier, soit qu'ils ne portent pas génerallement tout leur bien au Couvent, soit que leurs Parens ou amis leur en donnent.

hors de l'enceinte de la maison que ce ne soit pour tout à fait.

Si quelqu'un meurt dans le Couvent tout ce qu'il a apporté demeure en propre à la Communauté. Pendant tout le tems qu'on y demeure, on est obligé d'obéir au Superieur, pourveu que ce qu'il commande soit conforme aux reglemens; Car, par exemple, si le Superieur ordonnoit à un Religieux de ne manger que des racines, pendant que les autres feroient bonne chere, il ne seroit pas obligé d'obéir, mais ce sont des cas qui n'arrivent point. Le Superieur a droit de les ordonner Prêtres, quand il les en trouve dignes. Alors ils s'occupent à prêcher, à instruire la jeunesse dans les principes de la Religion, à leur apprendre à lire & à écrire, & toutes les autres choses nécessaires à une bonne éducation. Lors qu'il vient à vacquer quelque place parmi les Prêtres du Temple, le Superieur présente quelques-uns de ceux qu'il croit mériter le mieux de la remplir, & le Grand Prêtre fait tomber son choix sur celui qu'il lui plaît. Il en est de même de toutes les autres places vacquantes dans le corps des Prêtres du Soleil, de la Lune & des Etoiles. C'est de ces Monasteres d'où l'on tire les sujets dont on a besoin pour y pourvoir.

Tous

Tous ces Moines en général sont obligés de mener une vie fort réguliere, de jeûner une fois la semaine, outre les jeûnes communs à tous les habitans du païs, de porter des habits † qui les distinguent des autres hommes. Enfin il arrive souvent que quelques-uns d'entre eux se retirent plus absolument du monde, pour aller vivre dans un désert, & lors qu'ils témoignent avoir de l'inclination pour ce genre de vie on ne s'oppose point à leur dessein. On a remarqué, qu'ordinairement ces Religieux sont assés sages, & s'attachent à la pratique de la vertu, mais dés qu'ils se sont une fois débauchés, ils abandonnent bien-tôt les régles & le Couvent, & sont aprés cela plus adonnées au vice que les autres hommes. Ceux qui ont examiné de prés la vie de la plûpart des Moines de l'Europe, trouveront qu'en bien des choses, ils ne different pas beaucoup d'avec les *Bonzes* de *Formosa*.

CHA-

* Voiés ci-aprés le Chap. 12.

CHAPITRE VII.

Des cérémonies observées dans le Temple aux jours de Fête.

LEs jours de Fête double, aprés qu'on s'est lavé la tête, les mains & les pieds, on va au Temple : Un Prêtre y fait publiquement la lecture du *Jarhabadiond*. Dés qu'elle est achevée, chacun se prosterne, la face contre terre, pendant que les Prêtres rendent graces à Dieu, à haute voix, de ce que par son infinie miséricorde il les a appellés à sa véritable connoissance, à quoi les Peuples se joignent d'esprit & de cœur. L'action de graces étant finie, on se leve & on chante des Himnes composées par quelques-uns d'entre les Prêtres. Les flutes, les timbales & autres instrumens jouent, & accompagnent les voix : aprés quoi, les Prêtres prient pour la sanctification des victimes. On les égorge en suite & on en verse le sang dans une chaudiere, proche l'autel ; on divise la chair par petits morceaux,

ceaux, * on la fait bouillir dans le sang; pendant ce tems-là, le Grand Prêtre, ou le plus ancien de ceux qui se trouvent presens, fait la priere, & demande à Dieu, qu'il lui plaise d'accepter ces sacrifices, pour la remission des péchés du Peuple. Aussi-tôt que la viande est cuite, les hommes, les femmes & les enfans au dessus de 6 ans, s'avancent, les uns aprés les autres, vers l'Autel, où aprés avoir respectueusement receu des mains † du Prêtre un morceau de cette chair, ainsi bouillie dans le sang, ils mettent un genou en terre, & le mangent. Durant toute cette céremonie, ceux qui ont déja été à l'autel, conjointement avec ceux qui attendent leur tour pour y aller, chantent des Himnes avec les instrumens qui les accompagnent.

Quand

---

* à peu prés de la grosseur d'un œuf, lesquels étant cuits se reduisent à une bouchée. † Il y a deux ou trois Prêtres qui tiennent chacun une espece de petite broche d'or ou d'argent fort pointuë & longue d'environ deux pieds, dans laquelle sont enfilés quantité de ces morceaux de viande cuite, qu'ils prennent dans la chaudiere à mesure qu'ils les distribuent au Peuple en les tirant de cette broche l'un aprés l'autre : & pour une plus prompte distribution, pendant qu'un des Prêtres vuide la broche qu'il tient en sa main, les autres regarnissent celles qui ont déja été vuidées.

Quand cette espece de Communion *est finie, un des Prêtres monte sur un endroit un peu plus élevé que celui où le Peuple se tient, & fait un Discours, pendant lequel on a la liberté de lui faire des questions auxquelles il répond de son mieux. Aprés la prédication on fait une seconde action de graces, suivie d'une priere par laquelle on demande à Dieu eu général toutes les choses dont il sçait que le Peuple a besoin: alors chacun s'en retourne chés soi dîner. Le tems accordé pour cela n'est que de deux heures, pendant lesquelles il est rigoureusement deffendu de faire aucun excés, de se divertir, ou de s'occuper à quoi que ce soit de servile; mais on est obligé de se comporter modestement pour se préparer à retourner au Temple, où l'on fait les mêmes cérémonies que le matin, excepté les sacrifices. Enfin lors que le service est achevé & qu'on est de retour dans sa maison, on peut, aprés le souper, se prome-

* Tout ce qui reste de la chair des victimes demeure aux Prêtres, qui s'en nourrissent largement, pendant que les Peuples qui en toute autre occasion, n'oseroient en manger, n'en ont ici qu'une petite bouchée.

mener & se divertir à des exercices sérieux & honnêtes.

Les jours de Fête simple sont célébrés comme les aprés-dinées des Fêtes doubles.

Il faut sçavoir qu'à la fin des sacrifices, aux jours de Fête, quand on ouvre le Tabernacle, dans lequel les Formosans croient que Dieu fait sa demeure, s'il arrive que ce Dieu, qui ne se manifeste jamais que sous la figure de quelque animal, se montre sous celle d'un Lion, ou d'un Ours, ou de quelque autre béte feroce, alors ils s'imaginent que Dieu est irrité, c'est pourquoi on referme le Tabernacle, & on fait de nouveaux sacrifices, jusqu'à ce que la Divinité s'appaise, & qu'elle se fasse voir sous la forme de quelque autre animal plus doux, comme celle d'un Bœuf, d'un Veau, d'un Agneau, ou autre semblable; mais si les sacrifices d'animaux ne sont pas suffisants pour calmer sa colere, & lui faire prendre la figure qu'on souhaite qu'il prenne, alors on lui immole des enfans, & on en égorge tant, qu'à la fin il s'adoucit & paroît sous une figure de reconciliation. Quand il se montre sous celle d'un Eléfant, ils se persuadent qu'il leur doit arriver de grands biens.

Avant

Avant que les Prêtres se hazardent de parler à Dieu en secret, ils s'y préparent par des jeûnes & des prieres extraordinaires, & lors qu'ils ont eu cét avantage, ils ont accoûtumé de déclarer aux Peuples ce que Dieu leur a dit, & ce qu'il souhaite d'eux.

Il faut encore observer que ce Dieu, que les Formosans estiment être le Dieu Souverain, & qu'ils croient ne prendre ainsi la forme de différens animaux, que pour s'accommoder à leur foiblesse, ne se revêt jamais de celle d'aucun animal femele, mais toujours d'un mâle, d'où ils concluent que le sexe feminin est impur, & soûtiennent, que la femme ne peut jamais parvenir à la félicité éternelle, qu'elle n'ait passé par le corps d'un homme, ou de quelque bête mâle.

CHAPITRE VIII.

Des différentes postures dont usent les Formosans en adorant Dieu & les Astres.

LEs Formosans, en adorant Dieu, usent de differentes postures, selon les diverses cérémonies qu'ils observent dans leur culte. Premierement quand on lit publiquement le *Jarhabadiond* dans leurs Temples, ils ont le genou gauche en terre, * & le bras droit élevé vers le Ciel. Lors qu'on rend graces à Dieu, ils sont tous prosternés la face contre terre : ils se tiennent debout pendant qu'on chante les Himnes, & ont les mains jointes. Si l'on prie pour la sanctification des victimes, ils ont le genou gauche en terre, & les bras étendus vers le Ciel. Pendant qu'on égorge les victimes, chacun peut s'asseoir à terre ; car il n'y a ni bancs, ni sieges dans les Temples ; il est seulement permis aux personnes de distinction, d'avoir un carreau pour s'asseoir. Dans le tems que la chair des victimes est sur le feu, on se tient debout, les mains jointes, en regardant du côté du Tabernacle ; à l'ouverture duquel, tout le monde demeure quelque tems prosterné contre terre pour adorer, puis on se leve pour regarder le Dieu ou la figure, sous laquelle il trouve à propos de se faire voir. Si c'est celle d'un Bœuf, ou celle d'un autre animal domestique, on saute de joie, dans la croiance que Dieu est satisfait. Durant le sermon on se tient debout,

* Cela s'entend de ceux qui le peuvent faire & qui ne sont pas malades.

debout, après la prédication & l'action de graces, chacun fait une profonde revérence, en penchant tout le corps, & touchant la terre du second doigt de la main droite, & on s'en va.

Quand ils adorent le Soleil, la Lune & les dix Etoiles sur la montagne, pendant qu'on lit l'endroit du *Jarhabadiond*, où Dieu ordonne d'adorer ces Astres, ils ont le genou gauche en terre, & la main droit élevée vers le Ciel. Ils observent les mêmes cérémonies durant le chant des Himnes, ils se tiennent debout les mains jointes. Dans les prieres ils ploient le genou gauche & étendent les bras. A l'action de graces, ils se tiennent debout, regardant vers le Ciel, aiant les bras ouverts, & étendus. Ils usent de cette même posture les jours ordinaires, quand ils adorent le Soleil & les cinq Etoiles; mais au soir, en adorant la Lune & les cinq autres Etoiles, ils se tiennent debout les mains jointes.

CHA-

CHAPITRE IX.

Des Cérémonies du Mariage.

IL semble que la pluralité des femmes que la loi des Formosans leur permet, soit une suite nécessaire de la dure & cruelle obligation où ils sont, de sacrifier tous les ans un si grand nombre d'enfans mâles : Car enfin quelque peuplée que puisse être cette Ile, la race des hommes y finiroit bien vîte, s'ils n'avoient la liberté de reparer une si grande perte, par l'usage de plusieurs femmes. C'est pour cette raison qu'on voit des hommes en avoir 3, 4, 5, 6 & davantage à proportion de leurs moïens, car un seul homme en peut prendre autant qu'il en peut nourrir, mais pas au delà, sous peine de la vie. C'est pour prévenir ce malheur, qu'avant qu'un homme épouse une fille ou une femme veuve, on examine toujours, si son bien est suffisant pour l'entretenir : mais quoi qu'il puisse avoir plusieurs femmes, & que par conséquent ils aient un grand nombre d'enfans, on n'en prend que quelques-uns d'entre les Garçons * pour être sacrifiés, conservant toujours les filles pour le mariage, comme on le verra par la suite.

Jamais un frere ne peut épouser sa sœur, ni l'oncle sa niece. Hors ces deux degrés de consanguinité, toutes sortes de mariages sont permis : mais ceux-ci sont si rigoureusement deffendus, que le Grand Prêtre lui-même n'a pas le pouvoir d'en dispenser.

Quoi qu'il en soit, quand un homme a dessein de prendre une femme, soit qu'il en ait déja une ou plusieurs, ou qu'il n'en ait point encore, il faut d'abord qu'il obtienne le consentement du Pere, & de la Mere, puis celui de la fille. † Dés qu'ils sont d'accord, le futur Epoux en donne avis au Grand Sacrificateur, qui s'informe exactement, s'il a un bien suffisant pour entretenir cel-

* Il n'arrive point qu'il manque d'enfans mâles pour remplir le nombre des sacrifices annuels; mais si cela arrivoit, & que faute de Garçons on fût obligé de prendre des filles, à peine les 4 élémens auroient ils assés de vertu pour les purifier de toutes les souillures, & impuretés, dont ils croient le sexe rempli.

† Le Pere & la Mere de la fille lui donnent quelques bagues, des habits & lui font d'autres petits presens selon sa condition; mais ils ne lui font point de dot ni de portion de leur bien, devant ni après leur mort.

celle qu'il recherche en mariage. Si les choses se trouvent telles qu'elles doivent être, on assemble les parens, & les amis des deux partis, qui accompagnent le marié, & la mariée un jour de Fête simple, jusqu'à la porte du Temple. Là le Grand Sacrificateur, ou un autre Prêtre leur demande ce qu'ils souhaittent. Le futur Epoux répond, qu'il desire être marié avec celle qu'il tient par la main, & qu'il presente au Prêtre en la nommant par son nom. Alors on leur permet l'entrée du Temple; car en toute autre occasion, aucun homme ne peut entrer dans le Temple, en compagnie d'autres femmes que des siennes.) Etant ainsi introduits, on commence la cérémonie par des prieres, aprés lesquelles on offre un sacrifice. Le marié promet *d'être fidelle à sa femme*, (c'est-à-dire qu'il ne connoîtra jamais d'autres femmes, que celles auxquelles il est joint par le mariage) *qu'il la traitera avec douceur, sans violence ni tirannie, qu'il ne lui ordonnera jamais rien qui soit contraire aux loix naturelles, divines & humaines* &c. pareillement la femme promet *d'être fidelle à son mari, de ne connoître jamais d'autre homme que lui, & de lui obéir en toutes choses.* Aprés cela
ils

ils jurent tous deux devant Dieu, le Soleil, la Lune, & les dix Etoiles, *d'observer religieusement l'un & l'autre ce qu'ils promettent.* Ce serment est accompagné d'imprécations contre-eux mêmes, & d'acquiescement à tous les malheurs, dont la celeste vengeance les voudra punir, tant pendant leur vie, qu'aprés leur mort, s'ils viennent à rompre leur vœu. Alors le Prêtre donne à l'homme un plein pouvoir de vie & de mort sur sa femme, à condition néantmoins qu'il n'en abusera pas, & qu'il ne s'en servira tout au plus, que dans le cas d'infidelité. Toute cette céremonie qu'ils appellent *Groutacho* finit par des prieres, aprés lesquelles, le Prêtre congedie l'Assemblée. Le mari méne sa nouvelle Epouse chez lui, où il régale tous les parens & les amis, qui ont été invitez à la Fête. Lors que la nuit s'approche, les hommes viennent saluer le mari, & lui font quelques présens, en lui souhaittant toute sorte de biens & de satisfaction, pendant que les femmes en usent de même envers la nouvelle mariée, aprés quoi l'Epoux conduit sa femme à son appartement & tout le monde se retire.

CHA-

CHAPITRE X.
Des Cérémonies observées à la naissance des Enfans.

DEs qu'une femme se sent approcher de son terme, elle fait offrir des sacrifices aux dix Etoiles, * plus ou moins considérables, selon son pouvoir. Le premier jour de la semaine, aprés qu'elle est accouchée, elle se lave, elle & son enfant, & le porte † au Temple, accompagnée de son mari, où elle offre un sacrifice à Dieu, pendant lequel on fait des prieres pour l'enfant, & des actions de graces pour la délivrance de la mere. Si c'est un Fils, & qu'il ne soit pas un premier-né, le pere & la mere promettent solemnellement, *d'être toujours prêts à le livrer pour être sacrifié en*

se-

---

* Ils croient qu'elles président sur la naissance des enfans.

† Si elle peut marcher, car lors qu'elle est malade, elle peut envoier une femme en sa place. Mais soit que les femmes de l'Orient soient plus vigoureuses que les Européennes, ou qu'elles se délicatent moins, il est seur qu'elles ne gardent ordinairement le lit qu'un jour ou deux, aprés être accouchées, à moins qu'elles n'aient été long-tems en travail, ce qui leur arive trés souvent. *Voiés ci-aprés le chap.* 27.

seront requis. On allume enfuite un petit feu de paille, & le Grand Sacrificateur prend l'enfant, & le fait paſſer 12 fois à travers la flame. Un autre Prêtre l'oint d'huile par tout le corps, pour adoucir le mal que la flame lui auroit pû cauſer. Cette cérémonie achevée, la mere reprend l'enfant, & aprés que le Prêtre a fini l'action de graces, elle s'en retourne chés elle avec ſon mari, où la coûtume eſt de régaler la parenté & quelques-uns des Prêtres. Cette cérémonie s'appelle *Abdalain*, ou la Purification.

Quand l'enfant eſt parvenu juſqu'à la 9.e année de ſon âge, le pére & la mere l'emmenent au Temple, un jour de Fête, où il fait une priere accompagnée d'un vœu ſolemnel, par lequel il promet à Dieu, *que, puis qu'il ne lui a pas plû de demander ſa vie en ſacrifice,* † *il l'employera toute entiere à ſa gloire, & qu'il obſervera religieuſement tous ſes commandemens, ainſi qu'ils ſont contenus dans le Jarhabadiond*, à quoi le Pere & la Mere promettent de leur part, de contribuer de toute leur autorité. Alors le Prêtre fait une priere, & les congedie. Cette ſeconde cérémonie s'appelle *Blado* ou le vœu.

Quoi

----

† Cette circonſtance eſt omiſe quand c'eſt une fille.

Quoi que les Formosans pratiquent cette ceremonie qu'ils appellent Purification, ils ne croient pas pour cela que leurs enfans soient entachés d'aucun Péché Originel, mais quelques-uns d'entre eux disent, que Dieu leur a ordonné cette Purification pour prévenir les maux auxquels nous sommes enclins, par la corruption de nôtre nature, sans néantmoins pouvoir expliquer la source de cette corruption. D'autres s'imaginent que c'est pour expier les Péchés des Peres & Meres, & ils croient que Dieu aiant créé le monde en son tems, il l'a rempli d'hommes innocens & vertueux, mais qu'ils se sont corrompus insensiblement & par degrés, s'éloignant tous les jours de plus en plus de l'innocence & de la sainteté de leur origine : ils n'en alleguent point d'autres preuves que l'expérience. Cependant ce sentiment n'est pas receu parmi eux comme une verité révelée, ce n'est qu'une opinion de quelques-uns de leurs Docteurs, touchant la création du monde & l'état des premiers hommes. Car le *Jarhabadiond* ne dit rien de tout cela.

CHAPITRE XI.

Des Funerailles.

ON obferve la même cérémonie pour les hommes que pour les femmes. Lors qu'un malade eſt en danger, on fait des prieres, & on offre des ſacrifices pour demander à Dieu le recouvrement de ſa ſanté. Si le malade meurt, on garde le mort 32. heures, on le frotte d'huiles parfumées, tant pour prévenir la mauvaiſe odeur * qu'afin que le corps en brûle mieux, & plus promptement. Peu de tems avant qu'on le porte au lieu, où il doit être brûlé, tous les parens & les amis du défunt s'aſſemblent. On met, en leur preſence, le corps dans une biere, qu'on poſe ſur une table, autour de laquelle tous les conviez s'aſſeient. On leur ſert pluſieurs ſortes de viandes, dont ils mangent tous : à la fin de ce repas, où tout ſe paſſe dans un grand ſilence, chacun ſe diſpoſe à ſuivre le convoi.

Les

---

*Le Climat étant extrêmement chaud un corps ne pourroit ſe garder ſi long-tems ſans infecter toute la maiſon.

Les cérémonies sont plus ou moins grandes, & la pompe funébre plus ou moins magnifique, selon les richesses & le rang du défunt. Supposons pour un moment que ce soit une personne puissante & qualifiée. Tous les Prêtres & les Religieux, les Joueurs d'instrumens, les Pleureurs &c. viennent chercher le corps; on le met dans une litiére portée par deux Eléfans & la marche commence en cet ordre.

Premierement un Officier de la Ville marche à la tête portant la Banniere ou les Armes* du défunt: les Musiciens & les Joueurs d'instrumens marchent aprés lui, chantant & jouant d'un ton lugubre & lent: la Soldatesque vient ensuitte accompagnée de ses Officiers; ils sont tous armés

* Quoi que ni les Japponnois en général, ni les Formosans en particulier, n'ayent pas un Blazon régulier comme les Européens, cependant les personnes de qualité ne laissent pas d'avoir des armes, par lesquelles on peut distinguer les familles: elles sont tout à-fait arbitraires, tant pour la figure de l'Ecu, qui est tantôt ovale, tantôt triangulaire, quelquefois en lozange, quarré ou rond, que pour les pieces dont ils les chargent, qui sont ordinairement des animaux, des fleurs, des fruits &c. mais ils n'ont pas encore été jusqu'à la distinction des couleurs & des métaux: ils n'ont ni limiers, ni supports, ne devises.

més de lances, d'arcs, de fléches, de sabres, ou d'épées. Les Religieux suivent cette Soldatesque, précédés d'un Officier du Couvent portant l'enseigne de la Societé qu'ils apellent les armes de Dieu, & suivis de leur *Soulleto* ou Superieur. Ils sont suivis des Prêtres ordinaires du Temple, qui ont à leur tête un Officier du quartier, portant l'enseigne ou la Banniere du Temple. Aprés eux, marchent les Prêtres ordinaires & les Sacrificateurs du Soleil, de la Lune & des Etoiles: puis viennent les Sacrificateurs de Dieu, suivis du Grand Sacrificateur & de ses Domestiques, (car pour le Grand Prêtre, il n'assiste jamais à aucunes obseques, si ce n'est à celles des Rois ou Vice-Rois.) Aprés le Grand Sacrificateur, suit le chariot rempli d'animaux pour les sacrifices, tiré par un Eléfant ou par des Chameaux. On voit ensuite les Pleureurs qui marchent immédiatement devant le corps, qui est porté dans une espece de litiere * couverte de noir, à peu

---

* Appellée *Norimmonnas ach Boskos*, c'est-à-dire, litiere pour les morts. Les gens de moindre condition se servent d'une espece de coffre qu'on charge sur le dos d'un Elefant, ou d'un Chameau qu'on appelle *Kgnabarhé*.

peu prés semblable aux *Herses* d'Angleterre, excepté que le milieu est élevé en pointe, comme une petite tour. Cette litiere est portée par deux Eléfans, qui sont tellement couverts de drap noir qu'on ne voit que la tête du premier. Sur ce drap, paroissent les armes du défunt & ceux de ses Ancêtres rangés en ordre: cette litiere est suivie des plus proches parens & des amis du mort. Lors qu'on est arrivé au lieu où le bucher a été préparé, les Prêtres & les Religieux prient pour la sanctification des victimes: on les égorge sur un Autel bâti exprés, & sur lequel elles sont brûlées, puis on prend les cendres qu'on porte sur le bucher, où repose le corps dans son cercueil: on y met alors le feu, & quand tout est consumé, & qu'on a enterré les cendres proche le lieu où étoit le bucher, la compagnie se retire, & chacun s'en retourne chez soi.

CHAPITRE XII.

Des habits des Prêtres & des Religieux.

AUtrefois les Prêtres avoient la liberté de s'habiller comme il leur plaisoit, pourvû qu'ils fussent distingués d'avec les autres hommes, cela suffisoit, mais à present, ils ont tous des habits, qui non seulement les distinguent d'avec les Laïques, mais par lesquels on connoît leurs différentes fonctions & qualitez, & ces sortes d'habits ne peuvent plus souffrir aucun changement.

Le Grand Prêtre porte une espece de mitre sur la tête, d'un bleu celeste, dont le bas est fait en forme de Couronne : il met par dessus un bonnet, ou calotte de drap de même couleur. Il a les cheveux courts & la barbe longue; un petit manteau de la couleur de sa mitre, rond par devant & pointu par derriere lui couvre les épaules, & ne lui décend pas plus bas que le coude. Sous ce petit manteau il en porte un autre beaucoup plus long, & de même couleur qui a plûtôt la forme d'une longue robe que d'un manteau, &
dont

dont les manches ont des ouvertures par
le milieu, pour passer les bras. Cette
robe couvre une bande de drap violet
pendante par devant & par derriere, qui
ressemble assés à celle que portent la plûpart des Moines de l'Europe qu'ils appellent *Scapulaire*. * Sous cette bande, est
une

* C'est une bande de drap, ou de serge, large
d'un quart d'aune ou environ, au milieu de laquelle il y a un trou pour passer la tête ; cette bande est
pour l'ordinaire de la couleur de l'habit des Moines.
Ils estiment cette piece d'étoffe si sainte, qu'ils l'appellent le saint habit : plusieurs d'entre-eux assurent
l'avoir receu des mains de la Sainte Vierge, à l'honneur de laquelle ils l'ont particuliérement consacré.
Les gens du monde & principalement les Soldats &
les Artisans, & généralement tous les simples, &
idiots, qui se gouvernent par l'avis & le conseil des
Moines, & presque toutes les femmes dévotes, portent aussi un *Scapulaire*, auquel ils attachent de grandes vertus. C'est un petit ruban double, aux ex-
trémitez duquel sont attachées deux petites pieces
d'étoffe quarrées, de la largeur d'un écu ou environ, sur lesquelles sont ordinairement représen-
tés, soit en broderie d'or ou d'argent, pour les gens
de distinction, ou simplement de soie ou de fil pour
les pauvres, les noms de *Jesus* & de *Marie*. Cela
s'appelle le petit habit de la Vierge. Le Moine qui le
donne, ne manque pas de le sanctifier par des priè-
res & des bénédictions réïterées, où l'eau benite
n'est pas oubliée : cette guenille se porte en manière
d'echarpe sur la chemise, ou sur la peau. Ceux qui
sont admis dans cette confrairie ont droit de le porter

une tunique blanche, de cotton ou de soie, qui lui couvre la peau. Ses bas sont semblables à tous ceux qu'on porte dans le païs, & ses souliers ressemblent parfaitement aux *sandales* des *Capucins*.* Il porte une verge de fer à la main, longue d'une coudée † garnie d'une poignée d'argent ronde, sur laquelle ses armes sont gravées. Le Souverain Sacrificateur porte aussi une mitre sans couronne sur son bonnet, au bas duquel est attachée par derriere une piéce d'étoffe

ter, & moyennant certaines prieres qu'ils doivent reciter tous les jours, & quelques Communions qu'ils sont obligez de faire à certains jours de Fête extraordinaire dans quelques-unes des Eglises des Moines, où cette dévotion est le plus en vogue ; ils peuvent vivre dans une asseurance plus que morale de leur salut. Vérité que les Moines qui sont interessés à faire valoir ces superstitieuses pratiques, prouvent par une infinité de miracles autentiques & de la certitude desquels, il seroit aussi criminel de douter, que de douter de ceux de J. C. & de ses Apôtres. *Quid non* Monachalia *pectora cogit auri sacra fames?*

* C'est une sorte de Moines qui se disent réformés de l'Ordre de St. François & qui font parade d'une vie fort pauvre & fort austére, ils vont nu-pieds, & ne portent que des sandales, ce sont des souliers, qui n'ont point de quartier ; mais seulement une bande de cuir par dessus, large de deux ou trois doigts avec un talon fort bas.

† Sorte de mesure qui contient un pied & demi.

toffe bleuë, qui traine jufqu'à terre; il a auffi une longue robe rouge, attachée avec une ceinture blanche. Sa mitre qui eft la marque de fa dignité, eft d'un bleu celefte, de même que celle du grand Prêtre: fon bonnet, qui eft rouge, montre fon office de Sacrificateur, & l'épée qu'il porte toûjous à fa main, eft le figne du fang que fa charge l'oblige de verfer. Ses bas & fes fouliers font femblables à ceux du grand Prêtre.

Les Sacrificateurs ordinaires de Dieu ont un bonnet rouge & pointu, panchant un peu par derriére : leur manteau eft femblable à celui du grand Prêtre hors qu'il eft rouge, & fi court par devant, qu'il ne paffe pas les genoux, quoi que par derriére il traine jufqu'à terre. Ils ont encore fous ce manteau une robe rouge.

Les Sacrificateurs du Soleil, de la Lune & des dix Etoiles ont les mêmes habits, mais de différentes couleurs. Celui du Soleil a un bonnet blanc, avec la figure du Soleil au haut; fon manteau eft rouge & fa robe blanche : celui de la Lune a pareillement un bonnet blanc, avec la figure de la Lune dans fon croiffant ; fon manteau eft blanc & fa robe rouge : celui des dix Etoiles a auffi un bonnet blanc orné
d'Etoi-

d'Etoiles, avec une petite piece d'étoffe qui y est attachée, & qui pend par derriere: il a un manteau rouge à manches blanches & une robe blanche. Tous ces Sacrificateurs portent une épée dans leur main.

Les Prêtres ordinaires ont une sorte de bonnet sur lequel est une mitre plus basse par derriere que par devant : ils portent une longue robe blanche, dont les manches sont fort longues & fort larges : ils n'ont point de ceinture, mais ils ont une petite tunique de cotton par dessous.

Les Officiers ou Serviteurs du Temple ont aussi un habit qui les distingue des autres Laïques, car leur bonnet est different de celui du commun peuple : ils ont une robe noire & portent à la main une verge noire, longue d'une coudée. A toutes les assemblées ils portent une espece de Banniere ou Enseigne, où sont les armes du Temple & de la Religion.

L'habit des Religieux n'est pas different de celui des Prêtres ordinaires pour la forme, mais bien pour la couleur. Chaque Couvent même en a une, qui lui est particuliere. Ils portent tous un capuchon fort pointu sur leur tête qu'ils rasent fort souvent, mais jamais la barbe. Ils ont
une

une robe courte & large, qui ne s'ouvre ni par devant ni par derriere, & dont les manches pendent ordinairement fort bas : ils ont deux tuniques par deſſous, l'une ſur l'autre ; celle de deſſus eſt la plus courte, mais elles ſont toutes les deux fort ſerrées : leurs bas & leurs ſouliers ſont ſemblables à ceux des Prêtres.

Leur Superieur, aux aſſemblées publiques, porte une mitre ſur ſa tête, & ſon Capuchon pend par derriere. Il a auſſi un petit manteau ſemblable à celui du grand Prêtre, mais il eſt violet & la piece de drap qui y eſt attachée eſt de même couleur : ſous ce petit manteau, il en a un autre plus grand de diverſes couleurs, & par deſſus une tunique blanche : il ne ſe fait jamais la barbe, & tient toûjours ſes cheveux courts : il a encore ceci de commun avec le grand Prêtre, qu'il porte une verge de fer à la main. Sa chauſſure eſt ſemblable à celle de ſes Moines, mais quand il eſt dans le Couvent, il eſt entierement vêtu comme eux.

Les ſerviteurs des Couvents ſont habillés comme ceux de Temple, excepté que leur bonnet eſt plus petit : leurs autres ajuſtemens ſont ſeulement diſtingués par la couleur. La figure qui repreſente

sente l'ordre d'un Convoi funebre, montre tous ces différens habits.

CHAPITRE XIII.

Des differentes sortes d'habits des autres Habitans de Formosa, *suivant le rang, l'état & la condition des Peuples.*

LEs Formosans sont asseurément fort curieux dans leurs Habits: mais ils ne changent jamais de mode, comme font la plûpart des Européens; c'est pourquoi, à peu de choses prés, ils sont encore habillés comme ils l'étoient il y a mille ans. Ils ont ceci de remarquable, que la qualité & la condition des hommes se reconnoit par les Habits, qui ne sont pas fort differents de ceux des Japonnois, principalement à l'égard du commun peuple; car, quoique les Rois, les Vice-Rois & les Grands de ce Païs, aient bien des sortes d'ajustemens, qu'ils les distinguent les uns des autres, la plus grande différence entre les Japonois & les Formosans consiste en ce que les Japonnois portent deux ou trois robes qu'ils attachent

chent avec une ceinture, & que les Formosans n'en ont ordinairement qu'une, & ne se servent point de ceinture, * car ils vont toûjours la poitrine découverte, & ne se couvrent les parties honteuses qu'avec une plaque d'or, d'argent ou de cuivre, qu'ils lient autour d'eux. Les Japonnois ne se servent que de petits bonnets fort legers, & les Formosans les portent grands & larges, avec une queuë faite de cotton ou de soie, qui pend par derriere jusqu'à terre, & qu'ils tournent autour du bras quand ils marchent; mais comme on a dessein de ne parler ici que des habits des Formosans, on ne dira rien davantage de ceux des Japonnois.

Le Roi de *Formosa* est vêtu d'une longue robe de soie, richement travaillée avec de l'or & de l'argent, toûjours ouverte & sous laquelle paroît une petite veste de soie, liée d'une ceinture fort précieuse: il porte une grande Echarpe † travaillée à l'éguille, d'or, d'argent & de soie, qui passe de l'épaule droite au côté

---

* Il n'y a que le Roi, le Vice-Roi, & les grands Seigneurs qui en portent.

† Cette Echarpe est à peu prés ce que sont les cordons bleus en Europe : mais la couleur en est arbitraire.

té gauche : son bonnet est bordé par en bas d'une espece de Couronne, garnie d'Escarboucles, & autres pierres précieuses : au haut de ce bonnet est attachée une petite gaze fort deliée, qui pendant par derriere traîne à terre : il ne porte point de culote : ses genoux sont nus, & ses jambes couvertes d'un bas de soie, garni de quantité de rubans : ses souliers sont pareils à ceux des Prêtres, hors qu'ils sont un peu plus curieusement travaillés.

Lors qu'il monte à cheval, il porte un bonnet plus petit, & un haut de Chausses, avec des bas tout d'une piece, ainsi que font en pareille occasion tous les Grands & les autres personnes riches. Il a autour du cou une espece de collier, fait de soie & couvert de diamans : ses cheveux sont courts & sa barbe longue d'un pouce.

Les Habits de la Reine ne * sont pas moins magnifiques que ceux du Roi, les pierres y brillent de tous côtés, sa coë-

* C'est à dire la plus ancienne des femmes du Roi, car c'est presque toûjours celle qu'il a épousée la premiere, je dis presque toûjours, parce que, si elle étoit stérile, on la feroit mourir selon la coûtume, & le Roi choisiroit parmi les autres femmes celle qu'il lui plairoit pour la faire Reine. Il a ordinairement 15. ou 20. femmes.

coëfure est faite d'une certaine étoffe de soie, or & argent, parsemée de diamans arrangés en forme de Couronne. Ses cheveux sont cordonnés avec des fils de perle ou de corail, & pendent négligemment, sur sa robe : elle a un collier de Perles ou de Diamans autour du cou : sa robe traîne par derriere de la longueur de deux ou trois aunes, & les manches en sont si larges & si longues, qu'elles pendent presque jusqu'à terre : le manteau Roial qu'elle porte par dessus sa robe est attaché sur ses épaules & traîne de la même longueur: sa ceinture est de Diamans & autres pierres precieuses ; ses bas & ses souliers sont semblables à ceux du Roi, hors les talons qui sont un peu plus hauts. Les autres femmes du Roi sont vêtuës comme les femmes des Nobles, à la reserve de quelques ornemens de tête qui les distinguent.

Les fils du Roi sont à peu prés habillés comme leur Pere, excepté qu'ils ne portent point de veste sous leur robe, car ils vont toûjours la poitrine découverte, n'aiant qu'une demi ceinture sur les reins, aux extrémités de laquelle, est attachée une plaque d'or, qui leur couvre les parties honteuses. Ils ont toûjours la tête découverte jusqu'à l'âge de neuf ans,

qu'ils

qu'ils commencent à porter un petit bonnet. Les filles de la Reine portent les mêmes habits que leur mere, hors le manteau & les pierreries, mais leur coëfure ne consiste qu'en une petite Couronne de fleurs ou de plumes. Les filles des autres femmes du Roi sont, à quelque chose prés, comme les filles des Nobles.

Le Vice-Roi, quoi que dépouillé de sa Souveraineté, n'a rien perdu de sa magnificence dans ses habits : son bonnet n'est ni moins riche ni moins garni de pierreries que celui du Roi : sa cravate, ou pour mieux dire, son collier, est de soie noire, travaillée avec de l'argent, sa veste qui est fort courte & doublée de peau de Tigre, ou de Léopard, est attachée avec une ceinture de Diamans : la robe qu'il porte par dessus est fort longue, & toute ouverte par devant: son écharpe est pareille à celle du Roi, & il a un petit manteau de soie noire, & rouge sur les épaules, & porte ordinairement une demi pique à la main.

Les habits de la Vice-Reine sont presque semblables à ceux de la Reine, excepté qu'elle n'orne ses cheveux qu'avec des rubans & des plumes, & que son manteau, quoi que plus large & doublé d'une riche fourrure, est moins long.

La

Fig. 10 Pag. 94
Le Vice-Reyne

Fig. 9 Le Vice Roy Pag. 94

La différence qu'il y a entre les ajustemens des autres femmes & enfans du Vice-Roi, & ceux des femmes & enfans du Roi, est si peu considerable qu'elle ne mérite pas qu'on s'y arrête.

Le *Carilhan* ou le grand Général porte un Bonnet semblable à celui du Vice-Roi, garni de diamans par devant; mais il est moins grand. Son Collier est de soie, sans or ni argent; il ne porte point l'Echarpe, mais il a un petit manteau de soie sur les épaules, & une longue robe fort large, semblable pour la forme à celle du grand Prêtre, dont les manches ont une ouverture dans le milieu, par laquelle il passe les bras, le reste pendant jusqu'à terre. Ses femmes & ses enfans sont habillés comme les femmes & les enfans du Vice-Roi, avec quelque différence néanmoins, mais peu considérabe.

Les habits des grands Seigneurs, & généralement de tous les Nobles sont assez semblables à ceux du Vice-Roi, pour la forme, mais il n'ont pas tant de pierreries, & portent leur ceinture par dessus leur robe. Ils ont tous l'Echarpe qui passe de l'épaule droite au côté gauche. Leur Bonnet est ce qui les distingue le plus, car il est semblable à celui des Bourgeois.

Leurs

Leurs femmes portent de petits Bonnets faits de fleurs artificielles, elles ont deux robes, la plus courte desquelles est par dessus, attachée avec une ceinture & ne passe pas les genoux. Une bande de mousseline fort déliée, pend depuis le haut de leur Bonnet jusques sur leurs épaules. Leurs enfans sont, à peu de choses prés, vêtus comme ceux du *Carilhan*.

Les Bourgeois n'ont qu'une seule robe, & portent tous les cheveux courts. Au haut de leur bonnet est attachée une espece de Gaze ou cordon de Soie, ou de Cotton, qui pend par derriere jusqu'à terre. Ils se garnissent aussi le cou d'une étoffe de Soie ou de Cotton. Ils ne portent point de chemise, excepté la nuit, encore n'est-ce que depuis que les Hollandois leur ont porté des toiles. Ils marchent leur longue robe toute ouverte, & sans ceinture, ayant la poitrine & les cuisses nuës & seulement une plaque d'or, d'argent ou de cuivre par devant eux : Leur chaussure n'a rien d'extraordinaire.

Leurs enfans ont un petit bonnet sur la tête, qu'ils ne portent néanmoins qu'après l'âge de 9 ans, & une petite robe liée d'une ceinture, qui ne leur décend
que

que jusqu'à la moitié des cuisses ils ont des souliers, & toute la différence qu'il y a entre les filles & les garçons jusqu'à 9 ans, c'est que celles-là ont des bas & que ceux-ci n'en ont point. Aprés 9 ans, les filles changent leurs ajustemens comme nous allons voir.

Les Bourgeoises sont distinguées d'avec le commun peuple par quatre sorte d'habits, savoir, de jeunes filles, de filles qui se marient, de femmes mariées, & de veuves.

Les jeunes filles, à l'âge de 9. ans, commencent à se parer la tête de rubans, de plumes, ou de fleurs artificielles; mais soit dedans soit dehors la maison elles sont toûjours voilées, elles ont deux robes, l'une plus longue que l'autre & liées d'une ceinture verte; la robe de dessus traîne jusqu'à terre, & est ouverte par devant, en sorte que celle de dessous étant beaucoup plus courte que l'autre, on leur voit les genoux. Leur chaussure est semblable à celle des autres femmes.

Lors qu'elles se marient, elles se parent extraordinairement : elles ornent leur tête de fleurs, de plumes & de feuilles de Laurier, qu'elles mêlent fort adroitement parmi leurs cheveux : les ro-
E   bes

bes qu'elles portent l'une sur l'autre, sont également longues, celle de dessous est blanche & l'autre noire, attachées toutes les deux d'une ceinture noire. Elles portent une écharpe de soie rouge qui passe de l'épaule gauche au côté droit. La robe noire est ouverte par devant : elles commencent à porter cét ajustement, dés qu'elles sont d'accord avec leur galant, & elles ne le quittent que 9 jours aprés la célébration de leur mariage, pour s'habiller comme toutes les autres femmes mariées.

Sous une longue robe ouverte par devant, elles n'ont qu'une espece de petit jupon, qui ne passe pas les genoux. Elles portent une sorte de bonnet plat sur la tête, qui a la forme d'une assiete : leurs cheveux pendent negligemment sur leur sein; & quand elles sortent, elles se cachent tellement le visage que personne ne les peut voir.

Les veuves portent une autre sorte de bonnet, double, rond par derriere, comme une coëffe, & pointu par dessus; leurs cheveux sont cordonnés : elles ont deux robes; la plus courte, qui est celle de dessus, est toûjours noire, mais celle de dessous, qui peut être de telle couleur qu'il leur plaît, a de grandes manches
qui

Une Femme Mariée
Une Nourrice ou Garde des Enfans
Une Veuve
Une Paysane

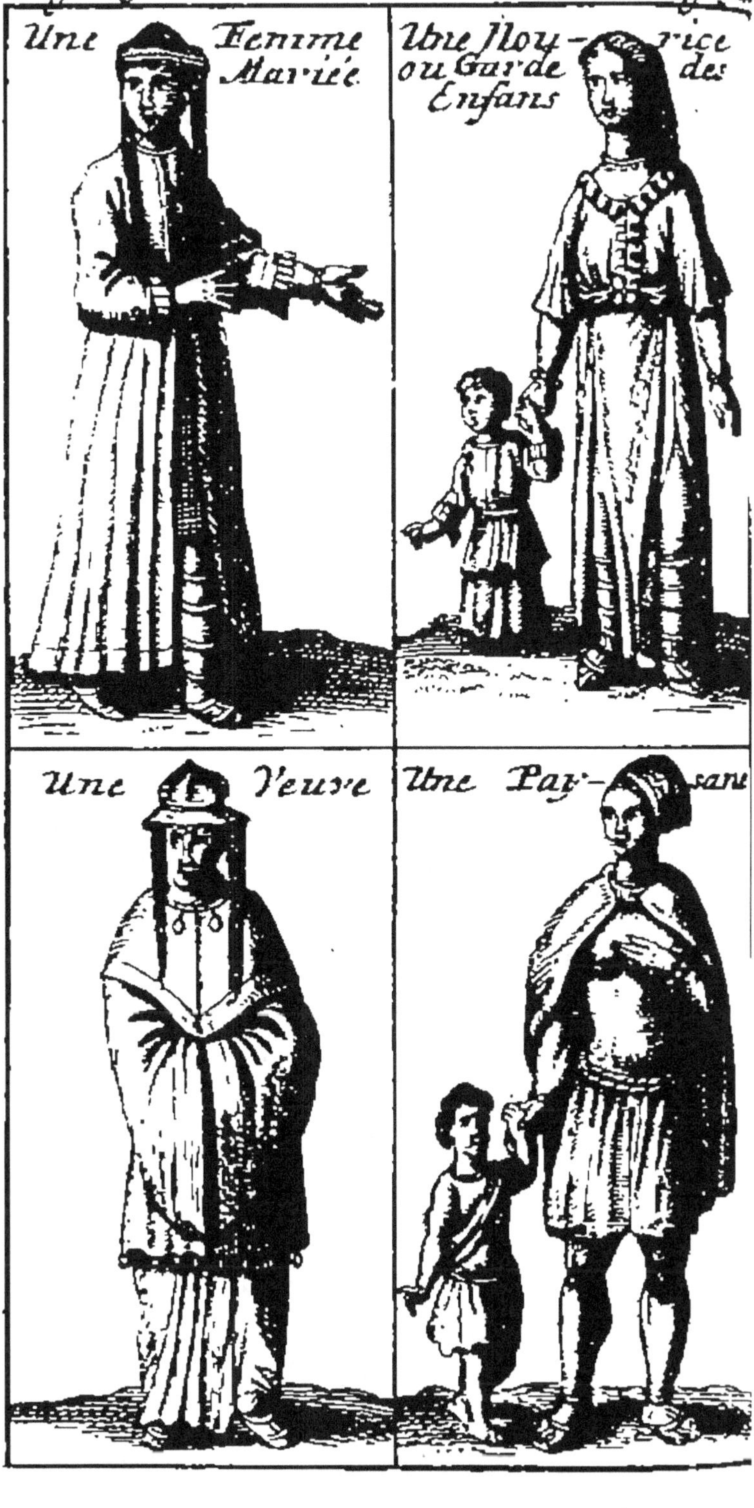

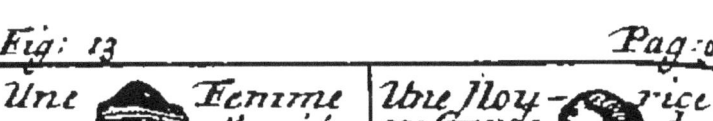

qui pendent jufqu'aux genoux; ces deux robes font attachées avec une ceinture.

Les hommes du commun peuple & les païfans n'ont qu'une peau d'Ours, ou de quelque autre animal fur leurs épaules, avec une plaque de cuivre, de coquille ou d'écorce d'arbre devant eux. Leurs enfans vont tout nuds; ils portent quelquefois une bande de quelque groffe étoffe, ou de peau, en forme d'écharpe, qui paffe de l'épaule droite au côté gauche.

Parmi les gens de la Campagne, ceux qui font le plus à leur aife, portent eux & leurs enfans, une ceinture autour des reins, à laquelle eft attachée une piece d'étoffe, qui les couvre jufqu'à la moitié de la cuiffe.

Leurs femmes font vêtuës de même, aiant feulement un petit jupon, qui va de la ceinture aux genoux : leurs cheveux font liés, & leur tête eft couverte d'un morceau de groffe toile, ou autre étoffe ; mais leurs filles n'ont rien qu'une bande de Cotton, en maniere d'écharpe, comme les petits garçons, avec une piece d'étoffe par devant elles ; &, ni elles, ni leurs meres, ne portent point de bas : leurs fouliers font

font semblables à ceux des autres femmes.

Toutes les femmes en général ont un bracelet autour du bras, & celles qui font mariées portent outre le bracelet un collier, le tout est de perles, fines ou fausses, ou de corail &c. selon leurs moyens.

Disons à present quelque chose des habits militaires. Le Roi de *Formosa* a ses gardes aussi bien que le Vice-Roi, tous vêtus fort richement. Les Officiers des Gardes du Roi sont habillés comme le *Carilhan*, excepté qu'ils n'ont point de pierreries, ni à leur bonnet, ni ailleurs : mais ils portent l'écharpe que ce Général n'a point.

Les Officiers des Gardes du Vice-Roi ont des habits semblables à ceux des Nobles, mais ils n'ont pas d'écharpe, & leur bonnet est plus petit, quoi que semblable à celui des Gardes du Roi.

Tous les Officiers des autres corps font distingués seulement par les couleurs, ainsi qu'il plaît au Roi, ou au Vice-Roi.

Les Gardes du Roi ont un bonnet rond qui ressemble assez aux bonnets des grenadiers d'Angleterre, les armes

du

du Roi* font représentées sur le devant, ils portent les cheveux courts & la barbe longue, & ont une plaque d'argent sur la poitrine, où sont encore gravées les armes du Roi, leurs bas & leur culotte font tout d'une piéce, ils portent par dessus leur robe, qui est fort courte, un ceinturon de soie avec l'épée au côté gauche. Quand ils font de garde, ils font armés d'une hallebarde, ou d'une lance.

Les Gardes du Vice-Roi ont un bonnet fort long & fort large, avec deux manieres d'ailes aux côtés; ils portent une longue robe, qu'ils attachent par derriere, quand ils marchent: leurs bas & leur culotte font aussi tout d'une piéce; du reste, il n'y a nulle différence entre eux & les Gardes du Roi. Leurs armes font l'épée, qu'ils ont toûjours au côté gauche, une courte lance, ou un arc & des fleches.

Les Enseignes, de quelque corps que ce soit, ont un bonnet semblable à celui des Grands Seigneurs, car c'est un

---

* La forme de l'écu est comme une dent d'Eléfant: on voit au milieu un crapaud, au côté droit une lampe ardente, & au côté gauche un serpent attaché par la queue avec une corde.

poste fort honorable à Formosa, & qu'on ne peut remplir sans être Noble. Ils portent une courte robe par dessus une plus longue.

Tous les Soldats en général ont des habits uniformes, mais noirs: ils portent un petit bonnet avec une espece de crête faite de deux ou trois plumes, une robe fort courte, leurs bas & leur culote tout d'une piece. Quelques-uns d'entre eux sont archers, & portent un arc & un carquois plein de fléches: d'autres sont armés d'une longue lance, qu'ils portent sur leurs épaules, & d'autres en ont une plus courte.

Les Tambours ont un bonnet fort pointu avec une plaque de cuivre sur le devant, sur laquelle sont gravées les armes * de l'Isle. Ils portent une petite robe par dessus une plus grande, qu'ils renversent par derriere; toutes les deux sont rouges.

En voilà, ce me semble, suffisamment pour

* L'écu a la forme d'une dent d'Elefant, il est coupé par le milieu. La premiere partie represente la tête d'un Bœuf ayant à droite le Soleil, & cinq Etoiles, & à gauche la Lune & cinq autres Etoiles, ce sont les Armes de la Religion. La seconde partie represente un Eléfant sans tête, & un arc rompu, ce qui signifie, la Paix.

pour satisfaire les personnes les plus curieuses de ces sortes de détails. Quelque bizarre & extraordinaire que puisse paroître cette diversité d'habits, il faut convenir, que, si cette distinction d'états & de conditions se pouvoit introduire en Europe, ce seroit un moyen bien facile pour parvenir à la réformation du luxe, & par conséquent prévenir la ruine de plusieurs familles, que l'envie de paroître plus grands Seigneurs, ou plus puissants qu'ils ne sont effectivement, engage dans des dépenses superfluës, souvent folles & extravagantes, & toûjours au dessus de leurs forces.

CHAPITRE XIV.

De la couleur, de la taille & des qualitez personnelles des Formosans.

Quoique cette Ile soit dans un climat fort chaud, les habitans ne sont ni bazannés, ni olivâtres, comme plusieurs se l'imaginent. Il est vrai que les Païsans, les domestiques & tous ceux qui sont exposés aux ardeurs du Soleil, ou obligés de travailler à l'air, ont le teint fort brûlé, mais les gens de qualité, les personnes riches & principalement les femmes, sont naturellement fort belles & fort blanches : Ils habitent pendant la grande chaleur des Soûterrains fort frais, & ils ont dans leurs jardins des allées d'arbres si touffus, qu'elles sont impénétrables aux rayons du Soleil : lorsque pour se divertir, soit à la campagne, soit même dans de grands jardins de la ville, où ils s'assemblent quelquefois dans le tems des fruits, ils couchent sous des tentes qu'ils font dresser exprés, ils ont grand soin de les faire arroser d'eau de tems en tems, pour les tenir toûjours fraiches, de sorte que la chaleur ne les incommode jamais, & de là vient que, quoi qu'ils habitent un Païs fort chaud, ils peuvent cependant moins supporter les chaleurs que ceux d'aucune autre Nation du monde. Ils sont fort soigneux de se laver, non seulement par propreté, mais aussi pour se conserver le teint, & ils usent de certaines eaux distillées, qui ôtant toutes les taches de la peau l'entretient fort blanche & fort belle.

Il y a depuis long-tems une dispute entre les Chinois & les Japponnois d'un
côté,

côté, & les habitants de *Formosa* de l'autre : ceux-là se noircissent les dents & prétendent que la beauté, consistant dans la diversité des couleurs, un More est d'autant plus beau qu'il a la peau plus noire & les dents plus blanches, qu'ainsi étant naturellement blancs, les dents les plus noires doivent être les plus estimées, mais les Formosans soûtiennent qu'on ne doit jamais user d'aucun artifice, pour paroître autrement que la nature nous a faits : c'est pourquoi ils se conservent les dents blanches, tout autant qu'ils peuvent.

Ceux donc qui ont cru que les Habitans de Formosa étoient olivâtres, doivent à present se détromper, car bien des gens soûtiennent même que les Turques & les Japponnoises sont les plus belles femmes * du monde. Les Formosans en général ne sont pas de grande taille †, ils ont en grosseur ce qui leur manque en hauteur, mais ils sont communément vigoureux & infatigables. Ils sont bons

Sol-

---

* Quand les *Georgiennes* leur voudroient céder cét avantage, il est seur que les *Angloises* le leur pourroient trés-justement disputer.

† Cela est bien contraire à ce que disent quelques Auteurs, qu'ils ont une taille de Géant.

Soldats & préferent la guerre à la paix. Ils aiment leur païs & leurs compatriotes, jusqu'à expofer volontiers leur vie pour la deffenfe de l'un & de l'autre; mais ils ont une telle haine pour leurs ennemis, qu'ils mettent tout en ufage pour s'en venger, & n'ont point de repos qu'ils ne leur ayent ôté la vie. Ils font fort adroits, induftrieux & apprennent facilement tout ce qu'ils voient faire : ils ont une grande horreur pour le menfonge & la médifance †, c'eft pour cette raifon qu'ils méprifent les marchands, parce, difent-ils, qu'ils ne font nulle difficulté de dire mille fauffetés, pour faire valoir leur marchandife & la vendre davantage.

† Tous ceux qui nous ont donné des rélations du Japon conviennent de cela, cependant ils difent qu'ils ne font pas fcrupule de mentir, quand ils ont à faire à des étrangers, quoi qu'ils exigent d'eux une grande candeur & fincérité.

CHA-

CHAPITRE XV.

Des Villes, Palais, Châteaux & Maisons particulieres de Formosa.

IL n'y a que six Villes dans l'Isle de *Formosa* qui méritent de porter ce nom, deux desquelles sont dans la principale Isle : elles s'appellent *Xternetsa* & *Bigno*. La troisiéme est dans le grand *Peorko*, qu'on nomme *Chabat* : la quatriéme dans une des Isles des voleurs & s'appelle *Arrion*. La cinquiéme & la sixiéme sont dans l'autre Isle des voleurs, & se nomment *Pineto* & *Jarabut*. Car il n'y en a point dans le petit Peorko.

Comme Xternetsa est la ville capitale de l'Ile, elle est aussi la plus belle & la plus grande de toutes, étant scituée dans une plaine fort agréable : ses murailles sont d'environ 20. coudées, ou 30. pieds de haut, sur 8 coudées, ou 12. pieds de large. †Sa longueur est d'une journée

---

† Elles sont de cette largeur, afin que les Eléfans & les Chameaux, qui portent les *Norimmunnos*, puissent passer à l'aise par dessus.

née de chemin d'un Eléfant : c'est-à-dire, cinq ou six lieuës ou 15 à 16 milles d'Angleterre. On y trouve beaucoup de places desertes, des Champs, des Montagnes, des Prés, des Vergers &c. mais vers le milieu, les maisons sont plus serrées & fort magnifiques, il y a tout auprés une montagne, d'où sort une quantité de belles sources d'eau trés-vive & trés saine. Cette ville est bâtie le long d'une riviere, ou plûtôt d'un grand canal rempli de poissons, qui a été fait exprés & qui traverse toute l'Isle : mais ce qui contribue extrémement à la beauté de cette ville, est un grand nombre de Palais fort superbes & fort spacieux, parmi lesquels ceux du Roi, du Vice-Roi, du Grand Prêtre, du Grand Sacrificateur & de quelques autres Seigneurs, sont d'une somptuosité & d'une grandeur surprenante. La figure ci-contre en pourra donner quelque idée : c'est le Palais du Vice Roi qui est tout bâti de pierre de taille, trés proprement travaillée, comme tout le reste de l'édifice, dont une bonne partie est couverte d'or : cette maison comprend elle seule, trois milles de tour. Elle est entourée d'un large fossé, outre les jardins, les promenades, les Bosquets.

Fig. 14   Pag. 100

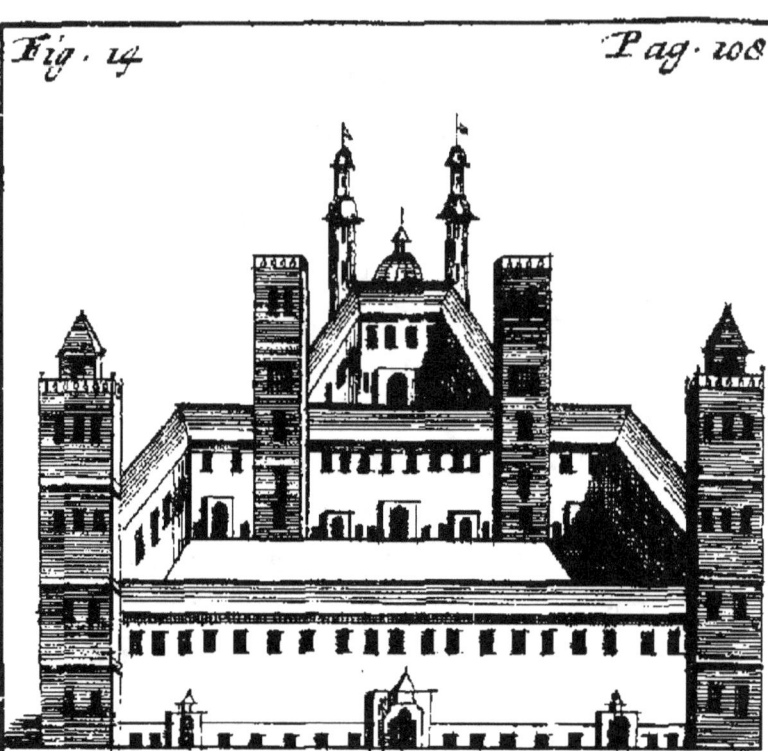

Le Palais du Vice-Roy

Maison de Paysan   Maison Bourgeoise

quets &c. qui sont enfermés de murailles.

Le Grand Prêtre & le grand Sacrificateur ont des Palais tout aussi beaux à proportion que celui ci : mais comme la Couronne n'est pas héréditaire dans la famille Roiale, le Roi ne se soucie pas de faire bâtir de nouveaux Palais. Il en est de même du *Carilhan* & de tous les Officiers, dont les Emplois meurent avec eux. Cependant ils ne laissent pas d'avoir de très belles maisons, aussi bien que les Nobles & tous les autres riches habitans. On voit encore à *Xternetsa* 5 Temples & 3 grands Monastéres très-spacieux. Il faut observer en général, que tous ces édifices ne sont pas fort élevés à cause des tremblemens de terre, qui sont fort fréquens dans toutes les Isles du Japon, mais quoi que dans les plus grandes maisons ; il n'y ait que deux étages ; l'un sous-terre, pour l'Eté, & l'autre au niveau de la ruë, pour l'Hiver, tous les appartemens sont d'une beauté & d'une propreté fort grande, tant en dedans qu'en dehors.

Les Nobles & les personnes riches bâtissent leurs maisons de pierre, tous les autres de Charpente. Le dedans est toûjours boisé & peint, ou doublé de belle porcelaine dorée, qu'ils appellent

Porchellano. Leurs maisons sont ordinairement longues, mais celles des Païsans sunt rondes: cependant on trouve quelquefois de longues maisons à la Campagne & dans les Villages, aussi bien que de rondes dans les Villes & principalement dans les Fauxbourgs, voici la figure de quelques-unes.

A; *lieu au dessus du faîte de la maison, où ils adorent le Soleil, la Lune & les Etoiles.* B, *la couverture de la maison.* C, *premier étage, au niveau de la ruë, ou du chemin.* D, *étage sous terre.*

Bigno est une belle Ville, cependant elle n'a rien de remarquable. Dans cette même Isle, il y a encore un port de mer qu'on nomme *Kadzey*, fort large & fort peuplé, mais parce qu'il n'est pas entouré de murailles, on ne le compte que pour un Bourg.

Chabat, *Arrion* & *Peneto* n'ont rien non plus de particulier, mais il y a une chose dans *Jarabut*, qui mérite quelque attention. Outre sa situation, qui est tout à fait extraordinaire, étant bâtie autour d'une montagne de plus de mille pas de hauteur, sur le haut de laquelle le Palais du Gouverneur est placé qui commande toute la Ville, on y voit une fontaine qui représente un Eléphant, se
te-

tenant sur les deux pieds de derriere, &
jettant de l'eau par toutes les parties du
corps. Cette figure est de pierre & de
bois d'environ 30 pieds de haut. Les Japonnois croient que cette fontaine est là
depuis plus de 11500 ans, & qu'elle y a
été construite par un certain Heros, ou
demi-Dieu appellé *Arbalo*, ou le Vagabond, qui avoit été banni & relégué à
Formosa, lors que cette Isle étoit encore
inhabitée. L'Histoire ajoûte, qu'aprés
avoir bâti cette fontaine, elle lui fournit
d'elle-même, des fruits excellens en abondance, des viandes d'un trés bon goût
& des vins délicieux, & qu'aussi-tôt qu'il
se fut retiré elle cessa de donner quoi que
ce soit. Apparemment que cette merveille y attira dans la suite bien du monde, car l'Isle s'étant peuplée, ceux qui y
arriverent les premiers trouverent cette
fontaine si belle, quoi que seche, qu'ils y
firent venir de l'eau par des aqueducs de
la montagne qui est au milieu de la Ville.
C'est de là que les Japonnois ont dans leur
Temple d'*Amida*, la figure du Dieu
Arbalo représenté avec une fontaine.
Mais les Naturels de *Formosa* n'ajoûtent
point de foi à cette Histoire, quoiqu'ils
ignorent quand, & par qui, cette fontaine peut avoir été bâtie, & que la place

ce & la fontaine portent encore actuellement le nom d'*Arbalo*.

Nous ferons quelques observations qui éclairciront peut-être ce qu'il peut y avoir de vrai ou de faux dans ce recit. Premierement il faut savoir que tous ceux que les Japonnois appellent Dieux, comme *Amida*, *Nakon*, *Xakha*, *Arbalo* &c. ne sont que des Heros ou des hommes qui se sont rendus illustres & recommandables à la posterité, ou par la sainteté de leur vie, ou par de fameux exploits; ayant merité par là, & selon la coûtume du Païs, d'être déifiés & placés dans les Temples, tel qu'étoit le Grand *Arbalo*, que les Japonnois regardent comme le Dieu de la moisson, & dont la figure est ordinairement mise dans l'envelope d'un grain d'orge. * Ils l'appellent *Arbalo* ou le Vagabond, parce qu'ils s'imaginent qu'il court sans cesse au-

---

* Tous les gens de la Campagne ont quantité de petites figures du Dieu *Arbalo* qui sont presque imperceptibles, dés que l'orge vient à meurir, ils ont soin de prendre un grain du premier épi meur qu'ils ouvrent, & dans lequel ils enferment soigneusement une de ces petites figures d'*Arbalo*, & remettent ensuite le grain dans l'épi, & font des Sacrifices esperant par là d'avoir une bonne moisson.

autour des champs & des bois, donnant sa bénédiction aux fruits de la terre.

Il se peut faire qu'*Arbalo* étoit en son tems un grand homme ; mais qu'aiant déplu à l'Empereur ou au *Dairo*, le Grand Prêtre ou le Souverain Pontife des Japonnois, il fut banni de son Païs, cela n'est pas difficile à croire : mais comment il passa du *Japon* à l'Isle *Formosa*, qui en est éloignée de 200 lieuës, & qui étoit alors inhabitée & inconnuë aux Japonnois, c'est ce qu'on a plus de peine à comprendre. Supposons néanmoins que cét *Arbalo*, étant d'une famille illustre, eut la liberté d'emmener avec lui dans son exil, ceux d'entre ses domestiques qui le voulurent suivre, & que plusieurs de ses amis ne voulant pas non plus l'abandonner dans sa mauvaise fortune, le suivirent aussi. Peut-être que lui étant indifferent dans laquelle de tant d'Isles desertes, qui se presentoient à son choix, il passeroit le reste de ses jours, il voulut les visiter toutes pour choisir ensuite celle qui lui plairoit davantage, que sa curiosité le faisant passer continuellement d'une Isle dans une autre (car elles sont toutes si voisines les unes des autres, qu'il n'y en a aucune qui ne se puisse aisément découvrir, pour peu que le tems soit clair)
il

il arriva enfin à la veuë de *Formosa*, où ayant abordé, il résolut d'y faire son séjour ; soit que ne découvrant plus rien au delà, sa curiosité s'y trouvât bornée, soit que la situation lui en parût plus agréable & le séjour plus avantageux.

Enfin il se peut faire qu'il y fit bâtir cette fontaine, qu'étant depuis rentré en grace auprés de l'Empereur & retourné au *Japon*, le souvenir d'un Païs si beau le fit conseiller à l'Empereur d'y envoier quelque Colonie, pour l'habiter : il faut avoüer cependant que les Formosans n'ont point d'Histoire si ancienne que celle-ci, & qu'elle se trouve seulement dans les Annales du *Japon*. Que cette prétenduë origine des Formosans soit fausse ou vrai, c'est ce qui ne leur seroit pas possible à present de démêler, ayant perdu dans la derniére révolution, la meilleure partie de leurs Archives, Mémoires, Annales ou autres piéces, qui pouvoient contenir bien des circonstances de ce qui s'est passé entre eux & les Japonnois, depuis ce premier établissement. Quoi qu'il en soit, l'Histoire d'*Arbalo*, telle que nous venons de l'expliquer, n'est pas incroiable : mais son antiquité ne seroit pas si aisée à déterminer.

Outre les villes que nous avons nommées

mécs & le Port de *Kadzey*, il y a encore trois autres ports de mer, qui excedent quelques-unes de ces villes en grandeur, & qu'on ne met au rang des Bourgs ou Villages, que parce qu'ils ne font point fermés de murailles. Ces trois Ports font, *Aok*, *Louttau* & *Voo*. Il y a ceci à obferver que chaque Port de mer, Bourg, ou village dépend *ou reffortit de quelqu'une des fix villes, comme cinq d'entre elles dépendent de celle de *Xternetfa*.

Dans l'Ifle du Petit *Peorko*, il n'y a ni ville, ni village: cette Ifle étoit autrefois du domaine du Roi, mais après la révolution, les Prêtres en firent l'acquifition, dans le deffein d'y entretenir & garder les Bêtes deftinées aux facrifices. Cette petite Ile eft trés propre à cela, car elle abonde en gras pâturages, & les animaux s'y engraiffent en fort peu de tems. Tous les habitans font obligés d'y envoier le tiers de tout leur bétail, c'eft à dire de 3 bœufs un, de 3 brebis une, ainfi du refte, tellement qu'on ne voit dans ce lieu que des bergers qui gardent ces facrés troupeaux.
Quel-

* Cette dépendance ne regarde que la levée du Tribut que les habitans paient à l'Empereur & au Roi, & le dénombrement des familles pour le facrifice des enfans.

Quelques grandes & magnifiques que soient les villes de *Formosa*, il est certain qu'elles n'approchent point de la beauté ni de la Richesse de celles du *Japon*; cependant lors que les Japonnois viennent à *Formosa*, ils ne peuvent s'empêcher d'admirer la gentillesse & la propreté des maisons des Formosans.

CHAPITRE XVI.

Des diverses coûtumes des Formosans.

IL est constant que les habitans de *Formosa* ne sont pas si corrompus dans leurs mœurs que les autres Nations de l'Asie, & même de l'Europe : peut-être que la rigueur avec laquelle les loix de l'Etat & de la Religion y sont observées, en est une des principales raisons. Il y a des Peuples qui veulent être gouvernés avec sévérité & sur l'esprit desquels, la crainte produit immanquablement son effet. Ceux qui ont fait les loix à *Formosa* ont aparemment senti la nécessité de traiter ainsi les Peuples de cette Isle, & il y a bien de l'apparence que la verge de fer * qu'ils ont mise dans la main

---

* V. ci-dessus au chap. 12. des habits des Prêtres.

main du Grand Prêtre & du Chef des Religieux, est une marque qu'ils ont voulu laisser à la Postérité, de leur prudence & de leur discernement.

Les Formosans ont en général diverses coûtumes parmi lesquelles, ils y en a quelques-unes qui sont sans doute fort louables, mais elles sont accompagnées de plusieurs autres qu'on ne peut s'empêcher de condamner, quoi qu'elles soient peut-être, comme j'ai déja dit, une suite de l'attention que les Législateurs ont faite sur le naturel farouche de ces Peuples. Telle est, par exemple, le respect outré qu'ils ont pour l'Empereur auquel ils deferent une adoration qui n'est deuë qu'à Dieu seul.*Ce Prince se fait effectivement servir d'une maniere très propre à inspirer à ses sujets l'idée qu'il veut qu'ils aient de
sa

* Il y a des Princes en Europe qui portent l'orgueil tout aussi loin; personne n'ignore jusqu'où va l'Extravagance des Italiens pour le Pape qu'ils appellent leur très saint Seigneur, & que les plus grands Princes tiennent à honneur de porter sur leurs épaules ou de baiser sa pantoufle. Il ne se dit pas Dieu, mais il se fait servir comme Dieu, & croit tenir la premiere place aprés Dieu. Son pouvoir n'a point de bornes: il a les clefs du Ciel & de l'Enfer, & la proprieté de tous les Empires du monde dont tous les Potentats de la terre, comme ses Vasseaux, n'ont que l'usufruit.

sa grandeur. Jamais il ne touche la terre de son pied, on diroit qu'elle n'est pas digne de le porter *. Quelque grand que soit l'hommage & le respect qu'ils rendent au Soleil, ils estiment que ses raions ne sont pas assés purs pour toucher son visage, on prend un soin extrême de l'en deffendre †. Il n'y a que les Grands du Païs qui osent l'approcher, & ils ne le font qu'avec des précautions & des cérémonies, qui ne contribuent pas peu à les entretenir dans le respect & la soûmission qu'on exige d'eux. Le Peuple § ne le voit jamais qu'aux trois plus grandes Fêtes de l'année, mais avant qu'ils osent porter leurs regards sur lui, il faut qu'ils se prosternent la face contre terre, pour l'adorer. ¶.

Ils

---

* Je connois une Princesse qui, en cela même, n'en cederoit rien à l'Empereur du Japon.

† Cette pensée est outrée : les Mémoires sur lesquels j'ai travaillé me l'ont fournie : il est plus naturel de croire que les Japonnois ne prennent tant de soin de mettre la tête de leur Empereur à couvert des raïons du Soleil que pour le garantir de la chaleur qui le pourroit incommoder. Cette délicatesse est de tout Païs.

§ Ceci se doit entendre des Japonnois ; mais lors que les Formosans vont au Japon ils sont obligés de se conformer aux coûtumes qui y sont reçeuës.

¶ Il ne faut pas prendre ce mot dans toute la

Ils saluent le Roi en mettant un genou en terre, joignant les mains & baissant la tête.

Ils plient seulement le genou droit devant leur Vice-Roi en portant la main droite à la tête & la baissant jusqu'à terre. S'ils rencontrent le Vice-Roi d'un Roi Etranger, c'est le genou gauche qu'ils ploient.

Ils font le même honneur au Grand Prêtre qu'au Roi, & au grand Sacrificateur qu'au Vice-Roi. Ils saluent les Nobles & les Prêtres en portant la main au front, & la baissant jusqu'aux pieds, & en inclinant la tête. Les amis se baisent réciproquement les mains, qu'ils joignent ensemble.

Jamais un Supérieur ne salue un inférieur, mais seulement, par un signe de tête, il témoigne avoir pour agréable le salut qu'on lui rend.

Les serviteurs saluent leurs Maitres, en portant la main à la bouche, & la baissant jusqu'à terre, & en se prosternant la face contre terre.

Les rigueur de sa signification. On sçait assés que c'est la coûtume des Orientaux de se prosterner devant leurs Souverains, sans que pour cela ils aient intention de leur rendre un culte Religieux.

Les femmes se saluent, & sont saluées de la même manière que leurs maris.

Lors que ceux d'entre le peuple parlent à des personnes de qualité, ils le font tout naturellement, sans user d'aucunes expressions particulières, comme font les Chinois, ni de circonlocutions, ou autre manière de parler différente de celle dont ils usent avec leurs égaux ou inférieurs, mais seulement en les appellant par leur titre; car quand ils parleroient à l'Empereur même, ils se serviroient de la seconde personne, comme avec tout autre, ce qui se pratique aussi dans tout le *Japon*.

Il n'est jamais permis à un homme de converser avec la femme d'un autre homme, ou à un jeune homme d'avoir aucun entretien avec une fille, même dans les tems de réjouissance où chacun se divertit dans sa propre famille, les femmes avec leur mari, & les enfans avec leur Pere & Mere. Si on surprenoit un homme parlant avec la femme d'un autre, ou une fille avec un garçon qui lui seroit étranger, ils seroient regardés & poursuivis comme criminels.

Supposé qu'un homme ait six femmes, chacune a sa chambre ou son appartement en particulier, où elle passe son tems avec ses enfans, qu'elle prend soin d'instruire & d'occuper à de petits ouvrages, selon qu'ils en sont capables. Quand l'heure du dîné ou du soupé est venuë, un Domestique les va avertir, & elles se rendent toutes au lieu destiné à manger. Voici comme ils prennent leur repas. Le Plancher de la chambre est couvert d'un tapis ou d'une nate proprement travaillée, sur laquelle on s'assied, les jambes en croix, à peu prés comme les tailleurs sur leur établi. Le mari se met au milieu de ses femmes, les plus raisonnables d'entre les enfans se placent prés de leurs meres. La table est ordinairement d'un bois fort poli, ou de pierre, ou de marbre, bien travaillée & élevée de de terre d'un demi pied ou environ. Cette table a des trous au milieu & tout autour, de deux ou trois pouces de profondeur, sur cinq a six de diametre; ces trous sont comme doublés par une sorte de petits plats ou assiettes d'or, d'argent ou de cuivre qui entrent dedans, & dont on change de tems en tems. Les trous du milieu servent à mettre les viandes qu'on sert toûjours coupées par morceaux. Ils se servent en mangeant de deux petites baguettes d'or, ou d'argent, longues de 8 à 9. pouces, & fort pointuës avec

F les-

lesquelles ils piquent les viandes pour les porter à la bouche; ils en ont une en chaque main, & se servent de l'une & de l'autre presqu'en même tems. Ils ont aussi des couteaux dont ils ne font pas grand usage : on ne leur sert quasi jamais rien de si liquide qu'ils ne le puissent prendre avec leurs baguettes : lors que cela arrive, leurs doigts leur tiennent lieu de cuillieres. Les gens de qualité cependant se servent de certaines coquilles fort proprement travaillées. Chacun a à côté de soi le Vase ou la coupe dans laquelle il boit, qui est ordinairement de Porcelaine. Plus ces Vaisseaux sont anciens, & plus ils sont estimés, principalement quand ils ont été faits par quelque fameux ouvrier. Lors qu'en beuvant ils se veulent faire civilité, ils changent de Vase, avant que de boire, ou aprés avoir bû. Le repas étant fini, le mari se promene quelquefois avec ses femmes & ses enfans dans les jardins, aprés quoi chacune retourne à sa chambre & à son ouvrage.

Elles ont la liberté de se rendre visite les unes aux autres, ce que fait aussi de tems en tems le mari, qui va tantôt chés l'une & tantôt chés l'autre selon sa fantaisie. Elles peuvent aussi, entre les repas, s'assembler pour boire des li-

liqueurs, comme du *Thé*, du *Chila* &c. Aprés souper elles se divertissent à de petits jeux, à dancer, à chanter &c. jusqu'à la 3. heure de la nuit, c'est à dire 9. heures, qu'elles ont coûtume de se retirer. Alors le mari envoie chercher celle avec laquelle il a dessein de passer la nuit*. Cette vie est assés douce & assez agréable, pourvu que le mari ait de la prudence, car s'il arrive qu'il fasse paroître plus d'attachement pour une de ses femmes que pour les autres, la jalousie ne manque pas de faire murmurer celles qui se croyent méprisées. Elles se liguent contre la favorite, d'où naissent les querelles, les médisances, les reproches qui mettent toute la famille en desordre & en confusion. Mais quand le Chef est discret, sage, honnête & complaisant, & qu'il partage également ses faveurs & ses assiduités, toutes ses femmes s'empressent à lui plaire, & toute la maison jouit d'une paix

* Leurs lits ne sont pas élevés de terre de plus d'un demi-pied : ils sont garnis de peaux d'ours quelquefois cinq ou six l'une sur l'autre, avec des couvertures de soie ou de Cotton fort propres. Les gens riches usent aussi de draps de soie, de cotton, ou de toile. Le peuple couche tout nud, entre deux couvertures : les pauvres sur du foin, ou sur des feuilles d'arbres.

paix & d'une tranquilité profonde : tant que cela dure, c'est-à-dire, tant que les femmes sont raisonnables & obéissantes, elles obtiennent tout ce qu'elles veulent de leur mari ; car les Formosans aiment naturellement leurs femmes ; ils les épousent fort jeunes, depuis 10. ans jusqu'à 15., afin qu'elles s'accoûtument de bonne heure à leur humeur : chaque femme a soin de ses propres enfans : que si une vient à mourir, celle que l'homme épouse ensuite est ordinairement chargée des enfans de la deffunte ; s'il n'en épouse point d'autre, c'est celle qu'il a épousée la derniere qui en prend soin.

Celle qu'un homme a épousée la premiere, jouit de plusieurs priviléges. Premiérement elle n'est pas si sujette que les autres ; elle peut sortir sans être accompagnée du mari, ce que les autres n'ont pas la liberté de faire. Elle prend soin de tout le détail de la maison & de tous les besoins d'un chacun. Son fils aîné n'est jamais sacrifié * & si le mari meurt, elle gouverne toute la famille, & toutes les femmes & enfans lui obéissent. Cette coûtume est aussi receue dans le *Japon* avec

* Si la premiere femme n'avoit point d'enfans mâles, le Privilége de n'être point sacrifié tombe sur le fils aîné de la 2. ou 3. femme.

avec cette différence que les filles des Japponnois ont quelque portion du bien de leur Pere, & que les Veuves se peuvent remarier : mais à *Formosa* les filles n'entrent point en partage avec leurs freres, & les femmes veuves ne se peuvent plus remarier : on prend seulement sur la succession d'un homme, une portion suffisante pour la nourriture & l'entretien des femmes & des filles qu'il laisse ; celles-là, pendant leur vie, & celles-ci, jusqu'à ce quelles soient mariées.

La stérilité dans une femme, est un crime puni de mort : un homme qui n'a point d'enfans de sa femme, aprés un tems raisonnable, peut lui couper la tête & en épouser une autre. S'il a plusieurs femmes, & que sa premiere femme ne lui donne point d'enfans mâles, il la peut traiter de même.

Le fils aîné de la premiere femme est le principal héritier des biens du Pere, la moitié lui appartient de droit, & l'autre se partage entre tous ses freres, s'il n'avoit que des sœurs toute la succession lui appartiendroit.

Un homme venant à mourir sans enfans mâles de sa premiere femme ; s'il a un Emploi ou une Charge héréditaire, elle appartient au Roi avec la moitié de son bien dont il dispose à sa volonté, de sorte que le Roi tient lieu de fils aîné aux premieres femmes de ses sujets, qui ont le malheur de n'en point avoir.

Si le fils aîné ou quelqu'un de ses freres, prend une femme du vivant du Pere, ils demeurent tous ensemble jusqu'à ce qu'après la mort du Chef de la famille, les biens étant partagez, chacun prenne la portion qui lui revient & aille demeurer où bon lui semble.

Les Formosans se régalent souvent les uns les autres, mais cela arrive principalement dans le tems des Fêtes solemnelles, entre le premier & le dernier jour, pendant lesquels ils ont coûtume d'inviter leurs Parens & leurs amis, & de les regaler selon leurs moiens.

Ils ne souffrent point de pauvres mendians dans toute l'étenduë du Royaume: il y a dans chaque Province ou Jurisdiction, une maison publique, dans laquelle tous les pauvres sont entretenus, aux dépens des habitans de la Province. Ceux qui peuvent travailler sont employés selon leur capacité, & ceux qui sont malades, ou trop âgés, sont traités également comme les autres. Cette sorte de maison est appellée dans la langue

gue du Païs, *Caa tuen Pagot ack chabis-*
collinos, ce qui signifie, *La maison de*
Dieu pour les Pauvres. S'il arrive que
quelque étranger, venant des Isles du
Japon, se trouve manquer d'argent, on
lui fournit de tout ce dont il a besoin,
dans toutes les Villes & Villages où il
passe, aux dépens du public, pendant
tout le tems qu'il demeure dans le Païs.

Il ne manque pas non plus de tavernes
& autres maisons publiques, où les hommes peuvent aller boire, manger, fumer
& joüer ; mais les femmes n'y entrent
jamais.

Les Japonnois étoient autrefois fort civils aux étrangers, mais depuis le carnage effroiable qu'ils firent des Chrétiens
en 1616. *ils les ont pris tellement en aversion, qu'ils haïssent généralement tous
les étrangers, & ne les peuvent souffrir
chez eux ; mais ils ne regardent pas comme tels, ceux qui sont nez dans quelqu'une des Isles de la dépendance de l'Empire,
quelque éloignées qu'elles soient. Les
Formosans comme sujets aux mêmes
Loix ont aussi la même haine pour les
Chrétiens, & presque la même antipatie
pour tous les étrangers.

F 4   CHA-

* Voyez ci aprés le Chapitre 33.

CHAPITRE XVII.

De quelques autres coûtumes superstitieuses des Peuples de Formosa.

IL n'y a rien au monde à quoi les habitans de *Formosa* soient plus fortement attachés, qu'à la connoissance de l'avenir : il ne leur arrive quoi que ce soit, d'ordinaire ou d'extraordinaire, qu'ils n'en tirent un bon, ou un mauvais préfage : ils font sur tout une attention particuliere à leurs songes, qu'ils regardent comme des avertissemens secrets & infaillibles de tout ce qu'il leur doit arriver. Si quelqu'un rêve qu'il a été dans un grand festin, en compagnie de plusieurs femmes, c'est signe qu'un grand nombre de ses ennemis cherche à luy nuire, & c'est un avis que le Ciel luy donne, de se tenir sur ses gardes. Si un autre songe qu'il est mordu d'un lion, d'un serpent, ou de quelque autre animal, il doit se défier de certain ennemi qui cherche à lui jouer quelque mauvais tour. S'il rêve qu'il a tué quelque bête sauvage, alors il se croit exempt de
tout

tout danger, jusqu'au prochain songe malheureux qu'il fera. Si en dormant il s'imagine voir quelqu'un de ses parens ou amis mort, c'est une marque que Dieu est en colere contre lui, il faut qu'il ait recours aux Prêtres, qui ne manquent jamais de le confirmer dans cette pensée, pour l'engager à leur donner de l'argent pour prier pour luy. Si dans le sommeil un homme croit sentir sur lui des pous, ou des fourmis, il se persuade que l'ame de quelqu'un de ses parens est detenuë dans le corps de quelque animal, pour faire pénitence, & qu'elle a besoin d'argent, nouvelle occasion de recourir aux Prêtres, & de leur donner dequoi redoubler leurs prieres. Si quelqu'un couche en songe avec la femme d'un autre, il craint alors qu'on ne lui débauche quelqu'une des siennes, cela l'engage à les observer de plus prés. Voilà un échantillon de la superstitieuse crédulité de ces Peuples pour les songes. Mais ils ont bien d'autres présages du bonheur ou malheur qui leur doit arriver. Ils observent la premiere pensée du matin, à leur réveil, de quelle espece est la premiere bête qu'ils voient dans le jour &c. Si ces choses leur frapent l'imagination, ils ne doutent nullement qu'elles ne les regardent, & ils en tirent leurs conjectures; mais si ces objets ne font que peu d'impression sur leur esprit, ils ne s'en embarassent pas.

Ils avoient autrefois parmi eux certains Devins, qui prétendoient expliquer clairement toutes les diverses sortes de présages, ce qu'ils faisoient pour fort peu d'argent : mais comme ils se trompoient presque toûjours, & que par conséquent les Peuples se voyoient abusés, ils s'en plaignirent aux Prêtres, qui trouvant une si belle occasion de se rendre plus necessaires, les accuserent pardevant le Vice-Roy, & les poursuivirent comme coupables de fort grands crimes, pour lesquels ils furent tous condamnez à mort. Depuis ce tems-là, les Prêtres se sont attribués à eux seuls le droit d'expliquer les songes & les présages; mais ils le font si adroitement, & donnent toûjours des réponses si ambigues, que quelque chose qu'ils disent, on ne les peut jamais convaincre de mensonge : ainsi soit qu'ils disent que Dieu est ou satisfait, ou irrité contre un homme, ou que quelques ames de ses parens ont besoin d'argent, ou lors que dans le moment même, cet homme croit en
avoir

avoir quelque présage, ils l'assurent que les ames ont été transformées en étoiles, & les Peuples ajoûtent tellement foi à toutes ces sottises, qu'ils ne manquent jamais de donner avis aux Prêtres de tous leurs songes, & de tous les pronostics qu'ils ont durant le jour; en quoi les Prêtres n'ont pas une petite occupation, principalement quand ils ont à faire à des femmes; mais ce qui leur en revient est trop considérable, pour négliger d'entretenir de si bonnes coûtumes; à propos dequoi, je rapporterai une petite Histoire qui fera comprendre jusqu'où va leur adresse & leur effronterie, & de quelle maniere ils en imposent à ces pauvres ignorans, & abusent de leur crédulité pour tirer l'argent de leurs bourses, au préjudice de leurs familles.

Un certain homme de la Campagne, fort riche & fort attaché à cette sorte de superstition, aprés avoir pendant bien des années consulté les Prêtres de sa Campagne, & voyant que tous ses songes ne signifioient jamais autre chose que le besoin pressant des ames de ses parens, lassé de tant de dépenses infructueuses, & se défiant de la sincerité des Prêtres, crut qu'ils lui avoient tiré

F 6 assez

aſſés d'argent pour délivrer des peines de l'autre vie, toutes les ames de l'Ile ; c'eſt pourquoi il réſolut d'examiner de plus prés leurs réponſes, & de les attraper s'il pouvoit. Un jour qu'êtant entré le matin dans ſon Jardin, il avoit veu une troupe d'oiſeaux qui chantoient & qui s'en étoient envolés dans le moment qu'il avoit paru, ce préſage l'inquietant, il alla trouver le Ptêtre qu'il avoit coûtume de conſulter, auquel il n'eut pas plûtôt conté l'avanture des oiſeaux, & demandé ce que cela pouvoit ſignifier, qu'il luy répondit en ces termes. Si les oiſeaux avoient demeuré quelque tems dans vôtre Jardin, vous preſent, cela voudroit dire que les ames de vos Parens morts auroient été changées en étoiles, mais le prompt départ des oiſeaux marque qu'ils ont encore beſoin de quelque choſe, & ſi vous le leur fourniſſés je vous aſſûre que vous les pourrés voir cette nuit monter dans le Ciel. Dequoi ont-ils donc encore beſoin? répondit le riche Champagnard ; il faut, dit le P. être, que vous me donniés une telle quantité d'or, de riz &c. & puis ſi vous êtes curieux de voir l'effet de vôtre liberalité, vous n'aurés qu'à vous tenir deux heures ce ſoir ſur le toit de vôtre maiſon, &

vous

vous verrez ces Etoiles se remuer d'elles-mêmes. Les premieres que vous verrés changer de place, ce sont celles qui ont été signifiées par les oiseaux de vôtre Jardin, mais j'ai déja vû cela arriver trés souvent, dit nôtre homme, je n'en doute pas, répondit le Prêtre, il n'y a point de jour ni de nuit que cela n'arrive, parce qu'il y a à tout moment des ames qui méritent ce bonheur, mais elles ne changent ainsi de situation que lors qu'elles sont nouvellement formées, & jusqu'à ce qu'elles ayent trouvé une place, où elles soient à leur aise. Le Campagnard malgré le peu d'envie qu'il avoit de rien débourser davantage ne laissa pas de donner au Prêtre ce qu'il demandoit, & s'imaginant qu'il pouvoit y avoir quelque chose de vrai dans ce mouvement des étoiles, à quoi il n'avoit pas fait jusques-là beaucoup d'attention, il monta sur le toit de sa maison, à l'heure que le Prêtre lui avoit marqué. Le tems étoit serein, & il vit effectivement plusieurs étoiles, qui luy parurent d'abord changer de place, les unes à droite, les autres à gauche : mais ayant demeuré là presque toute la nuit, non seulement il remarqua que les étoiles qui luy avoient paru changer de situation, étoient

en

en bien plus grand nombre que les oifeaux qu'il avoit veus dans son Jardin, mais qu'elles disparoissoient, au lieu de se placer ailleurs, cela lui fit soupçonner, que ce mouvement pouvoit bien procéder d'une toute autre cause : de sorte qu'ayant réiteré ses observations pendant une semaine entiere, & ayant veu plus d'étoiles se remuer, qu'il ne pouvoit y avoir de personnes mortes dans toute l'Ile pendant plus d'un an, il se confirma dans son soupçon, & s'en alla trouver le Prêtre pour lui en faire part, & voir ce qu'il lui répondroit ; mais le Prêtre voyant qu'il avoit découvert l'imposture, le mena au Grand Sacrificateur, qui les fit conduire tous deux par devant le Grand Prêtre, lequel ayant entendu leurs plaintes respectives, condamna l'un à une prison perpetuelle, pour avoir profané le myftére de la transformation des ames en étoiles, en voulant la faire comprendre à un homme incapable de l'entendre, & le Campagnard à la mort, pour avoir manqué à la soûmission & à la déférence duë à un Prêtre, D'où il est aisé de juger jusqu'où va la tirannie que ces Prêtres exercent sur ces pauvres aveugles, qui n'ont pas la liberté d'exposer leurs doutes, bien
loin

loin d'oser se plaindre des choses qu'ils connoissent certainement être fausses.

Il y a une infinité d'autres présages, sur lesquels les Formosans font une grande attention, comme le son de voix d'un chien, lors qu'il abboie, ou qu'il heurle : le chant d'une poule ou d'un coq; le tems du sifflement des serpens; celui auquel les Ours ne sortent pas des bois, ou que les aigles se reposent sur les tours, les maisons, ou les arbres : & mille autres choses semblables, à toutes lesquelles ils donnent de bonnes ou mauvaises significations. Mais c'est assez parlé de ces ridicules observations.

Je ne puis cependant finir ce chapitre sans faire mention d'une autre coûtume laquelle est d'autant plus déplorable, que, quoi que nous ne la puissions envisager que comme le comble de l'impieté, elle ne laisse pas d'être non seulement permise & approuvée entre eux*, mais même pratiquée par la plus saine & la meilleure

* Leur Loi n'en parle point, au contraire elle leur defend de sacrifier à d'autres qu'à Dieu, au Soleil, à la Lune & aux dix Etoiles, mais c'est une coûtume abominable qui s'est introduite à la faveur de leur ignorance, & que les Prêtres tolerent parce qu'apparemment ils en tirent quelque avantage.

leure partie des habitans de cette Ile; c'est le culte religieux qu'ils rendent au Démon. Il est vrai, & je l'ai déja dit ci-devant *, qu'ils ne croient point d'autres Diables que les esprits aëriens & vagabonds, dont ils pretendent que l'air est rempli, qu'ils disent être les ames des méchans, & auxquelles ils offrent des sacrifices, dans la pensée qu'ils adoucissent leurs peines & qu'ils les empêchent par là de leur faire du mal. Cependant ils avouënt que ces esprits sont méchans & ennemis de Dieu & des hommes; mais ils sont si persuadez que toutes les calamitez publiques & particulieres, telles que sont les orages, les tremblemens de terre, les pestes, les famines, les incendies, les maladies &c. sont causées par ces esprits malheureux, que dés la moindre affliction, perte, douleur, ou accident, ils courent sur certaines montagnes, où il y a des Autels érigés à l'honneur du Démon, ou du Chef des mauvais Esprits, sur lesquels ont voit une statuë affreuse & devant laquelle ils sacrifient des animaux de toutes especes, & même des enfans,
lors-

---

* Chap. 5. à la fin.

Page 137. *Fig. 16.*

Alphormosans

Nom	Nom
Am	I
Mem	ˈIcl
Nen	ˈJU
Tam	ˈIƆ
Zam	ɒxɹI
Epfi	ɒbɪC
Fande	ɔuıX
Raw	˙ ▵ıO
Gome	ɪɐuıP

Page 137.   Fig. 26.

Alphabet De La Langue Des Formosans

Nom	Valeur			Figure			Nom
Am	A	a	ao	ɪ	I	I	ᴉ
Mem	M	m̃	m	⌐	⌐	⌐	ᴐ⌐
Nen	N	ñ	n	ᴜ	ᴜ̆	U	ɘᴄU
Taph	T	th	t	ᵹ	Ƃ	O	xɪO
Lamdo	L	ll	l	ᴦ	ᴦ	Γ	ɘɔɪɪΓ
Samdo	S	ch	s	ㄣ	ㄣ	ㄣ	ɘɔɪɪㄣ
Vomera	V	w	v	△	△	△	ɪᴅuɘ△
Bagdo	B	b	b	⁊	⁄	⁄	ɘɔɪɪ⁄
Hamno	H	kh	h	ㄣ	ㄣ	L	ɘuɪᴌ
Pedlo	P	pp	p	⊼	⊼	△	ɘɔɪɘ△
Kaphi	K	k	x	⩊	⩊	⩊	ᴅxɪ△⩊
Omda	O	o	ω	Ǝ	Ǝ	Ǝ	ᴅuƎ
Ilda	I	y	i	□	□	⊟	ᴌᴦ□
Xatara	X	xh	x	⅄	Ƽ	⅄	ɪᵷɾᴅɪ⅄
Dam	D	th	d	⊐	⊐	⊐	ᴌɪ⊐
Zamphi	Z	tf	z	ᄇ	ᄇ	ᄇ	ᴅxɪɪᄇ
Epfi	E	ε	η	ᴇ	ᴇ	ᴇ	ᴅʙᴌᴇ
Fandem	F	ph	f	x	x	X	ᴅuɪX
Raw	R	rh	r	□	□	□	ᴅᴛ□
Gomera	G	g	j	⅂	⅂	⅂	ɪɘuɘ⅂

*lors que le mal les preſſe, & qu'ils s'imaginent que le ſang de ces innocentes victimes, les peut appaiſer plus promptement.

CHAPITRE XVIII.

De la langue des Formoſans.

LA langue qui eſt en uſage à *Formoſa* eſt la même que celle du *Japon* avec cette différence que les Japonnois ne prononcent pas les lettres gutturales comme les Formoſans, & qu'en certaines expreſſions, ils n'ont ni élevation ni inflexion de voix : par exemple, les Formoſans diſtinguent le tems paſſé d'avec le preſent, en élevant la voix & le futur, en la baiſſant. Cette inflexion de voix, dans une ou pluſieurs ſillabes d'un même mot, fait preſque toute la différence des tems des verbes. Ils ont trois genres, qu'ils diſtinguent par trois articles : toutes les créatures vivantes ſont

---

* Cela eſt expreſſément contre leur Loi, par laquelle le Profète *Pſalmanaazaar* leur deffend, de la part de Dieu, de ſacrifier des enfans à d'autres qu'à lui. Voyez le chap. 4.

font, ou du masculin, ou du feminin; & toutes les choses inanimées sont du neutre. Leurs noms ont tous les cas semblables; un singulier & un plurier seulement. Comme je n'ai pas dessein de faire ici une grammaire, je me contenterai de dire en général, que cette langue est assez aisée, fort riche & fort harmonieuse, mais difficile à prononcer. Si on demande d'où elle est dérivée, je repondrai qu'il n'y a que la seule langue du Japon avec laquelle elle ait du raport. Cependant on trouve quantité de mots, qui paroissent venir de plusieurs autres langues, en changeant seulement, ou la signification ou la terminaison.

Il semble que les Japonnois, qui, selon la plus commune opinion, sont originaires de la Chine, d'où leurs Ancêtres ont été bannis, auroient deu au moins en conserver la langue; mais les meilleurs Auteurs veulent nous persuader qu'un grand nombre de Chinois, ayant été véritablement réléguez par leurs Compatriotes dans les Isles du Japon, qui étoient alors inhabitées, en punition de quelque soûlevement contre leur Prince, ils conceurent tant de haine contre leur Païs, qu'ils résolurent
non

non seulement de prendre des coûtumes & de se gouverner par des Loix toutes contraires à celles des Peuples dont ils sortoient, mais même d'oublier leur langue naturelle pour en inventer une qui ne pût être entenduë des Chinois, qu'ils vouloient oublier, & avec lesquels ils ne vouloient plus avoir aucun commerce ni liaison. De quelque raison qu'on puisse appuyer cette conjecture, on a peine à comprendre que tout un Peuple puisse venir à bout d'une telle entreprise, & qu'un si grand changement se soit pû faire, sans qu'il en paroisse au moins quelque trace dans les mots, ou dans le tour de la phrase : car il n'y a pas dans le monde deux langues plus opposées que l'est celle de la *Chine* avec celle du *Japon*. Quoi-qu'il en soit, les Formosans ont apporté avec eux la langue du *Japon*, ils l'ont conservée sans aucune altération, au lieu que les Japonnois la changent tous les jours, retranchent des mots & en adoptent de nouveaux, ce qui fait la grande diversité qui se trouve à present entre le langage du *Japon* & celui de *Formosa*.

Les Japonnois écrivoient autrefois en fort petits caracteres semblables à ceux des Chinois ; mais depuis qu'ils ont eu

com-

commerce avec les Formosans, ils ont imité leur maniére d'écrire, comme étant beaucoup plus belle & plus aisée, en sorte qu'on voit à present trés-peu de personnes au *Japon*, qui se servent des caracteres Chinois.

Cette maniere d'écrire des Formosans, leur fut enseignée par leur Proféte *Psalmanaazaar*, qui en leur donnant de nouvelles Loix, leur donna en même tems de nouveaux caracteres, qu'ils receutent apparemment avec autant de soûmission, mais avec moins de répugnance, que la barbare & cruelle Loi, à laquelle il les assujetit, en leur commandant de sacrifier leurs propres enfans.

Leur Alphabet n'est composé que de 20 lettres qu'on lit de la droite à la gauche comme l'Hebreu. Le Dessein ci-contre en montre la figure & la valeur. Pour donner au Lecteur curieux quelque idée de cette langue, on a joint ici quelques mots familiers, avec l'Oraison Dominicale, le Simbole des Apôtres & les Commandemens de Dieu, écrits en caracteres Italiques, & qu'on a traduits mot pour mot.

L'Em-

L'Empereur ou le plus grand Monarque.	*Baghathàan Chevereal.*
Le Roi.	*Bagalo* ou *Angon.*
Le Vice-Roi.	*Bagalendro* ou *Bagalender.*
Les Nobles.	*Os Tanos.*
Les Gouverneurs de Places.	*Os Tanos soulletos.*
Les Bourgeois.	*Poulinos.*
Les Païsans.	*Barhan.*
Les Soldats.	*Plessios.*
Un Homme.	*Banajo.*
Une Femme.	*Bajané.*
Un Fils.	*Bot.*
Une Fille.	*Boti.*
Un Pere.	*Pornio.*
Une Mere.	*Porniin.*
Un Frere.	*Geovreo.*
Une Sœur.	*Javraiin.*
Un Parent.	*Arvauros.*
Une Isle.	*Avia.*
Une Ville	*Tillo.*
Un Village.	*Casseo.*
Le Ciel.	*Orhnio.*
La Terre.	*Badi.*
La Mer.	*Anso.*
L'Eau.	*Ouillo.*

DESCRIPTION

DU SEIGNEUR L'ORAISON.

KORIAKIA VOMERA.

Nôtre Pere qui dans Ciel es,
Amy Pornio dan chin Orhnio viey,

sanctifié ton nom, vienne ton
Gnayjorhe sai lory, eyfodere sai

Roiaume, faite soit ta volonté
Bagalin, Jorhe sai domion

comme dans Ciel, &
apo chin Orhnio, kay

dans terre aussi, nôtre Pain
chin Badi eyen, amy Khatsada

quotidien donné nous aujourd'hui,
nadakchion toye ant nadaji,

& pardonne nous nos offenses,
kay radonaye ant amy sochin,

comme nous pardonnons nos
apo ant radonem amy

offenseurs, induy nous pas en
sochiakhin, bagne ant kau chin
ten-

tentation, mais délivre nous du
malaboski, ali abinay ant tuen

mal, car tien est Royaume,
broskaey, kens sai vie Bagalin,

& Gloire, & toute Puissance
kay Fary, kay Barhaniaan

à tous siécles. Amen.
chinania sendabey. Amen.

LA CHRÉTIENNE CROYANCE.
AI KRISTIAN NOSKIAYEY.

Je croi en Dieu tout Puissant
Jerh noskion chin Pagot Barhanian

Pere, Createur du Ciel & de la
Pornio, Chorhe tuen Orhnio kay tuen

Terre, & en Jesus-Christ son
Badi, kay chin Jeso-Christo ande

bien aimé fils nôtre Seigneur,
ebdoulamin bot amy Koriam,

qui conceu fut du Saint Esprit,
dan vienen jorch tuen gnay Piches,

né

né de Marie Vierge, souffert
zieskeu tuen Maria Boïy, lakchen

sous Ponce Pilate, été crucifié,
bard Pontio Pilato, jorh carokhen,

mort & enseveli, descendu dans
bosken kay badakhen, mal-sjou chin

infernales places, troisiéme jour
xana khie, charby nade

ressuscité des morts, monté dans
jandasien tuen bosken, kan-sien chin

Ciel, assis à droite main de
Orhnio, xaken chin testar-olab tuen

Dieu son Pere tout Puissant, qui
'Pagot ande Pornio Barbantan, dan

viendra juger vivans & morts.
soder hanaar tonien kay bosken.

Je croi dans Saint Esprit,
Jerh noskion chin Gnay Piches,

Sainte Catholique Eglise,
Gnay Ardanay, Chslae,

Communion des Saints, remission
Ardaan tuen Gnayij, radonayun

des

des péchés, résurrection de chair,
tuen sochin, jandafiond tuen krikin,

vie éternelle. Amen.
ledum chalminajey Amen.

LES DIX COMMANDEMENS DE DIEU.
OS KONBELOSTOS TUEN PAGOT.

Ecoute ô Israël, je suis le
Giftaye ô Israël, jerh vie os

Seigneur ton Dieu.
Korian fai Pagot.

I.

N' auras autre Dieu devant moi.
Kau zexe apin Pagot oyto jenrla

II.

Ne feras te statuë, ni image
Kau gnodey feu Tandaton, Kau adiato

semblable aux choses qui dans
bfekay oios day chin

Ciel sont, ou dans terre, ou
Orhnio vien, oy chin hadi, ey
fous

146 DESCRIPTION,

sous terre dans l'eau, ni
mal badi chin onilla, kau

adoreras, ni serviras les, car je
eyvomere, kau conrayo oion, kens jerh

suis ton Seigneur Dieu jaloux,
vie saï Korian Pagot spadou,

& je visite les péchés du Pere
kay jerh lournou os sochin tuen Pornio

sur les enfans jusque dans
janda les botos pei chin

troisiéme & quatriéme Génération
charby kay kiorbi Grebiachim

de ceux qui me haïssent, &
dos oios dos jenrh videgan, kai

miséricorde je fais dans mille
teltulda jerh gnadou chin janate

Générations de ceux qui m'-
Grebiachim des oios dos jenrh

aiment & mes commandemens
chataam kai mios belostos

gardent.
nautuolaan.

Ne

III.

Ne prendras le nom de Dieu
Kau chexneer oi lory tuen Pagot

ton Seigneur vainement, car le
fai Korian beiray, kens oi

Seigneur ne tiendra innocent
Korion kau avitere azaton

celui qui son nom prendra
oion dan ande lory chexneer

vainement.
beiray.

IV.

Souviens toi, tu sanctifieras le
Velmen ido, fen mandaar ai

Sabbat, six jours travailleras &
Chenaber, dekie nados farbey kai

feras tout ton ouvrage, mais
gnadey ania fai farbout, ali

le septiéme est le jour du
oi meniobi vie ai nade tuen

148 DESCRIPTION

Sabbat de ton Seigneur, ue
Chenaber tuen sai Koriam, kau

travailleras dans ce jour, toi
farbey chin ai made, sen

ni ton fils, ni ta fille, ni
kau sai bot, kau sai boti, kau

ton serviteur, ni ta servante,
ai sger-bot, kau sai sgerboti,

ni l' étranger qui devant tes
kau oi, janfiero dan splan sai

portes es, car le Seigneur
brachos viey, kens oi Korian

a créé Ciel, Terre, Mer, &
chorbeye Orbnio, Badi, Anso, kai

tout qui dans eux sont en six
ania dai chin oios vien chin dekie

jours, & le septiéme reposé,
nados, kai ai meniobe stedello,

c'est pourquoi il a benit le
kenzoy oi jkeneaye ai

septiéme jour & sanctifié l'a.
meniobe nade kai gnaysrataye oion.

Ho-

V.

Honore Pére & mere tiens,
Eyvomere Pornio kai Porniin foiois,

afin que foient prolongés les tiens
ido areo jorhen os foios

jours dans terre, laquelle le
nados chin- badi, dnay ci

Seigneur ton Dieu donne te.
Korian fai Págot toye fen.

VI.

Ne tueras.
Kau anakhounie.

VII.

Ne déroberas.
Kau lokieyr.

IX.

Ne diras faux témoignage contre
Kau demech stel modion nadaan

ton frere.
sai geovreo.

X.

Ne convoiteras la maison de
Kau voliamene ai kaa tuen

ton frere, ni convoiteras la
sai geovreo, kau voliamene ey

femme de ton frere, ni son
bajane tuen sai geovreo, kau ande

serviteur, ou sa servante, ou
sger-bot, ey ande sger-boti, ey

son bœuf, ou son âne, ou
ande macho, ey ande signou, ey

quoi que ce soit à lui appartienne.
ichnay oyon tavede.

CHA-

CHAPITRE XIX.

Des arts liberaux & mécaniques.

QUoi que les Japponnois soient de beaucoup inférieurs aux Européens, dans la connoissance des arts, cependant on peut dire, à leur avantage, qu'en quelque science que ce puisse être; ils excellent par dessus tous les Orientaux. Les Jésuites & autres Missionnaires, qui ont rodé toutes les Indes, élevent fort le genie & l'adresse des Chinois; mais je ne croi pas qu'on doive tout-à-fait s'en rapporter à eux, car il est certain que les Japponnois les surpassent de beaucoup en subtilité & en vivacité d'esprit. Plusieurs d'entre eux, principalement les *Bonzes* passent toute leur vie à l'étude. Il est vrai que toutes leurs connoissances se sentent des préjugez de leur éducation, & sont offusquées par les tenebres dans lesquelles ils sont nés, mais on ne laisse pas d'entrevoir dans leurs énigmes, leurs Paradoxes, leurs sentences obscures & autres ambiguitez de cette nature, auxquelles ils s'appliquent entierement, qu'ils feroient capables de tout, s'ils avoient les fecours & les connoiſſances des Européens, & s'ils étoient éclairés des lumieres de la Révelation.

Tous leurs livres de Theologie ne roulent que fur l'explication des articles de leur Religion, & la deffenfe de leur culte Idolatre. Si dans leurs méditations & difcours publics, il leur échape quelques raiſonnemens qui fentent la Philoſophie, ils ne les puiſent que dans une compilation qu'ils ont faite, des opinions des plus anciens Philoſophes, qui leur font connus, & qui favoriſent leurs fuperſtitions.

Les *Bonzes* ne font pas ſi abſolument attachez au fervice de la Religion, & à l'étude de leur Philoſophie ou Theologie, qu'ils ne s'appliquent auſſi à d'autres fciences: comme les Matématiques, la Médecine, les Loix &c. pluſieurs de leurs maiſons font de véritables Academies, où l'on enfeigne toutes les fciences à la jeuneſſe. La différence qu'il y a entre les Japonnois & les Formoſans à cét égard, c'eſt que les *Bonzes* du *Japon* n'enfeignent de certaines choſes, comme par exemple la langue Grecque, que parmi leurs confreres, & qu'à *Formoſa* tous

tous ceux qui ont assez d'argent pour payer les *Bonzes*, sont bien venus dans leurs écoles, pour apprendre tout ce qui s'y enseigne. C'est ce qui fait que les Colleges de *Formosa* ont de grands revenus, car tous les Princes, les Grands Seigneurs & autres personnes riches, y envoient leurs enfans, & y font de fort grands présens.

A l'égard des Loix, ils en ont peu par écrit, car ils ne suivent que celles que la lumiere naturelle leur a enseignées, ou que leurs Superieurs leur ont imposées la volonté des Princes est une Loi parmi eux, il n'y a ni dispute, ni querelle, ni animosité, ni procés, quel qu'il puisse être, qui ne prenne fin dés que le Prince a parlé. Mais comme cette Puissance des Princes pouvoit avoir de mauvaises suites dans un Païs, où ils sont en si grand nombre, la sagesse de *Meryandanoo* y a pourveu, comme nous l'avons veu * en bornant l'autorité des Rois & des Vice-Rois, & empêchant qu'ils ne rendissent les Peuples esclaves. Peut-être étoit-ce dans la veuë de se faire craindre & respecter lui-même davantage, & qu'il crut que pour s'asseurer une Cou-

* Au chap. 3.

ronne, qu'il avoit si injustement usurpée, il falloit commencer par se rendre le seul Souverain, absolu dans toute l'étenduë de son Empire.

Les Médecins & Chirurgiens de *Formosa* sont trés-ignorans, mal adroits & peu expérimentez, quoi qu'ils soient généralement fort honorez.

La musique n'y est pas connuë, cependant ils chantent & jouent des instrumens, comme nous verrons ci-aprés. Mais ils sont grands Poëtes, principalement les *Bonzes*, qui composent non seulement des Himnes, mais qui font des Sermons tout en Vers. Ils affectent une grande briéveté dans leurs Ecrits, & s'attachent à exprimer beaucoup de choses en peu de mots; ainsi ils négligent souvent des circonstances, qui nous paroîtroient fort essentielles dans une histoire.

Lors qu'ils écrivent à quelque Prince, il est surprenant de voir en combien peu de paroles ils exposent l'affaire dont ils parlent, quoi qu'ils n'ometten jamais rien de tant soit peu nécessaire à l'éclaircissement du fait.

Quelques-uns d'entre eux font grand cas de l'éloquence : & les *Bonzes* s'en servent avec beaucoup d'art dans leurs Ser-

Sermons, n'oubliant rien de ce qui peut contribuer à émouvoir le cœur de leurs auditeurs, & à les persuader de la verité de ce qu'ils leur prêchent.

Les Formosans ne manquent point de Peintres fort habiles; quoi qu'ils n'aient pas encore porté les Régles du dessein aussi loin que les Européens, leurs graveurs & leurs sculpteurs font pourtant des ouvrages trés curieux.

Leur poterie de porcelaine est assûrément la plus belle de tout l'Orient, & s'ils avoient connoissance de la maniére dont nos Artisans font certains ouvrages qu'on leur porte, & qu'ils admirent, sans doute qu'ils seroient bien-tôt aussi habiles que nous.

Ils ne sçavent point encore comment nous faisons la chandelle ni la bougie, ils ne brûlent que de l'huile; les Païsans à la Campagne se servent de torches de Pin, de paille ou de quelque autre matiére combustible, ou trempée dans l'huile.

Ils ont appris des Hollandois à faire une sorte de papier de soie, à peu prés semblable au nôtre, mais beaucoup plus fin. Avant ce tems-là, ils n'écrivoient que sur des planches de cuivre, ou sur du parchemin.

J'ai dit dans le chapitre XII, où j'ai expliqué toutes les différentes sortes d'habits des Formosans, que leurs souliers sont faits comme des *sandales*, j'ajoûterai ici que ne sachant pas apprêter le cuir, comme on fait en Europe, & celui qu'on leur porte, étant trop cher pour que tout le monde s'en puisse servir, les souliers du commun peuple sont faits d'écorce d'arbre, c'est à dire le dessous ou la semelle, car pour le dessus, il est de cuir de bêtes sauvages, qu'ils apprêtent du mieux qu'ils peuvent.

La Verrerie est encore inconnuë, non seulement à *Formosa*, mais même dans tout l'Orient. Lors que les Japonnois virent des miroirs pour la premiere fois, ils en furent si charmez qu'ils donnoient un demi copan à un matelot pour un petit miroir de 4 sols : mais depuis que les Vaisseaux y ont été plus frequemment, cette marchandise y a beaucoup diminué, néantmoins on y peut encore gagner deux cens pour cent.

Quelques grands Seigneurs ont des vitres dans leurs maisons ; mais cela est fort rare : on se sert ordinairement d'une étoffe de

_____
* Piéce de monnoie d'or pesant 4 onces. Voyez ci-aprés le Chapitre 29.

de soie cirée fort fine, ou de leur papier de soie.

Ils font des ouvrages à l'éguille, qui sont inimitables pour la délicatesse du travail, & la varieté, & le mélange des couleurs, mais en quoi ils excellent le plus, c'est dans le rafinement des métaux. Ils en ont de toutes les sortes, & ils savent les mêler si à propos, qu'assûrément ont peut dire, qu'en cela, ils surpassent de beaucoup les Européens. Nous verrons dans le chapitre suivant, jusqu'à quel degré de finesse & de dureté, ils travaillent le fer & l'acier. Leurs Laboureurs sont assés adroits à cultiver la terre selon la qualité du terroir, mais ils sont un peu paresseux; ce qui est assés ordinaire dans les païs chauds. Il est hors de doute que les Japonnois, qui apprennent tous les jours quelque chose de nouveau, par le Commerce qu'ils ont avec les Hollandois, se perfectionneroient beaucoup dans les arts, s'ils n'avoient pas un grand fonds de mépris pour tout ce qu'il y a de gens qui gagnent leur vie du travail de leurs mains. Je n'en puis deviner la raison; mais si l'aversion qu'ils ont naturellement pour toute sorte de Marchands ou Négocians, vient, comme ils disent, de l'extrême

horreur qu'ils ont pour le menſonge
parce qu'il leur paroît inſéparable de cette
profeſſion, on peut croire que c'eſt pour
la même raiſon qu'ils mépriſent les Artiſans, parce qu'ils ne peuvent guere s'empêcher de mentir pour faire valoir leur travail. Il faudroit connoître plus à fonds
que je ne fais le naturel & le tempérament
de ces Peuples, pour juger ſainement de
leurs maximes ; celui qui m'a fourni la
matiére de cet ouvrage, quoique Japonnois, eſt ſorti trop jeune * de ſon païs, &
eſt encore trop prévenu en faveur de ſa
nation, pour prétendre tirer de lui des
éclairciſſemens ſincéres là-deſſus.

* à l'âge de 19. ans.

CHAPITRE XX.

Des armes le plus en uſage au Japon & à Formoſa.

IL n'y a perſonne qui ne ſache que les
Japonnois ne ſe ſervent pas des mêmes
armes que les Européens. S'ils ont des
mouſquets & des fuſils, ils ſont encore
fort rares parmi eux. Les Jéſuites & les
Hol-

Hollandois leur en ont porté quelques-uns, qu'ils gardent dans leurs cabinets, comme des raretés, qu'ils font voir à ceux qui leur rendent visite. Voici les armes & machines de guerre dont ils se servent.

A l'approche des murailles d'une ville, lors qu'ils veulent y faire bréche, ils se servent d'une machine qu'ils appellent *Tranhos*, & qui ressemble assés aux Béliers *des Anciens. Leurs *Fachos* sont des espéces de bombes faites d'un certain bois fort dur, couvertes de lames d'acier tranchantes, entre lesquelles ils attachent de la poix, de la raisine & autres matiéres combustibles qu'ils allument: ils les lancent par le moien d'une machine de bois garnie de fer, qu'ils appellent *Keray* faite à peu prés comme une arbalête, qu'ils bandent à force de bras.

Ces

---

* Machine de guerre dont ils se servoient pour abatre les murailles d'une ville. C'étoit une poutre semblable à un mât de Navire, d'une grandeur & d'une grosseur prodigieuse dont le bout étoit armé d'une tête de fer proportionnée au reste, & semblable à celle d'un bélier. Cette poutre étoit suspenduë & balancée par le milieu avec de gros cables, tirée & repoussée avec violence par un grand nombre d'hommes. *Voiez Joseph, Hist. des Juifs li 3. ch. 15. Jule Cesar, Comment. l. 2.*

Ces *Fachos* en sortent avec tant de force, que les tranchans d'acier qui sont autour, pourroient facilement couper trois ou quatre hommes tous à la fois.

Ils se servent dans le Combat de sabers, de piques, de demi-piques, d'arcs & de fleches : ils sont si adroits dans le maniement de ces derniéres, qu'il n'y a point d'Européen qui tire plus juste un coup de fusil : ils peuvent même tirer dix fleches, dans l'espace de tems qu'il faut, pour tirer deux coups d'une arme à feu. Leurs sabres sont généralement estimés dans tout l'Orient : ils sont si bien trempés, qu'il s'en trouve beaucoup qui pourroient couper d'un seul coup un gros arbre ou une barre de fer de deux pouces en quarré, sans en gâter le tranchant en aucune maniére. Ils ont coûtume de forger leurs poignards, avec un certain mélange de métaux empoisonnés, qui rendent les blessures, quelque légéres qu'elles puissent être, toûjours mortelles, à moins qu'on ne coupe sur le champ, toute la chair qui est autour de la plaie, ou même la partie entiére qui aura été offensée. Tous leurs fers de piques, de lances & de fléches sont faits du même métal.

Cette pratique est condamnée par les
Eu-

Européens, ils ont raison ; mais je ne sai si les Orientaux ne pourroient pas aussi justement leur reprocher leurs Canons, leurs Mortiers, leurs Carcasses, leurs Bombes, leurs Fourneaux, leurs Mines, leurs Brûlots, leurs Machines infernales * & cent autres inventions diaboliques, que la guerre autorise & que l'humanité condamne. Les Japonnois prétendent qu'il n'importe de quelle maniére on se défasse de ses ennemis, & que la mort la plus certaine & la plus prompte est à préférer en ces occasions, plus de morts moins d'ennemis, disent-ils, & plûtôt on voit la fin de la guerre.

Quoi qu'il en soit, les soldats Indiens ne se servoient autrefois que des armes fabriquées dans le *Japon* ; mais à présent, l'Empereur en a deffendu la sortie, sous peine de mort, en sorte qu'on n'ose pas même en apporter à *Formosa*. Cependant le Roy en a un Magazin bien fourni & bien entretenu, & malgré la deffense,

on

* C'est ainsi qu'on appelle certains bâtimens pleins de feux d'artifices, tels que ceux que les Anglois envoyerent en 1691. & 1695. en plusieurs endroits des Côtes de France, & qui auroient infailliblement, & en peu de minutes, reduit des Villes toutes entiéres en cendres, si on les avoit fait jouer à propos.

on ne laisse pas d'en transporter secrétement une grande quantité à la Chine &
ailleurs, puis qu'on en vend publiquement à Luçon & à Goa.

Les frondes ont été aussi fort en usage
au *Japon*, mais à present on s'en sert rare-
ment.

CHAPITRE XXI.

Des instrumens de Musique les plus ordinaires au Japon *& à Formosa.*

LA Musique a presque toûjours été inconnuë dans tout l'Orient. Cependant on y a veu de tout tems des instruments qui ressemblent assés à nos tambours, nos timbales, nos trompetes, nos
flutes, nos flageolets, nos luths & nos har-
pes ; mais depuis que les Européens y
ont été, & que les Jesuites & autres Missionnaires s'y sont établis, les Indiens, les
Chinois & généralement tous les O-
rientaux ont été ravis en admiration
d'entendre la musique de leurs Eglises,
leurs chants, leurs orgues, leurs vio-
lons, leurs clavessins, & tous les autres
instru-

instruments de Musique qu'ils ont introduits dans le service divin. Ils y ont pris tant de goût, & se sont tellement attachés à cet art, que dans plusieurs endroits de l'Asie, ils approchent de prés nos meilleurs Musiciens. Ils s'en servent dans leurs fêtes, leurs mariages, leurs sacrifices, & principalement quand ils sacrifient des enfans. * Cependant les Formosans ne s'en sont point encore entêtés. Ils ont retenu leur ancienne métode de chanter & de jouer des Instruments, s'il est vrai que leur maniére de chanter se puisse appeller métode, car à la reserve de quelques priéres particuliéres que leurs Prétres chantent, le peuple ne se met guére en peine, si sa voix s'accorde avec la leur, chacun chante sur quel ton il lui plaît, ce qui ne leur paroît pas si ridicule que nous pourrions nous l'imaginer, parce qu'ils ne savent pas mieux faire, & qu'ils y sont accoûtumés : au contraire toutes ces differentes voix & tous ces tons discordans, leur paroissent d'une Harmonie admirable.

Leurs Instruments ne s'accordent pas mieux.

* Il y a une Secte dans le *Japon* qui sacrifie des enfans comme à *Formosa*, mais elle est fort peu suivie, & ils n'en sacrifient pas à proportion un si grand nombre qu'à *Formosa*.

mieux : ceux dont ils se servent dans le Temple le plus ordinairement, sont le Tambour, le Tabourin, ou Tambour de Basque, la Trompette, le Clavessin, le Luth, la Flûte, ou le Flageolet : car pour la Harpe, ils n'en jouent jamais dans les Temples.

Les Timbales ne sont en usage, à *Formosa*, qu'en tems de Guerre, & lorsqu'ils sont prêts à livrer Bataille : mais elles sont si grandes qu'ils sont obligés de les mettre sur le dos d'un Eléfant.

CHAPITRE XXII.
De la manière d'élever les enfans à Formosa.

J'Ai déja dit que chaque femme dans une famille a soin de ses propres enfans, cela n'empêche pas que les nobles & les personnes riches n'aient des domestiques, qui les soulagent dans cette occupation. Ils élevent leurs enfans avec grand soin ; & tant les meses que les nourrisses, & autres domestiques, veillent sur leurs besoins avec toute l'application possible. On les couvre fort légérement avec de petits habits de Soie
ou

ou de Cotton, mais jamais on ne les emmaillote, comme on fait en Europe. Les païsans même négligent de les couvrir, & dés qu'ils ont deux ans, ils les laissent courir tout nuds dans les champs & dans les bois. Ils commencent dés l'age de trois ans à leur faire apprendre à lire; il y en a beaucoup qui à cinq ans lisent & écrivent fort bien. Ces Enfans ont naturellement de l'esprit & de la vivacité, & apprennent facilement tout ce qu'on veut leur enseigner. Depuis cinq ans jusqu'à huit, on les instruit dans les Principes de la Religion & de la Morale, & comme ils se doivent comporter en Compagnie. Dés qu'ils ont atteint l'age de huit ans, on les envoie à l'Ecole, ou dans les Academies des *Bonzes*, mais jamais plûtôt, parce qu'ils croient que les enfans avant cet âge, n'ont pas encore le jugement assés meur, pour comprendre ce qu'on leur veut enseigner : cependant il y en a qui les envoient à des écoles particuliéres avant 7 ans. Si les meres sont soigneuses de leur fournir tout ce dont ils peuvent avoir besoin, les Peres ne sont pas moins vigilans à empêcher qu'ils ne perdent leur tems. Ils examinent souvent le progrés qu'ils font; mais ils ne les batent jamais,

à

à moins que ce ne soit pour les corriger de quelque vice considerable auquel ils les voient enclins. Car les Formosans & tous les Japonnois en général, sont naturellement fiers, arrogans & opiniâtres, ils ne peuvent souffrir de se voir maltraiter ; il arrive même souvent que des domestiques, qui sont battus mal à propos, ou trop sévèrement punis, tuent leurs maîtres. Lors donc que leurs enfans négligent leurs exercices, bien loin de les battre ou de les menacer, ils les avertissent avec douceur de leur devoir, les reprennent de leurs fautes, & par toutes sortes de raisons, s'efforcent de les persuader de se corriger, tantôt en leur proposant l'exemple de leurs Camarades, qui sont plus sages ou plus habiles qu'eux, ou en les encourageant par des promesses, & des récompenses quand ils font bien, de sorte qu'à mesure qu'ils croissent en âge, la raison se fortifie, & les porte insensiblement à quitter d'eux-mêmes le vice & à embrasser la vertu. L'expérience a fait voir, que cette métode est souvent la plus seure : ce qui est certain, c'est qu'on voit communément à *Formosa* des enfans depuis 6 jusqu'à 9 ans, avoir autant de modestie dans leurs discours & de civilité dans toutes leurs maniéres que des
hommes

hommes faits, & certainement cela est admirable, & seroit difficile à croire, si le rapport de plusieurs Voiageurs ne nous le confirmoit pas.

CHAPITRE XXIII.

Des Marchandises qu'on trouve à Formosa *& de celles qui y manquent.*

LA grande quantité d'or, & d'argent qu'on y trouve, est ce qui leur apporte le plus grand profit : car dans *Gad Avia*, ou *Kaboski*, il y a deux mines d'or, & deux de cuivre rouge. Dans le Grand *Peorko*, une d'or & une d'argent : dans l'une des deux Isles des voleurs, deux d'argent : & dans l'autre une d'or. Quoi que le métal qu'on tire de cette derniére, ne soit pas fort estimé dans le *Japon* ni ailleurs, parce que ce n'est pas un or pur, il ne laisse pas pourtant d'être fort recherché à *Formosa*, parce qu'il est plus propre à certains usages que de l'or plus pur : ainsi sans parler de cette mine, il y a dans *Formosa* 3
mi-

mines d'or, & trois mines d'argent, fort abondantes, qui appartenoient autrefois au Vice-Roi d'aujourd'hui ; mais à present, l'Empereur & le Roi ont chacun un tiers de tout ce qu'on en tire. Le surplus appartient à ceux qui font travailler, sur quoi ils paient les ouvriers qu'ils emploient.

Les Formosans estiment plus l'argent à proportion que l'or, soit parce qu'ils en trouvent la couleur plus belle, à cause de sa blancheur, ou que les mines d'or étant plus abondantes que celles d'argent, l'or y soit plus commun.

Ils n'ont point de mines de fer ni d'acier, mais les Japonnois qui en ont, leur en portent, c'est pour cette raison que le fer, l'acier & le cuivre jaune qu'on leur porte est plus estimé chés eux que l'or & l'argent : car pour le cuivre rouge, leur mine de *Peorko* leur en fournit assés, pour le rendre commun. Tous les ustenciles dont ils se servent, sont ordinairement d'or, ou d'argent, & leur poterie de Porcelaine. Les Temples soit dans les Villes, soit à la Campagne, sont pour la plûpart couverts d'or, cependant depuis que les Hollandois leur ont porté du fer, pour en avoir de l'or, ils l'ont moins prodigué.

Ils

Ils n'ont ni plomb ni étain, mais ils en tirent des Iles voisines, où il s'en trouve des mines trés abondantes.

La Soie & le Cotton est ce qu'il y a de plus commun dans le pays, ils en font de trés beaux ouvrages, dans lesquels ils mêlent de l'or & de l'argent avec beaucoup d'art & de délicatesse. Ils ont une sorte de Cotton qui croît sur des arbres dans des espéces de petits sacs, qui est le plus fin & le plus recherché, celui qui vient sur de petits arbrisseaux semblables à des chardons, est plus grossier. La plus grande & la plus commune occupation des femmes est de travailler ce Cotton, dont elles font des toiles, des tapis, & une infinité d'autres ouvrages, d'une finesse & d'une beauté surprenante : il y a des ouvriers qui en font aussi une sorte de velours & de peluche fort estimée. Ils ne font aucuns ouvrages de laine, moins par la mauvaise qualité de leurs laines, que parce qu'ils ne savent pas la préparer : mais ils ont des draps, des serges & des ratines qu'ils tirent des Hollandois en abondance. Ils font aussi des étoffes de Cotton & de Poil : & comme il ne croît ni lin, ni chanvre dans toute l'Isle, ils n'ont point d'autres toiles que celles qu'on leur porte de l'Europe.

CHAPITRE XXIV.

Des espéces d'Animaux particuliers à ce Païs.

IL est seur que presque toutes les sortes d'animaux qui se voient en Europe se trouvent à *Formosa*, capendant il y en a plusieurs autres qui nous sont inconnus, ou dont l'espéce ne se multiplie pas en Europe; Car si on y en voit quelques-uns, ils viennent de ces païs-là, ou des autres endroits de l'Asie ou de l'Affrique, où ils naissent : tels sont les Eléfants, les Rinoceros, les Chameaux, tous animaux domestiques, fort privés & d'une grande utilité chez eux. Parmi les bêtes fauves on y trouve des Lions, des Ours, des Léopards, des Tigres, des Taureaux sauvages, des Singes, des Crocodiles ; mais on ne connoît là, non plus qu'ailleurs, comme je croi, ni Dragons, ni Licornes, ni Griffons, ce sont des animaux aussi imaginaires que le Phénix, & qui ne se trouvent nulle part que dans le cerveau de ceux qui les ont imaginez. Mais outre ceux dont je viens de parler &

quelques poissons extraordinaires, on y voit des serpens qui sont si familiers, qu'ils s'entortillent autour du corps d'un homme sans lui faire aucun mal, quoi qu'il s'en trouve d'une autre espéce qui sont fort dangereux, principalement lorsqu'on les irrite. Ils nourrissent des crapaux dans leurs maisons exprés pour en tirer tout le Venin qui s'y peut amasser, des belettes qui mangent les souris comme les chats, & des tortues dans leurs Jardins. Ils ont encore une autre sorte d'animal fait à peu prés comme un lézard, qu'ils appellent *Varchiero*, c'est à dire persécuteur des mouches : la peau en est unie & claire comme du verre, paroissant de mille couleurs différentes selon les différentes situations ou mouvemens de son corps. Mais c'est une chose surprenante de voir avec quelle adresse & legereté il poursuit & attrape les mouches, quelque part qu'il les voie, sur la table, sur les viandes, sur les liqueurs, il est fort rare qu'il manque son coup : ces animaux sont fort communs par tout le *Japon*, & j'ai oui dire qu'on en trouve aussi à l'Amerique.

CHAPITRE XXV.

Des Fruits de la terre.

NI l'orge ni le froment ne croissent point dans l'Isle de *Formosa*, la raison en est, que le Soleil y étant trop ardent, & le terroir sec & sablonneux le grain y brûle avant que de venir en maturité, mais en récompense la terre produit un grand nombre de racines, dont on fait de trés bon pain; il y en a principalement de deux sortes qui servent à cét usage, qu'ils appellent *Chitok* & *Magnok*[*]: ces deux Racines se sément comme la navette. Quand elles sont meures, elles sont plus grosses que la cuisse. La recolte s'en fait deux fois, souvent trois fois l'année, quand la saison est bonne. Si-tôt qu'on les a arrachées, on les coupe par morceaux pour les faire secher au Soleil, aprés quoi on en fait de la farine fort aisément. Cette farine se mêle avec du lait & de l'eau, du sucre, & des Epices, puis l'on

---

[*] Celle dont on fait le pain de Cassavre à l'Amérique s'appelle aussi *Magnok*, & est de la même espéce.

l'on en fait une pâte qui se cuit au four : ce pain est blanc comme neige, & c'est ce que les Naturels du païs appellent *Khatzadao*. Ils font quelquefois du pain de froment qu'on leur apporte de dehors ; mais il est trop cher pour que le commun peuple en puisse manger. Ils ont une autre sorte de pain fait de Riz, bouilli avec du saffran qu'ils appellent *Kdelkh*, qui a quelque rapport avec le *Pudding* d'Angleterre ; mais ce pain ne se garde pas comme le premier.

Le Riz, comme nous avons déja dit ailleurs, * est ce qu'il y a de plus commun : il y croît fort épais, & la récolte s'en fait deux fois l'année. Ils ne se servent point de faux, ni de faucilles, mais d'un instrument fait comme un couteau, avec lequel ils le coupent tuiau à tuiau, une paume au dessous de l'épi. Ils portent leur moisson chés eux, sans la batre, ils la pendent par Gerbes pour les faire sécher plus vîte, & quand ils en ont besoin, ils ne font que froisser les épis pour en tirer le grain.

Il y a quelques endroits où il croît du raisin, dont on fait même du vin : mais le peu qu'on en tire, n'est pas bon, de

* Chap. 1.

forte que tous les vins & autres liqueurs de l'Europe qu'ils boivent, leur viennent par les Hollandois, qui les leur vendent bien cher. Les boissons du païs sont de l'*Ar-magnok*, du *Pontet*, du *Charpok*, du *Chilak*, du *Caffé*, du *Thé*. Nous expliquerons toutes ces liqueurs l'une après l'autre.

L'Ar-magnok est une liqueur très saine & assés agreable : voici comme ils la font. Ils préparent une certaine quantité de Riz, qu'ils font bouillir dans de l'eau de fontaine, jusqu'à ce qu'il s'épaississe assés, pour en pouvoir faire des boules grosses comme le poing, qu'on fait secher au Soleil : puis on les fait encore bouillir dans de pareille eau de fontaine, un espace de tems suffisant pour les dissoudre : on verse ensuite cette eau dans de grands vaisseaux de terre, où on la laisse fermenter ; elle y devient aussi forte & même plus forte que la biere d'Angleterre, & plus on la garde, & plus elle prend de force : ils la boivent en trempant du pain de *Magnok* dedans, ce qui lui donne un goût merveilleux ; c'est pour cela qu'ils appellent cette liqueur *Ar-magnok*, comme qui diroit le camarade du *Magnok*.

Le *Pontet* est une liqueur qui coule de
cer-

certains arbres qu'on faigne dans les faifons de l'année propres à cela, on y mêle du fucre, & quand cette liqueur a éte gardée quelque tems, le goût approche fort de celui de la biere d'avoine.

Le *Charpok*, c'eſt le nom du fruit d'un arbre & de la liqueur qu'on en tire : cet arbre reſſemble au noyer, mais ſon fruit a cela de particulier, qu'au lieu de pendre aux branches, auſquelles il eſt attaché, il ſe tient droit au deſſus & ſemble vouloir toûjours s'élever plus haut, quoi qu'il ſoit fort peſant. Ce fruit a la forme & la groſſeur à peu prés d'une citrouille : quand il eſt meur, on le perce d'outre en outre, pour en faire ſortir une eau qui eſt d'elle-même ſi forte qu'elle enivreroit ſans comparaiſon plus que toutes les liqueurs les plus fortes de l'Europe, ſi le fruit étoit preſſẽ.

Le *Chilak* eſt fait avec une poudre ſemblable à celle du *Caffé* brûlé, qu'on fait bouillir de même dans de l'eau ou du lait, mais il ſe boit toûjours froid, au lieu que le *Caffé* ſe boit chaud.

Le *Thé* & le *Caffé* ſe ſervent de même qu'en Europe, mais ſans ſucre.

Les Formoſans ont d'autres liqueurs moins fortes & fort agréables, par exemple le *Bullan*, qui se fait avec des pommes ou des poires comme le Cidre ou le Poiré, ou avec des oranges & des citrons comme de la limonnade, ou avec d'autres fruits. Le breuvage ordinaire du commun peuple c'est de l'eau & du lait.

On trouve *à Formosa* de toutes sortes de fruits en abondance, des pommes, des poires, des prunes, de toutes espéces : des cerises, des noix &c. des melons par excellence, des figues, des oranges, des citrons &c. Le sucre y croît en plusieurs endroits, & on y recueille des épiceries en quantité, comme du poivre & de la canelle, du girofle, de la muscade, des noix de Coco &c.

Les arbres raportent du fruit deux fois l'année, & les figuiers trois fois, souvent quatre ; mais tous ces fruits en général sont incomparablement plus beaux & de meilleur goût qu'en Europe. Il semble que la terre ait une vertu particuliére pour amener les fruits en leur maturité. Il y a véritablement quelques endroits en Europe, même en Angleterre, où l'on trouve certains arbres qui rendent une liqueur, dont on fait une sorte de vin qui se peut boire ; mais

mais qu'on les perce tant qu'on voudra, & dans quelque tems que ce soit, il est seur qu'il n'en sortira pas dans un an la 10. partie de ce qu'on en tire à *Formosa* dans un mois, & il s'en faut bien que ce que l'on en tire soit si bon.

CHAPITRE XXVI.

Des choses que les Formosans mangent le plus ordinairement.

OUtre le pain & les fruits dont nous venons de parler, ils peuvent manger de plusieurs sortes d'animaux; car quoi que la Metempsicose ou la transmigration des ames, soit l'opinion dominante & presque generale du Pais, cependant ils n'en concluent pas, comme font la plûpart des autres Orientaux, qu'il soit deffendu de manger d'aucun animal. Le nombre de ceux dont la Loy leur deffend l'usage, est beaucoup au dessous de celui, dont il leur est permis de manger; car à la reserve du bœuf, du veau, du mouton, de l'agneau, du pigeon & de la tourterelle, ils peuvent manger de toutes les especes d'animaux,

toute sorte de volatille & de venaison, excepté le Cerf & le Daim : toute sorte de poisson de mer ou de riviére, sans exception. Ils mangent communément la chair de venaison, ou de volaille crue, ou s'ils la font rôtir, c'est si peu qu'à peine lui donnent-ils le loisir de s'échauffer. Mais ce qui paroîtra sans doute étrange aux Européens, c'est qu'ils mangent les serpens, & qu'ils les estiment un manger délicat : il est vrai qu'avant de les apprêter, ils ont soin d'en tirer tout le venin, en les battant avec des verges, jusqu'à ce qu'ils s'appercoivent que tout le venin soit monté à la tête, laquelle ils coupent promptement & alors il n'y a plus rien à craindre. Cependant si la chair des serpens est bonne, il ne doit pas être surprenant que des gens qui ont eû l'asseurance d'en goûter une fois, se soient accoûtumez ensuite à en manger, l'ayant trouvée à leur goût, & ne s'en étant pas sentis incommodés. Mais on ne peut entendre parler, sans horreur, de leur coûtume de manger de la chair humaine. Les corps de ceux qui ont été exécutés par Justice, sont exposés en vente, & ceux qui veulent s'en régaler peuvent en acheter à leur discretion. Ils la mangent le plus souvent
toute

toute cruë, & sans aucun autre assaisonnement qu'un peu de poivre & de sel. Je ne sai comment une telle coûtume a pû s'introduire parmi des hommes. Certainement il faut convenir que la raison est sujette à d'étranges bouleversemens. Car il n'est pas concevable qu'un homme puisse naturellement chercher à manger son semblable ; mais s'il est vrai que l'habitude soit une seconde nature, & que des usages receus chez soi, & avec lesquels on s'est familiarisé dés l'Enfance, quelque barbares & déraisonnables qu'ils paroissent à d'autres, passent pour justes, innocens & permis, je croi qu'on devoit avoir plus de compassion pour le Japponnois, * qui aiant été excité à Londres à manger de la chair d'un pendu pour justifier ce qu'il avoit avancé, en a effectivement mangé, & qu'on n'a pas eu raison de le maltraiter comme on a fait, car ceux qui l'ont incité à en manger, & qui lui en ont porté, seulement pour satisfaire leur curiosité, ont eu beaucoup plus de tort que lui. La charité Chrétienne demandoit qu'on eût

égard

* C'est celui qui m'a fourni les Mémoires de cét ouvrage, quelqu'un trouvant mauvais qu'il eût mangé de la chair d'une femme qui avoit été penduë, & qu'il s'en vantât, lui donna plusieurs coups.

égard à la foiblesse d'un Néophite de 8.
ou 10 mois, encore tout plein des préjugés de son éducation : & il est étonnant
que parmi les Chrétiens, auxquels St.
Paul ordonne de *supporter les foibles en la
foi*, * il se soit trouvé des gens, d'ailleur éclairés, qui se soient si fort prévenus là dessus, qu'ils n'aient pas craint de
soûtenir que pour cela seul, il méritoit
la mort.

CHAPITRE XXVII.

Des Maladies particuliéres aux Formosans & des Remedes qu'ils y apportent.

LA plus grande & la plus dangereuse
maladie dont les habitans de *Formosa*
soient quelquefois frappés, c'est la Peste.
Ils ne l'attribuent à aucune cause naturelle, mais ils croient que le Soleil, la
Lune & les Etoiles conviennent ensemble de leur envoier cette calamité, pour
les punir de leurs crimes, ou que les malins Esprits qui se plaisent à leur faire du
mal

* Epit. aux Rom. ch. 14.

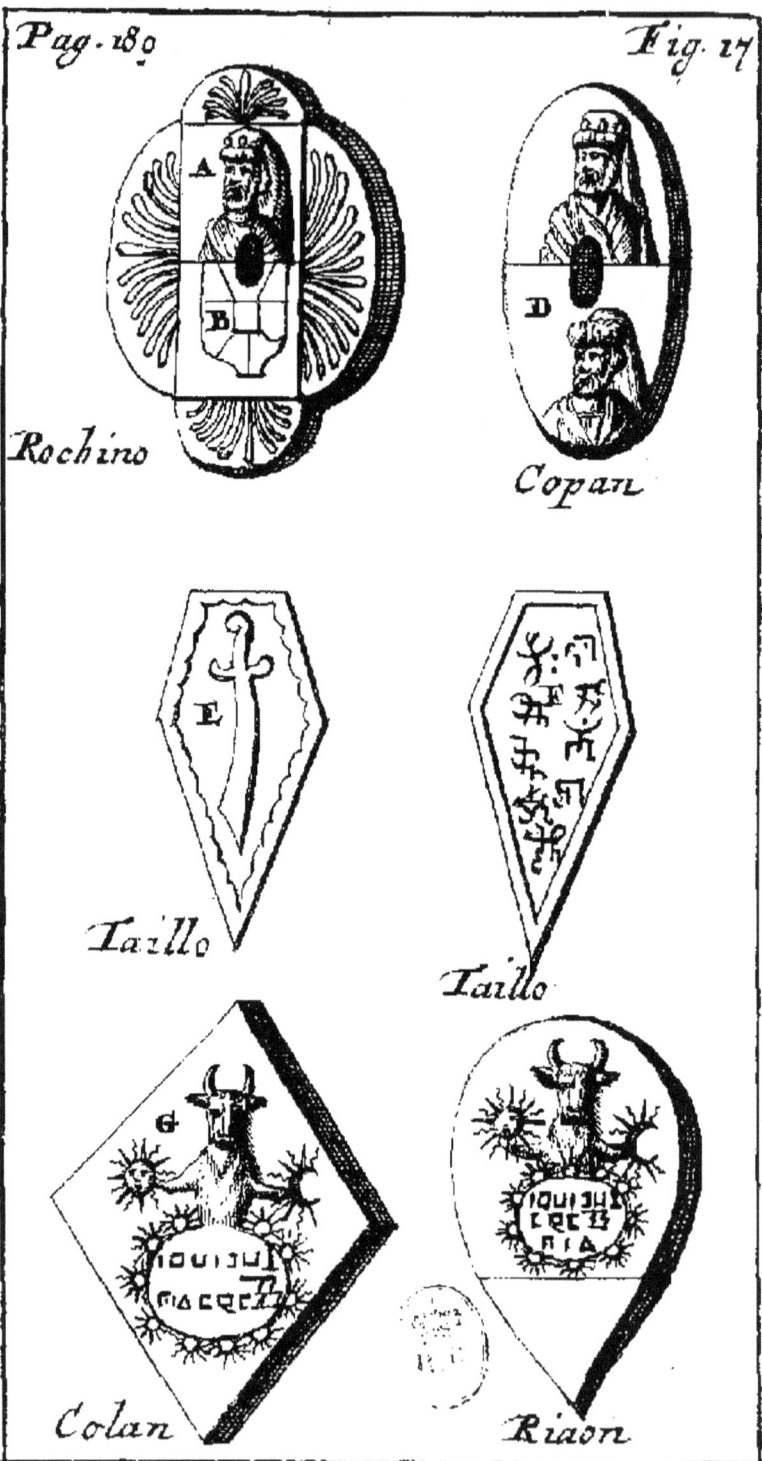

mal leur causent cette maladie, c'est pourquoi ils ont bien pûtôt recours aux sacrifices qu'aux Médecins. Ce mal néantmoins ne leur arrive pas fréquemment, il y a déja 170. ans & plus, qu'ils n'en ont été affligés. Lors qu'il commence à se faire sentir, ils quittent tous leurs maisons, & vont habiter sur le sommet des plus hautes montagnes, lesquelles dans un autre tems sont desertes, à cause de la trop grande subtilité de l'air qu'ils croient alors fort sain. Ils cherchent ensuite quelque source d'Eau vive, dont ils boivent le plus qu'ils peuvent, ne mangeant que des herbes & des fruits : tant que le mal dure ils continuent ce Regime de vie, & ne retournent à leurs maisons, qu'après que l'air est tout à fait purifié.

La goute & les fiévres intermittentes y sont inconnuës, quoi que les fievres chaudes y soient fréquentes, aussi bien que les maux de tête & d'estomac. Lors qu'ils se sentent quelque indisposition, ou qu'ils craignent que quelque maladie ne les surprenne, ils usent du remede suivant : ils courent de toute leur force, l'espace d'une lieuë ou environ plus ou moins, selon que le malade se trouve avoir plus ou moins de vigueur; on lui
pre-

prépare pendant ce tems-là un breuvage, fait d'herbes & de racines, qu'il boit immédiatement aprés qu'il a fini sa course, & pendant qu'il est encore tout échauffé, puis il se met au lit, où il se fait ordinairement suer, jusqu'à ce qu'il soit entiérement guéri.

Les Formosans sont fort sobres, & c'est une des choses qui contribuent le plus à leur santé; mais ils croient que le tabac est le plus souverain remede dont on puisse user pour prévenir toute sorte de maladie. Ils disent qu'il a la vertu de purger la tête & le corps de toutes leurs mauvaises humeurs, c'est pourquoi ils en font un grand usage. Le commun peuple dans ses heures de loisir, s'assemble pour discourir & fumer, alors s'ils boivent quelque chose ce n'est que du *Thé* ou du *Chilak*, qui sont des liqueurs qui ne peuvent faire aucun mal quelque quantité qu'on en prenne; cette sobrieté fait que les hommes, généralement parlant, vivent là plus long-tems qu'en Europe, & ne sont pas si sujets à tant de maladies. C'est une erreur de croire que le bon air soit la seule chose qui nous puisse conserver la santé: l'expérience a convaincu bien des voiageurs, que ce n'a pas tant été par les changemens de climats que

leur

leur santé s'est trouvée alterée, que par les excés dans l'usage des viandes, des liqueurs ou des fruits, auxquels leurs estomacs n'étoient pas encore accoûtumés.

La petite verole est fort ordinaire à *Formosa* ; il est trés rare qu'on l'échappe, mais on en est presque toûjours attaqué avant l'âge de 3 ans, & néanmoins on ne voit presque jamais d'enfant en mourir. Aprés que la petite verole est passée, il survient communément une certaine rougeur qui s'étend par tout le corps, qu'ils appellent *Sebiptio* accompagnée d'une chaleur interne : cette maladie est plus dangereuse que la petite verole, & les enfans qui en sont attaqués, courent grand risque d'en mourir, à moins qu'on n'ait un soin extrême de les mettre dans un lieu, où l'air soit fort pur & fort sec. Ces deux sortes d'accidens auxquels tous les enfans sont sujets, ne durent pas plus de 3 ou 4 semaines.

La Colique est une autre maladie fort commune parmi les Formosans, elle est quelquefois si terrible que plusieurs aiment mieux se tuer, ou se faire tuer, que de souffrir plus long-tems les douleurs que ce mal leur cause. Ils croient même rendre un grand service à un homme
qui

qui en est attaqué & qui souffre beaucoup, de lui ôter la vie.

Les femmes en travail d'enfant sont aussi en plus grand danger qu'en Europe; cela vient de ce que, lorsqu'elles sont grosses, elles ne font aucun exercice, ne sortant jamais de la chambre, & demeurant tout le jour attachées à leur ouvrage. C'est pour cette raison qu'un grand nombre d'entre elles meurent dans leurs couches, & que celles qui en rechapent souffrent cruellement. On en voit même qui sont dans les douleurs 3. semaines ou un mois, avant qu'elles puissent être délivrées.

Les pâles couleurs sont aussi fort communes aux filles de *Formosa*: elles s'attachent principalement à celles qui passent 18. ou 20. ans, sans qu'elles soient mariées. Cette maladie s'appelle *Chatarsko*, elle rend celles qui en sont attaquées, mélancoliques, leur ôte l'appétit, leur corromp la masse du sang, & les rend presque incapables de rien faire.

On ne sache pas qu'aucune maladie vénérienne y soit connuë, cela vient peut-être de ce que la poligamie y est permise, & que l'adultére y est fort sevérement puni.

CHA-

CHAPITRE XXVIII.

Des poids & des mesures.

AVant que les Hollandois eussent été à *Formosa*, on ne savoit ce que c'étoit que de peser aucune marchandise : on jugeoit à peu prés à la veuë, de la quantité, & de la valeur de ce qu'on vouloit vendre ou acheter. La langue n'avoit pas même d'expressions pour compter. La science des nombres leur étoit inconnuë, ils ne se faisoient entendre que par différens signes qu'ils marquoient avec les doigts & autres parties du corps ; mais parce que les Hollandois ne s'accommodoient pas de ces maniéres de compter, ils leur persuaderent, non seulement d'exprimer leurs nombres par des mots & des figures, mais aussi de se servir des poids & des mesures qu'ils leur donnerent, aprés leur avoir fait entendre qu'ils en tireroient de grands avantages. Ainsi leur livre est de 16 onces comme en Hollande, & presque par toute l'Europe.

A l'égard des mesures, les Peuples de *Formosa* suivent encore leur fantaisie,
les

les uns se servent d'une plus grande mesure, & les autres d'une plus petite ; & le prix se trouve toûjours fixé à proportion de la grandeur de la mesure.

Ils ne se servent gueres de balances, mais de certains poids semblables à ceux que les Bouchers emploient pour peser la viande, ils en ont de toutes les grandeurs. Voici comme ils comptent depuis un jusqu'à mille.

Un.	*Tauf.*
Deux.	*Bogio.*
Trois.	*Charhe.*
Quatre.	*Kiorh.*
Cinq.	*Nokin.*
Six.	*Dekie.*
Sept.	*Meni.*
Huit.	*Thenio.*
Neuf.	*Sonio.*
Dix.	*Kon.*
Onze.	*Amkon* ou *Taufkon.*
Douze.	*Bogiokon.*
Treize.	*Charhekon.*
Quatorze.	*Kiorhkon.*
Quinze.	*Nokickon.*
Seize.	*Dekiekon.*
Dix-sept.	*Menikon.*
Dix-huit.	*Theniken.*
Dix-neuf.	*Soniokon.*

Vint.

Vint.	*Borhny.*
Vint-&-un.	*Borhny - Tauf* ou *Borhny-am.*
Vint-deux.	*Borhny Bogio.*
Vint-trois &c.	*Borhny Charhe &c.*
Trente.	*Chorhny.*
Quarante.	*Kiorhny.*
Cinquante.	*Nokiorhny.*
Soixante.	*Dekiorhny.*
Soixante & dix.	*Meniorhny.*
Quatrevint.	*Theniorhny.*
Quatrevint dix.	*Soniorhny.*
Cent.	*Ptommstomm.*
Deux Cens.	*Bogio Ptommstomm.*
Trois Cens &c.	*Chorhe Ptommstomm &c.*
Mille.	*Janate.*

CHAPITRE XXIX.

Des différentes espéces de monnoie qu'on trouve à Formosa & dans tout le Japon.

LEs Japonnois ont de trois sortes de monnoie, d'or, d'argent & de cuivre. Les Formosans en ont une quatriétriéme forte, c'eſt de la monnoie d'acier.

La piéce d'or, de la plus haute valeur & frappée dans le *Japon*, eſt celle qu'ils appellent *Rochmoo* : *elle vaut 8. *Copans*. Un *Copan* †eſt une autre piéce d'or valant 7 *Taillos*, & un *Taillo* ‡eſt une piéce d'argent qui vaut environ 58. ſols de Hollande ou un écu d'Angleterre. La monnoie de cuivre rouge eſt de peu de valeur, comme ſont les petites piéces, qu'ils appellent *Caxa* : elles ne valent pas plus de deux ſols. Ils ont auſſi des demi *Caxa* & des quarts de *Caxa* : cette derniére n'eſt connuë qu'au Japon.

Dans l'Iſle de *Formoſa* le *Rochmoo* vaut auſſi 2. *Copans* ; mais chaque *Copan* ne vaut que 6 *Taillos*, & le *Taillo* 40 ſous ſeulement. Ce n'eſt pas que les piéces d'or ou d'argent peſent moins à *Formoſa* qu'au *Japon*, mais c'eſt que l'or & l'argent y ſont plus communs, ainſi ſur ce pied-là, il paroît qu'au *Japon* l'once d'or n'y vaut que 25 ou 26 ſous, & l'once d'argent

---

* Cette piéce de monnoie peſe 8. livres, & ne vaut au Japon qu'environ 14 livres Sterlin d'Angleterre ou 154. florins de Hollande.

† Le Copan peſe une livre, & vaut 35. chelins d'Angleterre ou 19. florins.

‡ Le Taillo peſe 4. onces.

15 fous, & qu'à *Formosa* l'once d'or ne vaut que 15 fous & l'once d'argent 10 fous.

La monnoie d'acier des Formosans s'apelle *Colan*, & vaut autant qu'un *Taillo*, quoi qu'il ne soit pas si grand. Ils ont aussi une monnoie de fer appellée *Riaon*, dont il y a des demi & des quarts, le *Riaon* vaut 15 fous. On voit encore une autre petite monnoie de cuivre, qu'ils appellent *Capchau* valant environ 7 *Farrings* d'Angleterre ou 2 fous de France. Elle se divise pareillement en demi & en quarts.

Explication de chaque espéce de monnoie, dont la figure est ci-contre.

A, *Rochmoo* pesant 8 livres d'or. Cette piéce represente d'un côté la tête de l'Empereur; ses armes sont au dessous. On voit de l'autre côté de la piéce B, les armes du Roi qui regne dans la Province, où la piéce a été frappée. Les demi *Rochmoo* ont la même forme.

D *Copan*, pesant une livre d'or. D'un côté paroit aussi la tête de l'Empereur, & au dessous celle du Roi, leurs armes sont de l'autre côté, les demi *Copans* sont percés par le milieu.

E

E *Taillo*. C'eſt une piéce d'argent peſant 4 onces d'un côté eſt repréſentée une épée. La valeur de la piéce eſt marquée de l'autre côté F, en anciens caractéres Japonnois.

Les *Caxa* ſont rondes, ou quarrées, ou triangulaires : on n'en frappe que dans le Japon.

La monnoie d'acier appellée *Colan*, qui eſt particuliére à l'Iſle de *Formoſa* péſe une once trois quarts ; elle eſt quarrée. D'un côté G, ſont les armes de la Religion, avec cette Inſcription, en caractéres Formoſans, *honore Dieu*, de l'autre côté H, ſont les armes du Roy.

Le *Riaon* monnoie de fer, eſt de la même grandeur que le *Colan*, & a la même inſcription, mais il eſt preſque rond. Le *Kapchau*, qui eſt à peu prés de la même valeur que les *Caxa* du *Japon*, eſt auſſi rond, & n'a nulle inſcription.

CHAPITRE XXX.

Des revenus du Roi, du Vice-Roi, du Carilhan, *ou du grand Général, & de quelques autres personnes elevées à des charges ou emplois considerables.*

LE Roi, outre la troisiéme partie de tout l'or & l'argent qui se tire des mines, & que le Vice-Roi a soin de lui faire paier, reçoit de l'Empereur du *Japon* 400000. *Copans* * sur quoi il est obligé d'entretenir 15000. de troupes dans l'Isle, outre ses gardes, la dépense de sa maison &c.

Le Vice-Roi a son revenu sur les mines, sur la taxe des marchandises qui entrent ou qui sortent, ou qui se débitent dans le Royaume; ce qui n'est pas fixe, il reçoit quelquefois plus, quelquefois moins: on compte qu'il a ordinairement 168800. *Copans* sur quoi il est obligé de donner.

Au

---

* 400000. sterlin ou 4400000. florins.

Au Grand Prêtre, *Copans*.   f. 50000.
A 7 Sacrificateurs, 1100 *Copans*
   à chacun.   f. 7700.
Aux 4. Gouverneurs des 4.
   Iles, 900. *Copans* à chacun.   f. 3600.
A 6 Gouverneurs de Villes,
   500. *Copans* à chacun.   f. 3000.
A 16 autres Gouverneurs de
   Bourgs, Villages,   f. 400

De sorte que le Vice-Roi n'a guere plus de 100000. *Copans* de reste, sur quoi il faut encore qu'il paie ses gardes, ses Officiers & plusieurs autres gens dont le Gouvernement a besoin, comme des Commissaires, des Archers &c.

Le *Carilhan*, ou le grand Général de *Formosa* a 70000. *Copans* par an.

CHAPITRE XXXI.

De la Marine de Formosa, *& des commoditez dont on se sert pour voyager par terre.*

OUtre les vaisseaux de guerre & autres destinez aux voyages de long cours, dont il est inutile de parler, ils ont certaines Barges faites à peu prés
com-

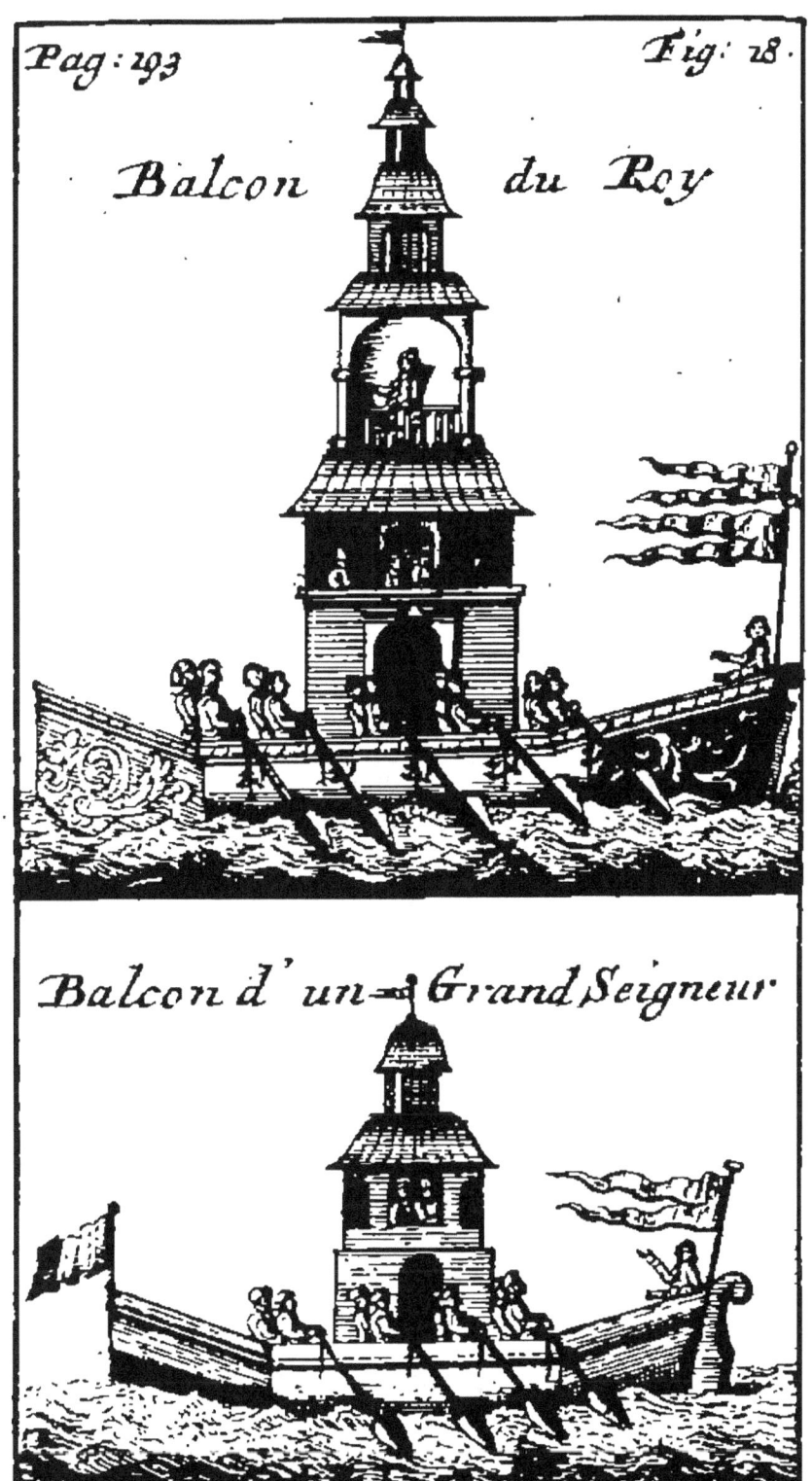

comme des demi-galéres qu'ils appellent *Balcons*, & que les Siamois nomment *Balons*. La figure qu'on a mise ici en peut donner une idée assez juste. Mais les Bâtimens les plus extraordinaires qu'ils ayent, ce sont ces *Arca-casseos* dont nous avons parlé ci-devant *, & dont nous avons en même tems donné l'explication & la figure, c'est pourquoi nous y renvoions le Lecteur. Nous ajoûterons seulement ici que ces Batimens, de même que les *Balcons*, ne different entre eux qu'en grandeur & en magnificence, selon le rang & la richesse de ceux à qui ils appartiennent. L'ordre qui s'observe dans les ports, tant pour la construction que pour l'entretien & armement de leurs Navires, est d'un trop grand détail pour que j'entreprenne d'en parler ici, & nôtre Japonnois n'est pas assez instruit de ces matiéres, pour me donner les éclaircissemens dont j'aurois besoin.

Ils n'ont point de Carosses; mais leur *Norimmonnos* est une voiture fort douce & fort commode. Elle est en usage dans tout le *Japon*, nous en avons aussi donné la figure & la description au commen-

* Au chapitre 2. vers la fin.

cement * de cet ouvrage : c'est pourquoi nous n'en dirons rien davantage, non plus que des Chevaux, Chameaux, & Eléfans dont ils se servent communément, n'y ayant rien de particulier à dire là-dessus.

CHAPITRE XXXII.

Des équipages & du train magnifique du Vice-Roi de Formosa *& du Grand Général, lors qu'ils vont saluer l'Empereur.*

COmme tous les Rois & Vice-Rois qui sont sujets de l'Empereur du *Japon* ne sont pas tous égaux en puissance, ils n'ont aussi des revenus qu'à proportion de la grandeur & importance des païs qui leur sont soûmis. De sorte que dans l'obligation où ils sont tous, d'aller de tems en tems voir l'Empereur, pour lui rendre compte de leur administration, la dépense de leur voyage, de leur train & équipages est dif-
fé-

_____
* Au chapitre 2.

férente, selon qu'ils ont plus ou moins de moyens, quoi qu'ils ne manquent pas d'émulation entre eux pour paroître tout autant qu'ils peuvent. Le Roi de *Formosa* n'étant pas un des moins riches de l'Empire, ses équipages en cette occasion seroient sans doute trés superbes, s'il étoit dans l'obligation d'aller comme les autres faire sa Cour : mais l'Empereur qui a interêt qu'il ne s'éloigne pas de ses Estats, l'en dispense, & c'est le Vice-Roi accompagné du *Carilhan*, qui s'acquite de ce devoir. Ils y vont réguliérement deux fois l'année, & rendent conjointement un compte exact de tout ce qui s'est passé dans l'Isle, depuis leur dernier voyage. Le Vice-Roi parle en son nom, & le *Carilhan* au nom, & de la part du Roi.

Le Roi a coutume d'accompagner le Vice-Roi jusqu'au Port de *Kadsey*, où il s'embarque sur son *Balcon* avec le *Carilhan*, ou grand Général. Le *Balcon* est comme je l'ai déja dit trés magnifique, il est suivi de 36 autres pour la Noblesse & les Officiers de leur suite. Outre tous ces *Balcons*, il y a encore 80. *Arca-casseos* dans lesquels sont les Gardes du Vice-Roi, les Domestiques, les *Norimmonnos*, ou *Palanquins*, les Eléfans &

autres équipages. Lors qu'ils sont à la veue de l'Ile de *Niphon*, * les *Arca-cassos* prennent les devants, afin de faire débarquer les *Norimmonnos*, & qu'ils soient prêts à recevoir le Vice-Roi dans le moment qu'il met pied à terre. Les *Balcons* du Vice-Roi & des Seigneurs qui le suivent avancent fort doucement, mais dans un fort grand ordre, jusqu'au port de mer, où ils doivent débarquer.

Tous les *Norrimmonos* sont de différente grandeur, à proportion du rang de ceux à qui ils appartiennent. Celui du Vice-Roi est de 8 à 9 pieds de haut sur 12 de long, tapissé par dedans de drap d'or & de soie, couvert par dehors de pur or, il est porté par deux Eléfans richement enharnachez. Le Vice-Roi est dedans accompagné du *Carithan* & de 8 ou 10 de leurs femmes : il marche au milieu de tous les autres *Norimmonnos* qui sont seulement de bois peint & doré en quelques endroits d'environ 6 à 7 pieds de haut sur 9 à 10 de long, dans lesquels sont les Seigneurs de la suite du Vice-Roi, & ceux que l'Empereur a envoyés au devant de lui pour le recevoir à son arrivée. Il entre en grande

* Voyez la note du chapitre 4.

de pompe dans le Palais de l'Empereur qui le reçoit avec de grandes marques d'amitié, lui faisant rendre beaucoup d'honneurs, & pendant le mois de séjour qu'il fait à *Niphon*, on a soin de le faire bien divertir, tant à la chasse qu'aux spectacles publics, & autres divertissemens du païs. Il est admis à l'audience de l'Empereur une heure par jour, tant pour parler d'affaires, que pour s'entretenir familiérement ensemble. Aprés la derniére audience, l'Empereur lui fait quelques presens & le renvoye avec les mêmes honneurs qu'il lui a faits à son arrivée. Car quoi qu'il n'ait que le titre de Vice-Roi, il ne laisse pas d'être traité plus honorablement qu'aucun autre Roi de l'Empire. Le Roi de *Formosa* ne manque pas d'aller encore au devant de lui à *Kadsey* pour le féliciter sur son heureux retour.

CHAPITRE XXXIII.

Du triste succés des missions des Jesuites dans le Japon, depuis l'an 1549. jusqu'en 1616. & principalement des raisons qui obligerent les Japonnois à les exterminer eux & tous les Chrétiens du Pays, & à leur en deffendre l'entrée sous peine de mort.

COmme je n'ai dessein de parler du *Japon* qu'autant que je le croi nécessaire pour éclaircir les choses qui regardent l'Isle de *Formosa*, je n'entreprendrai pas de particulariser l'Histoire de tous les différens événemens survenus dans tous les Royaumes & Provinces qui composent ce vaste Empire, au sujet de la Religion Chrétienne, que les Jésuites & autres Missionnaires y avoient établie, je n'en suis pas d'ailleurs assez bien informé, mais je puis dire en général, comme une chose constante que malgré les obstacles & les difficultez presque insurmontables qui s'étoient opposées

posées à leurs desseins, ils n'avoient pas laissé de faire un progrés si considerable, depuis l'an 1549, que *François Xavier* le Grand Apôtre * des Indes arriva la premiére fois avec ses compagnons Jésuites à *Cangoxima* † jusqu'en 1616. que la révolution arriva, que plus de la troisiéme partie de l'Empire & l'Empereur *Tampousamma* lui même avoient embrassé la Foi Chrétienne.

De toutes les causes qui concoururent à établir la Religion Chrétienne dans le *Japon*, une des principales, à mon avis, n'est pas tant la maniere douce, agréable & insinuante, avec laquelle les Jésuites en proposerent les misteres, s'efforçant d'à les faire paroître conformes à la raison, que le mélange condamnable qu'ils firent de leur culte & pratiques religieuses avec

I 4 quel-

* Titre que ceux de l'Eglise Romaine donnent à ce Jésuite.

† Ville & port de mer de l'Isle du *Japon*. On a suivi en ceci l'opinion la plus commune, quoi que plusieurs assurent que *François Xavier* n'a jamais été qu'à *Bungo* dans l'Isle de *Ximo*, d'où voulant passer sécretement à la *Chine*, il mourut dans l'Ile de *Sancian*, où il fut enterré, & que, ce que disent les Jésuites d'un voyage qu'il fit à *Jedo* Ville Capitale du *Japon* pour voir l'Empereur auquel il ne put parler, parce qu'il étoit allé aux bains, est supposé.

quelques usages & coutumes receuës dans la Religion des Japonnois. Dans leurs premieres prédications, ils s'attacherent à montrer qu'il n'y a qu'un seul Dieu, Créateur & Gouverneur de toutes les choses visibles & invisibles, éternel, incompréhensible, que cét Etre infini avoit créé l'homme & lui avoit donné l'usage de toutes les choses qui sont sur la terre, avec l'esperance de parvenir un jour à une félicité éternelle, que pour marque unique de sa dépendance & de l'hommage qu'il lui devoit comme à son Souverain Seigneur & Maître, il avoit seulement exigé de lui qu'il ne touchât pas au fruit d'un arbre qu'il lui avoit indiqué, ayant la liberté de manger de tous les autres qui étoient en abondance dans le jardin délicieux, où il l'avoit placé, que l'homme avoit désobéi à Dieu, que s'étant par là rendu desagréable à ses yeux, il l'avoit condamné, lui & toute sa posterité, à toutes les miséres dont cette vie est accompagnée, & ensuite à des peines éternelles : que néantmoins ce même Dieu, touché de compassion envers les hommes, avoit suscité un Grand Prophéte, un Héros, nommé *Jesus-Christ* Fils de Dieu, né par miracle d'une Vierge, appellée *Marie*, qu'il qu'il l'avoit rempli de sa divine vertu pour révéler aux hommes sa volonté, & leur annoncer le pardon de leurs crimes, à condition qu'ils en feroient pénitence en cette vie, les rétablissant dans les droits dont ils étoient décheus par leur faute : que ce Grand homme avoit confirmé sa mission, non seulement par la sainteté de sa vie, mais par un grand nombre de miracles, après lesquels Dieu, dont la justice infinie ne pouvoit être satisfaite que par une peine infinie, dont l'homme n'étoit pas capable, & qui l'avoit destiné à être seul victime pour nous, & expier par sa mort nos péchés, avoit permis qu'il endurât le supplice de la Croix; que ce Grand Héros s'y étoit volontairement soûmis pour nous mériter le Salut par ses souffrances, que cette victime sainte & innocente avoit été agréable à Dieu, que sa justice s'en étoit contentée, & que pour l'amour de lui, il pardonnoit à tous les hommes sous les conditions que *Jesus-Christ* avoit déclarées lui-même dans son Evangile; & auxquelles nous étions tenus de nous conformer : qu'après cela Dieu l'avoit glorifié en le ressuscitant des morts, par sa toute-Puissance & l'élevant en corps & en ame au dessus de tous les Cieux dans le Paradis, où nous devions le voir un jour & jouïr éternellement avec lui d'une gloire infinie & incomprehensible.

Tout cela n'étant point contraire aux idées que les Japponnois avoient de Dieu, ils ne parurent pas éloignez d'y ajoûter foi : ils étoient même charmez de la conformité qu'ils trouvoient entre *Jesus-Christ* & plusieurs de leurs prétendus Héros, * dont la mémoire est en vénération parmi eux, lesquels aprés s'être signalez par mille actions merveilleuses, ont enfin souffert des supplices trés cruels, ou passé le reste de leurs jours dans des genres de vie trés austéres pour délivrer leurs Compatriotes des peines de l'autre monde. Ainsi quand les Missionnaires vinrent à leur dire qu'il n'y avoit que Dieu seul, & son Fils le Grand Héros & Prophéte *Jesus-Christ*, qui méritât d'être adoré, ils consentirent facilement à ôter les Idoles de leurs Temples pour y placer celles du nouveau Proféte, de *Marie* sa Mere, & des Saints Hommes qui avoient été ses Disciples, & qui avoient répandu leur sang, en confirmation des merveilles qu'ils avoient laissées par écrit.

Les Japponnois n'eurent donc pas de pei-

* Comme *Xaca*, *Amida* &c.

peine à se résoudre à changer leurs Idoles. Celles qu'on leur donnoit étoient de même matiére que les autres, la différence du nombre ou de la figure leur étoit peu importante, & si quelques-uns y formerent opposition, le plus grand nombre l'emporta, & le Peuple ne fut pas long-tems à s'y accoutumer.

Les Jésuites se contenterent d'abord de ces idées générales ; mais ils n'eurent garde de parler encore ni de Trinité, ni d'Incarnation, ni de Transsubstantiation ou Sacrifice de la Messe. Ils batisoient au nom du Pere, du Fils & du Saint Esprit, comme une cérémonie par laquelle ils disoient vouloir faire connoître qu'un homme étoit admis au corps de l'Eglise : que par le Pere, il falloit entendre le Dieu tout-Puissant, Pere & Seigneur de toutes choses; par le Fils, *Jesus-Christ*, le Grand Profete, son Fils, qui étoit mort pour nous; & par le Saint Esprit, la vertu de Dieu qui avoit opéré en *Jesus-Christ*. Ils administroient aussi le Sacrement de l'Eucharistie qu'ils asseuroient n'être autre chose qu'une commémoration de la mort de *Jesus-Christ*. De sorte, qu'en cachant d'un côté les mystéres les plus essentiels de la Religion, & dissimulant de l'autre les ab-

sur-

surditez de la croyance Romaine, ils ne laisserent entrevoir la Religion Chrétienne aux Japonnois, que par les endroits qu'ils jugerent devoir leur paroitre les plus avantageux & la leur faire préferer à toute autre. En effet elle leur parut si raisonnable, que les plus spirituels & les plus éclairez d'entre eux l'embrasserent sans répugnance, & qu'elle devint la Religion à la mode. Voilà en partie ce qui a contribué à l'établissement du Christianisme dans le *Japon*: nous allons voir quelles ont été les causes de son renversement.

La fausse Politique des Jésuites étoit trop contraire à la simplicité de l'Evangile, pour se soûtenir l'une avec l'autre. Les Missionnaires sentoient bien la nécessité qu'il y avoit de changer, & d'ajoûter de nouveaux dogmes à ceux qui avoient déja été prêchez : ils s'étoient flattez qu'ils les pourroient insinuer insensiblement, & que par des conséquences nécessaires & tirées des principes qu'ils avoient établis, on se verroit contraint de les adopter. Mais ils crurent qu'ils ne devoient pas se hazarder si-tôt d'en parler, & qu'il falloit attendre que leur parti se fût fortifié. Lors qu'ils se crurent assez forts pour
pou-

pouvoir tenir ferme contre les plus fâcheux évenemens, & qu'ils se sentirent appuyez par des personnes puissantes & élevées en autorité & en crédit, ils commencerent à prêcher de nouveaux articles de Foi, & à introduire de nouvelles pratiques, qui firent murmurer les nouveaux convertis, & donnerent occasion à ceux qui étoient encore Païens, & principalement aux *Bonzes* de les traiter d'Imposteurs. Ceux qui s'étoient rangés du côté des Jésuites, ou qui avoient intérêt à les maintenir, s'échaufferent dans les disputes publiques & particuliéres, les partis se formerent & les plus sages commencerent à douter de la sincerité des nouveaux Docteurs. Voilà le commencement de la décadence de la Religion Chrêtienne au *Japon* & la prémiére cause de la grande révolution qui arriva depuis.

La seconde fut l'Envie & la Jalousie que les Païens, singuliérement *les Bonzes*, conceurent contre les Jésuites, parce qu'ils ne se contentoient pas de la liberté qu'ils avoient de prêcher aux Peuples leur doctrine ; mais qu'ils étoient seuls dans les bonnes graces des Rois & des Princes, & de toutes les personnes riches, qui avoient embrassé le Christianisme, &

dont ils tiroient des sommes immenses à leur préjudice : & certes le zele de ces nouveaux Chrétiens fut si grand, ou plûtôt la cupidité insatiable de ces Apôtres modernes alla si loin, qu'il se trouva un grand nombre de gens qui desheritérent leurs enfans, pour enrichir les Communautés des Jésuites. Les Païens en eurent tant de dépit, qu'ils résolurent de mettre tout en usage pour les détruire & les chasser de leur païs.

Rien n'étoit plus prorpe à faire réüssir le projet que les *Bonzes* & autres Païens avoient formé contre les Jésuites, que la découverte d'une Conspiration qu'ils avoient tramée pour faire passer la Couronne impériale du *Japon* sur la tête du Roi *d'Espagne*. Bien des gens ont asseuré, qu'effectivement ils avoient envoié des Mémoires, qui marquoient le plan & la situation de plusieurs de leurs ports de mer, de quelques-unes de leurs principales Villes, Forts & Chateaux, & de quelle maniére on les pouvoit assiéger avec succés.

Les Jésuites avouënt, que la vaste étenduë des Etats qui sont sous la puissance du Roi *d'Espagne*, tant dans les Indes Orientales qu'Occidentales, a toûjours donné beaucoup d'ombrage aux Japonnois, qui

qui se sont imaginé que ce Prince n'avoit rien plus à cœur, que de détruire leur Religion, & de les chasser de leur païs. Mais ils nient qu'ils aient jamais écrit, ni envoié de tels Mémoires, ni aucunes lettres * à ce dessein : ils soûtiennent que ces lettres ont été forgées par les Hollandois, pour rendre les Portugais & Espagnols odieux dans le Japon, & pour se conserver à eux seuls le commerce de ce païs-là; mais c'est ce qu'ils n'ont pû prouver contre les Hollandois, & l'on croit fermement à *Formosa* que les Jésuites ont été les seuls véritables Auteurs, tant de cette conspiration, que de celle qui donna ensuite le dernier coup au renversement de l'Eglise chrétienne du Japon. Cependant

* Quelques Auteurs ont dit qu'un Flamand natif de Bruxelles aiant fait voir à l'Empereur du Japon une lettre trouvée dans un vaisseau Portugais qui contenoit un dessein de se rendre maître du Païs par le secours des Chrétiens qui y étoient, cét Empereur les fit tous massacrer. D'autres disent que la lettre du Flamand étoit supposée, on n'en sçait rien, les Portugais n'étant pas moins capables de former le dessein de s'emparer du *Japon* que les Castillans l'ont été de se rendre maîtres du *Mexique*. Quoi qu'il en soit, ces Auteurs se trompent, confondent les deux Conspirations du Japon, & ignorent comment les choses se sont passées en ces occasions.

dant malgré l'animofité des Païens, ils ne laifferent pas de fe tirer de ce mauvais pas, ils en devinrent même plus hardis qu'auparavant. Car aiant été affés heureux pour perfuader à l'Empereur de fe faire Chrêtien, ils fe crurent alors à couvert de tout danger. Ils obtinrent non feulement une tolérance générale pour tous les lieux de l'Empire, où ils voudroient s'établir, mais même toute forte de protection & de faveur. Enflés d'un fuccés fi heureux, & à la faveur de la puiffance Impériale, ils leverent le mafque, prêcherent publiquement leurs dogmes de la Tranfubftantiation, du Sacrifice de la Meffe, du Purgatoire, de l'Invocation des Saints, & adoration de leurs Reliques & Images &c. comme des chofes qu'il falloit abfolument croire, fous peine de damnation éternelle, n'oubliant pas de faire ufage des Pardons, des Indulgences, d'établir des Confrairies, des Congrégations & toutes ces autres inventions, dont ils fe trouvent fi bien en Europe, pour attirer à eux toutes les richeffes du Païs. Une conduite fi oppofée à l'ancienne pauvreté, fimplicité & defintereffement dont eux & leurs Ancêtres fe parerent en arrivant dans le Japon, faifoit ouvrir les yeux à bien des gens; mais on n'ofoit

par-

parler. Ils avoient l'oreille de l'Empereur, & s'étoient rendus formidables. Il falloit qu'ils travaillassent eux-mêmes à leur ruine, & Dieu le permit pour faire voir que, lors qu'il s'agit de ses intérêts, & de travailler à son œuvre, il faut que toute politique & toute prudence humaine s'éloigne & fasse place à la simplicité dont il veut que la prédication de sa parole soit accompagnée, & sur laquelle il répand sa bénédiction dans les tems & les circonstances qu'il sçait être les plus convenables pour sa gloire.

La faveur de l'Empereur n'étoit pas une chose sur laquelle les Jésuites se pussent appuier pour toûjours. Les Princes sont hommes, & par conséquent aussi sujets au changement que les autres ; d'ailleurs il pouvoit mourir, cette seule réflexion les devoit engager à prendre des mesures pour l'avenir. Ils n'ignoroient pas les plaintes & les murmures que les *Bonzes* faisoient contre eux, ils ne manquoient pas d'Espions qui leur rapportoient tout ce qui se disoit & se tramoit contre leurs intérêts. Il en apprirent tant, qu'à la fin ils commencerent à craindre que les Païens à leur tour, ne conspirassent contre eux, & ne vinssent enfin à renverser en peu de jours, le fruit de tant d'années de de peines & de travaux. Aprés bien des conseils & des conférences secrétes sur le parti qu'ils avoient à prendre dans des conjonctures aussi dangereuses que celles qui faisoient la matiére de leurs délibérations, ils se déterminerent à chercher les moïens d'affoiblir le parti qui leur étoit opposé. Ils n'en trouverent point de plus seur pour y réussir, & se délivrer en même tems de leurs fraieurs, que d'engager l'Empereur à faire une saignée de ses sujets Païens, & d'en exterminer un assés grand nombre pour que ceux qui pourroient rester, ne fussent plus à craindre. Voici comment ils s'y prirent.

Ils supposerent des lettres, par lesquelles il paroissoit qu'on leur donnoit avis, que les Païens avoient résolu de massacrer tous les Chrétiens du païs, sans épargner même la personne de l'Empereur, auquel ils firent voir ces lettres, & l'asseurerent qu'ils étoient d'ailleurs informez, que ce dessein étoit tout prest à être mis à exécution, à moins qu'il ne donnât ses ordres pour le prévenir. L'Empereur qui se confioit absolument à eux, & se reposoit entiérement sur leurs avis, dans toutes les choses importantes, leur demanda ce qu'il y avoit à faire.

faire. Ils lui répondirent qu'il n'y avoit qu'un seul moïen pour se garantir eux & la Religion Chrêtienne du danger, dont ils étoient menacés, qu'il falloit donner des ordres secrets dans toutes les Eglises Chrêtiennes, afin que tous les Chrêtiens par tout l'Empire, à certaine heure de nuit, prissent les armes & missent à mort tous les Païens qui tomberoient sous leurs mains. Ils ajoûterent qu'en pareilles occasions, il falloit montrer de la fermeté & de la résolution, & que, quand il y alloit de la gloire de Dieu, & de l'intérêt de son Eglise, le sang de ses ennemis ne se devoit point ménager, que cette action lui acquerroit une gloire immortelle, & que la Postérité le béniroit à jamais, d'avoir extirpé le Paganisme de ses Etats, & établi une Religion dont il connoissoit la sainteté: qu'au reste il devoit se confier en Dieu, qui ne manqueroit pas de bénir une si glorieuse entreprise. Ils lui représenterent encore plusieurs autres raisons semblables, avec tant de chaleur & d'asseurance, & avec des expressions si fortes, que l'Empereur ne put se deffendre de leur accorder ce qu'ils demandoient: Il signa les ordres funestes, qui dans une seule nuit devoient porter la mort dans le sein de prés de la moitié de

ses

ses sujets. Il y en a même qui prétendent que les Jésuites étoient tellement persuadez que l'Empereur approuveroit toutes leurs démarches, qu'ils firent eux-mêmes les dépêches en son nom & à son insceu. Quoi qu'il en soit, il est certain que toutes les Eglises receurent des ordres au nom de l'Empereur, pour faire tenir prêts tous les Chrêtiens, une telle nuit, à telle heure, sous les armes, & tuer tous les Païens qu'ils pourroient rencontrer.

Quoi que ce diabolique dessein fût conduit avec tout le sécret imaginable, ceux qui en furent les auteurs, ne purent ménager toutes choses si sécrétement, que les Païens n'en eussent connoissance assez tôt pour se préparer à la défense, & éviter le malheur qui les menaçoit. Car soit que ceux d'entre les Chrêtiens, qui avoient ou leur Pere ou leur Mere, ou quelques proches parens ou amis, enveloppez dans le danger, touchés d'une compassion naturelle & juste le leur découvrissent, afin qu'ils se pussent sauver de la perte générale; soit que d'autres, touchés de l'horreur d'une si cruelle entreprise, opposant les sentimens naturels à l'intérêt de leur Religion, avertissent à propos les Rois & Princes Païens du

du malheur qui les menaçoit, ils se joignirent ensemble, & résolurent que la nuit qui précéderoit celle que les Chrétiens avoient choisie, ils les extermineroient tous sans en épargner aucun, ce qui fut exécuté sans distinction d'âge, ni de sexe, & s'étant saisis de l'Empereur *Tampousamma*, ils le chassèrent du Païs & le contaignirent de s'exiler pour jamais. Cinq d'entre les Rois & Vice-Rois qui avoient embrassé la Religion Chrétienne, & l'avoient protegée dans leurs Etats, furent confinés dans une prison, où ils moururent de misére. Le carnage fut général, * non seulement on mit à mort tous les Jésuites & autres Missionnaires, mais aussi tous les Japonnois Chrétiens. Les uns furent pendus, d'autres noiés, d'autres eurent la tête tranchée, & plusieurs souffrirent tous les genres de supplice qu'un Peuple animé & naturellement vindicatif est capable d'inventer. Il y en eut cependant quelques-uns qui échapperent à la fureur de ceux qui les cherchoient, & demeurerent long-tems cachés ; mais aprés la premiére chaleur de la persécution, & lors qu'on eut éleu un nouvel Empereur, quelques Jésuites & autres Moines s'é-
tant

* On dit qu'il périt plus de 500000. personnes.

tant hazardés de sortir de leurs retraites, ils furent découverts, conduits en prison, & moururent dans les tourmens.

Aprés que l'Empereur du Japon eut conquis l'Isle *Formosa*, il fit faire une recherche exacte des Chrêtiens dans cette Ile; mais quoi que les Jésuites & autres Prêtres y fussent punis avec la même sévérité qu'au *Japon*, c'est à dire, les uns brulés vifs, les autres crucifiés, & d'autres pendus par les pieds jusqu'à ce qu'ils eussent expiré, on eut plus d'indulgence pour les Naturels du Païs qui s'étoient faits Chrêtiens : on leur laissa le choix de renoncer à leur Religion ou d'abandonner pour jamais les lieux de leur naissance, ce que plusieurs aimerent mieux faire, que de renoncer à la nouvelle Religion qu'ils avoient embrassée.

L'Empereur *Tampousamma* qui s'étoit retiré à Goa * y mourut : son corps fut enterré honorablement dans l'Eglise des Jé-

* Ville du Roiaume de *Décan* dans la presqu'Ile de *l'Inde* deça le *Gange*, prise sur les Indiens l'an 1610 *par Alfonce Albuquerque* pour le Roi de Portugal, qui en est demeuré maître depuis ce tems-là. Elle est scituée au 19. degré de latitude Septen. Les Jésuites y sont si bien établis qu'ils y ont cinq belles maisons. Il y a un tribunal de l'Inquisition le plus sévére qui soit au monde.

Jésuites, avec un monument élevé à sa mémoire, sur lequel on lit cette Inscription : *Cy gît l'Empereur Tamponsamma, chassé de ses Etats par ses propres sujets pour la cause de l'Evangile, lequel est mort martir de la Religion Chrétienne.* *

Depuis ce tems-là, le nom Chrétien devint si odieux par tout l'Empire du *Japon*, que tous ceux qui font profession de cette Religion passent dans l'esprit des Japonnois pour des traitres, des imposteurs, des infames, en un mot pour les plus méchans de tous les hommes. De sorte que la plus grande injure qu'ils puissent dire à un étranger, c'est de l'appeller Chrétien ou Jésuite. S'il arrive qu'on en découvre quelqu'un, le Peuple crie d'abord *qu'on le crucifie, qu'on le crucifie.* Enfin on fit des loix † contre les Chrétiens, qui se renouvellent à l'avenement de tous les Empereurs à la Couronne : on leur deffendit l'entrée du Païs sous peine de mort : on établit des Commissaires par toutes les villes pour examiner les Etrangers, & éprouver s'ils sont Chrétiens, ou non, en leur proposant de

* On n'ose pas asseurer que ce soient ici les propres paroles de l'Epitafe ; mais c'en est à peu près le sens.
† Voiés le chap. 3. au commencement.

de fouler aux pieds un Crucifix, ce qui se pratique encore aujourd'hui. Cette Relation de la Conspiration des Jésuites contre les habitans du *Japon* est tenuë pour une vérité aussi constante parmi eux, que la Conjuration des poudres l'est * en Angleterre.

*Presque personne n'ignore ce fait qu'on a attribué aux Jésuites & aux Catholiques Romains d'Angleterre, qui dans l'espérance de rétablir plus facilement leur Religion dans ce Royaume, s'avisèrent de vouloir faire perir en un seul jour le Roi, les Evêques, les Pairs & toute la Noblesse du Royaume. Ils avoient à cet effet loué les caves qui sont sous les salles *de West-munster*, lieu où se tiennent les assises du Parlement : ils les avoient fait remplir de poudres, & n'attendoient pour y mettre le feu que le jour auquel le Roi se devoit trouver à la Chambre de Seigneurs. C'est à dire, que par le moyen de cette mine, ils comptoient de faire périr dans un moment plus de 1000. personnes, car tous les membres de la Chambre basse eussent été pareillement enveloppez dans le même malheur.

CHAPITRE XXXIV.

De l'arrivée des Hollandois au Japon aprés le massacre des Chrétiens, & des moiens qu'ils ont emploiés pour s'y établir, ou pour y avoir au moins la liberté du commerce.

LEs Hollandois aiant appris le Carnage épouvantable qui s'étoit fait des Chrétiens dans le Japon, & sachant que les Japonnois ne pouvoient pas se passer absolument de commerce, ils prirent ce tems pour leur en proposer un qu'ils crurent leur devoir paroître avantageux. Ils équiperent une flotte, chargée de toutes les marchandises qu'ils jugerent les plus rares, & de meilleure défaite dans le païs. Dés qu'ils furent arrivés à l'Isle *Niphon*, les Commissaires de l'Empereur se transporterent sur leur bord, & leur demanderent qui ils étoient, & d'où ils venoient: ils répondirent qu'ils étoient Hollandois; mais comme les Commissaires insistoient sur leur Religion, & qu'ils sembloient les soupçonner d'être Chrétiens, ils furent un peu embarassés pour répondre à leurs questions. Ils feignirent de ne pas entendre le mot de Chrétien, & leur di-

dirent, que si par ce mot, ils entendoient des gens qui adoroient la figure d'un homme crucifié, qui faisoient leur Dieu avec un morceau de pain qu'ils mangeoient, & qui croioient mille autres absurdités pareilles, non seulement ils n'étoient pas de ces gens-là, mais qu'ils en avoient toûjours été haïs & persécutés, à cause qu'ils détestoient leurs maximes & leur croiance; que pour eux, ils étoient Hollandois de naissance & de Religion. Les Commissaires aiant fait leur rapport à l'Empereur, il ordonna que quelquesuns des principaux d'entre eux lui seroient amenés : c'est pourquoi ils deputerent ceux qu'ils jugerent les plus propres à negocier une affaire d'importance, & les chargerent de quelques présens pour l'Empereur. Quand les Députés furent arrivés, & qu'ils eurent été introduits, ils lui présenterent deux grands fusils bien travaillés, & une horloge sonante, avec un Réveil-matin. Ces petits présens pleurent extrémement à l'Empereur, principalement les deux fusis qu'il admira, & qu'il fit charger & décharger en sa présence. Il leur accorda ensuite la liberté du commerce qu'ils demandoient, dans la pensée que ses sujets en retireroient un avantage considerable. Aprés

Aprés que les Hollandois eurent négocié avec les Japonnois pendant quelques années, ils envoierent une célébre Ambassade à l'Empereur, pour le prier de leur permettre de faire bâtir en quel lieu il jugeroit à propos, un magasin pour mettre leurs marchandises à couvert, representant que non seulement elles dépérissoient par les fréquents transports qu'on en faisoit, mais qu'elles en devenoient plus cheres, & qu'il étoit autant de l'avantage des sujets de sa Majesté que du leur, que les marchandises fussent mises dans un lieu commode, pour y être arrangées & mises en état d'être exposées en vente. L'Empereur leur accorda ce qu'ils demandoient: mais, au lieu d'un magasin, ils bâtirent un Fort, garni de bonnes murailles & de fossés fort profonds. Cependant les habitans ne les soupçonnerent jamais d'aucun mauvais dessein, jusqu'à ce que peu de tems aprés que l'ouvrage fut fini, à l'arrivée d'une autre flotte, leur entreprise fut découverte, par l'accident que je vais raporter. Il ne manquoit plus à leur Fort que du Canon, des armes, de la poudre & autres munitions de guerre: ils en avoient aporté dans leurs Vaisseaux une grande quantité, il n'étoit plus question que de les faire entrer dans le Fort, sans qu'on s'en apperçût. Elles étoient enfermées dans des caisses qu'ils débarquerent, comme ils auroient fait d'autres balots de marchandises ; mais une charerte, chargée de quelques-unes de ces caisses, se rompit malheureusement, & il y en eut une qui s'ouvrit, de sorte que les armes qui étoient dedans furent veuës de tous ceux qui étoient presens. Les Officiers de l'Empereur en eurent bien-tôt avis, ils se rendirent en diligence au Fort, où ils visiterent toutes les caisses, & les aiant trouvées remplies d'armes & d'autres munitions, ils en donnerent avis à l'Empereur, & lui firent entendre que certainement les Hollandois machinoient quelque nouvelle trahison: c'est pourquoi l'Empereur dépêcha sur le champ 10 ou 12 Compagnies de Soldats aprés eux, qui en tuerent tout autant qu'ils en purent attraper ; mais la meilleure partie avoit déja gagné leurs Vaisseaux. Tout ce qui fut trouvé dans le Fort fut saisi au profit de l'Empereur, & le Fort démoli, ainsi le commerce fut interrompu pendant quelque tems : cependant ils firent depuis de si belles promesses, comme nous l'avons déja remarqué, *

qu'ils

* Au Chap. 2.

qu'ils obtinrent la permission d'aller à *Formosa*, qui étoit déja de la dépendance du *Japon*. Quelque tems aprés, le Roi de *Nangezaque* * aiant interposé son credit en leur faveur obtint qu'ils auroient la liberté de venir dans son Isle de *Ximo*, laquelle n'est pas fort éloignée de *Niphon*, & l'Empereur l'accorda sous les conditions suivantes 1. Qu'ils marcheroient sur le Crucifix. 2. Que les Commissaires se saisiroient à leur arrivée de leurs canons, armes, munitions, mâts, voiles, cordages & autres agrez, lesquels seroient gardés dans un Magasin tout aussi long tems qu'ils demeureroient dans le païs. 3 Que des Soldats les accompagneroient par tout où ils voudroient aller, pour observer leurs démarches & répondre de leur conduite 4. Qu'ils ne pourroient pas demeurer plus long-tems qu'il plairoit à l'Empereur, & qu'aussi-tôt qu'on leur enverroit des ordres pour s'en aller, ils mettroient à la voile sur le champ. Sous ces conditions, qui sont encore actuellement observées, les Hollandois continuent leur commerce au *Japon*. On dit que ce sont eux qui s'aviserent de fai-

re

---

* Voyez le ch. 2. pour la situation de cette Isle & de la ville.

re dire à l'Empereur, que le véritable moien de diſtinguer les Chrétiens dont il avoit lieu de ſe plaindre, d'avec les Hollandois ou autres Européens, qui n'étoient pas de la même Religion, étoit de preſenter à tous les Etrangers l'Image d'un Crucifix, en leur propoſant de le fouler aux pieds. Je ne ſçai pourquoi on prétend imputer cette invention aux Hollandois. Etoit-ce un choſe ſi difficile à imaginer pour croire que cela ne pût venir dans l'eſprit des Japonnois? Quoi qu'il en ſoit les Hollandois ne font pas, dit-on, difficulté de marcher ſur le Crucifix toutes les fois qu'on le leur preſente. Ce fait ſuppoſé, comme ſelon toutes les apparences, ils ne le font pas par mépris pour la Religion Chrétienne, on peut croire qu'ils ne manquent pas de raiſons pour juſtifier leur conduite. Quelques Jeſuites Portugais, s'étant hazardés depuis ce tems-là, d'aller au *Japon* dans l'eſperance de n'être pas connus, ou qu'en ſe diſant Hollandois, on ne les inquieteroit pas, à peine eurent-ils mis pied à terre qu'on leur preſenta le Crucifix pour le fouler aux pieds. Ils en furent ſi effraiés, qu'aiant d'abord été reconnus, ils furent crucifiés au nombre

bre de 46. * Les Jésuites les ont mis au nombre de leurs martirs.

CHAPITRE XXXV.

Des moiens dont usent à present les Jesuites pour aller dans le Japon & à Formosa, & pour y vivre sans être connus.

LEs Jesuites & les autres Missionnaires qui regrettent sans cesse un païs, dont ils s'étoient presque rendu les maitres, & qui regardent les beaux établissemens qu'ils y ont perdus, comme des biens dont on les a injustement dépouillés, sont toûjours dans l'attente d'un tems favorable pour y rentrer; mais ce tems n'est pas encore venu, & ils sont si éloignés d'oser risquer d'y faire quelques Profélites, qu'ils se déguisent en mille maniéres différentes pour n'être connus ni Chrétiens ni Etrangers.

Pour mieux reussir dans leurs dégui-

---

* 4. ou 5. Jésuites, le reste Matelots ou Soldats.

semens, ils vont d'abord à *Goa*,* où ils ont une célébre Academie, dans laquelle ils enseignent les langues Orientales. Aprés avoir appris la langue Japonnoise jusqu'à la parler aussi librement qu'un naturel du païs, ils en prennent les habits, ils en étudient les coutumes, se conforment à leurs maniéres, & se hazardent ensuite de descendre dans quelques-unes des Isles dépendantes de ce vaste Empire. Lors qu'ils y sont arrivés, ils se disent de l'un des endroits de cet Etat le plus éloigné de celui où ils se trouvent. Les habitans les croient d'autant plus aisément, que les voiant vêtus, & les entendant parler comme eux, ils n'ont garde de s'en défier, ainsi ils s'introduisent hardiment dans une ville, ils s'y établissent plus effrontément, & leur premier soin alors est de travailler à se mettre à couvert du moindre soupçon qu'on pourroit concevoir d'eux, s'ils menoient une vie oisive ; c'est pourquoi ils embrassent toûjours quelque profession, ou s'attachent à quelque négoce, comme si effectivement ils en avoient besoin pour subsister. Les uns se font marchands, les au-

*Voyez le Chapitre. 33. pour la situation de cette ville.

autres artisans, ou vendeurs de babioles. Quelques-uns se font maîtres d'école ou précepteurs, pour enseigner aux enfans les langues & autres sciences, que leurs Parens souhaitent qu'ils apprennent. Ainsi chacun d'eux jouë son rôle, & se cache le plus soigneusement qu'il lui est possible, pour n'être pas connu étranger, & éviter l'épreuve du Crucifix : de cette maniére ils demeurent en seureté dans toutes les Villes du *Japon* pendant l'espace de 4 années, qui est ordinairement le tems que dure leur mission, aprés quoi ils s'en retournent chez eux, & font place à d'autres, qu'on envoye les relever dans leurs mascarades, comme dans leurs fonctions.

Ils ont un certain mot * pour se reconnoître, & par le moyen duquel ils s'assemblent, quand ils se trouvent plusieurs dans une même Ville ; mais il n'est pas aisé de savoir positivement dans quelle veuë ces gens-là entreprennent de si longs, & si perilleux voyages : il est plus que vrai-semblable que ce n'est que l'ambition, l'intérêt, la curiosité, la vanité, &c. qui les porte à des entreprises si témeraires. Si on avoit en Europe u-

* *Abo*, qui signifie *vite*.

ne plus grande connoissance de ce qui se passe en ce Païs-là, on seroit surpris de l'effronterie avec laquelle on leur entend dire à leur retour, que durant les 4. années de leur mission, ils ont converti un grand nombre de personnes à la Foi Chrétienne, les uns 20, les autres 30, d'autres 50. On ne voit autre chose à *Rome* que ces Missionnaires, publier par tout leurs nombreuses conversions. Depuis le tems que ces prétendus Apôtres ajoûtent de nouveaux noms à leur Catalogue, la moitié du Païs devroit être Chrétien; mais il est seur qu'ils ne parlent de tant de prétendus Prosélytes que pour en imposer au Public, & cacher leurs véritables desseins. Il ne seroit pas possible qu'un si grand nombre de Chrétiens pût échapper à la recherche de tant d'Espions, qui sont toûjours à l'afût pour les découvrir.

Il est vrai qu'il y a environ 10 ou 12 ans, que quelques Jésuites & autres Prêtres, avoient persuadé à un nombre de Payens de se faire Chrétiens, mais ils furent bien-tôt reconnus & condamnez au feu, à la reserve de ceux qui abjurerent leur Religion par la crainte des tourmens. Ils n'ont garde de se vanter à *Rome* de ces fâcheux revers. Leurs rélations

lations ne sont pleines que des merveilles qu'ils ont observées, & des découvertes qu'ils ont faites dans les différens endroits où ils ont été, de la gloire & de la réputation qu'ils se sont acquises, par les difficultez innombrables, qu'ils ont surmontées, de l'avantage qui revient à l'Eglise, des dangers qu'ils ont courus, auxquels ils se sont volontairement exposez, & dont la Providence les a toûjours garantis, comme étant des vaisseaux d'élection, des instrumens destinez à avancer sa gloire, & mille autres impertinences semblables. En un mot, il est évident que les Jesuites ont fait un tort irréparable à la Religion Chrétienne dans ce Païs-là, en voulant suivre une route route contraire à celle que Jesus-Christ a enseignée à ses Disciples. La Religion Chrétienne est une Religion de paix, elle ne peut s'établir ni par la ruse, ni par la force. La persuasion & la sainteté de vie sont les seules armes qu'on doit employer pour l'établir. Si les Missionnaires s'étoient contentez de prêcher l'Evangile dans sa pureté & sa simplicité, & qu'ils se fussent uniquement attachez à entretenir leurs Proselytes dans cét esprit de charité, de candeur, de débonnaireté, de desinteressement & de mépris du monde, dont ils paroiſſent animez à leur premiére arrivée au *Japon*, il est probable que cette belle Région de l'Aſie ſeroit à preſent éclairée de la lumiére de l'Evangile : mais ils ont par leurs déguiſemens & leur mauvaiſe Politique, donné aux Habitans de cér Empire, une ſi mauvaiſe idée du Chriſtianiſme, qu'il ſeroit à preſent moralement impoſſible de les guérir de leurs préjugez, à moins que Dieu ne voulût faire un miracle en leur faveur, pour les tirer de leur ignorance & de leur Idolâtrie. C'eſt une œuvre de ſa grace, qu'il accomplira quand le tems de leur délivrance ſera venu, & lors qu'il le jugera à propos.

CHAPITRE XXXVI.

Relation des Voyages du Sr. Pſalmanaaſaar, *natif de* Formoſa, *en pluſieurs endroits de l'Europe, & de la perſecution qu'il a ſoufferte* à Avignon.

Vers l'an 1694. un certain Jéſuite d'Avignon*, nommé le *Pere de Rode* †
d'une famille conſidérable, aprés avoir
apris parfaitement la langue Japonnoiſe dans l'Univerſité de *Goa*, vint aborder dans l'Ile de *Formoſa* pour y commencer ſa miſſion. Ce Jéſuite ſe trouvant

K 7

*Ville de *Provence* que le Roi Trés Chrétien
laiſſe par Politique ou par tolérance, ſous la puiſſance du Pape, avec tout le Comté *Venaiſſin*, dont
lui & ſes Prédeceſſeurs ont joui depuis l'an 1348.
à la faveur d'une prétenduë vente faite au Pape
Clement VI. par *Jeanne* Reine de *Naples* & Comteſſe de *Provence*: quoi que cette vente ait été déclarée nulle, & que ces terres ayent été reünies
à la Couronne de France, par arreſt du 26. Juillet 1663.

† Il y a eu un Pere Alexandre de Rode, qui
aprés avoir paſſé la meilleure partie de ſa vie à
la Chine & aux Indes, eſt mort à ce qu'on dit à
Iſpahan, il y a plus de 20. ans. Mais celui-ci dont
nous parlons eſt encore actuellement à Avignon.

vant plus propre à être Précepteur qu'à tout autre emploi, fit courir adroitement le bruit en arrivant, qu'il étoit d'une riche famille du païs, que le bien de son Pere ayant été partagé entre 4. femmes & 13. fils qu'il avoit laissés, sans compter les filles ; sa portion, comme celle du plus jeune, s'étoit trouvée si petite, qu'il s'étoit veu obligé, à l'âge de 20. ans, de quitter le lieu de sa naissance, pour chercher à gagner sa vie : que son Pere lui ayant fait apprendre la langue Latine, il l'avoit enseignée en plusieurs endroits, & que dans ce dessein il étoit venu à *Formosa* dans l'espérance qu'il trouveroit à y exercer la profession qu'il avoit embrassée. Ce bruit étant venu par hazard aux oreilles d'un homme fort riche & fort puissant dans l'Isle, il le fit chercher, le questionna, & s'imaginant qu'il étoit aussi bien intentionné qu'il lui paroissoit habile, il résolut de le prendre chez lui, pour enseigner la langue Latine à son fils aîné, âgé pour lors de 15 à 16 ans, qui avoit nom *Psalmanaazaar* *, & auquel il ordon-

* C'est le nom de leur plus grand Prophete, qui répond au nom de Batême des Chrêtiens. On n'a pû sçavoir jusqu'à present son surnom, il le cache pour des raisons qui ont satisfait les honnêtes gens, & qu'on n'a pas cru devoir rendre publiques.

donna d'abandonner pour un tems l'étude de la langue Grecque, qui l'occupoit alors, lui repréſentant qu'il auroit toûjours aſſez d'occaſions de l'apprendre dans leurs Académies * ; mais qu'il ne trouveroit pas toûjours celle qui ſe preſentoit pour le Latin, & qu'il en falloit profiter. Le fils obéit ſur le champ aux ordres de ſon Pere, & le Jéſuite de *Rode* qui ſe faiſoit nommer *Amozamna* † parut être fort joieux de cette rencontre. On lui offrit 17. *Copans* par an, qui valent environ 68. écus, outre ſa nourriture & ſon habillement, ce qu'il accepta & le marché fut conclu.

Il vint donc demeurer à la maiſon que le Pere de nôtre *Pſalmanaazaar* avoit à *Xternetſa*, Ville Capitale de l'Iſle, où il demeura l'eſpace de 4 ans, pendant leſquels il ſe comporta ſi bien à tous égards, que le Pere & le fils avoient toutes les raiſons imaginables d'en être contens. Il accompagnoit ſon Diſciple par tout, juſqu'à

* Les Formoſans ont quantité de livres Grecs: ils cultivent cette langue; mais ils négligent la Latine, ne l'enſeignant point publiquement. Voyez le Chapitre 19.

† Ce nom veut dire fils Succeſſeur d'*Amoz*, c'eſt un des Profétes ou demi Dieux fort révérez dans le Païs.

qu'à la porte du Temple, dans lequel il n'entroit point: à propos dequoi, son écolier lui ayant demandé un jour, s'il n'avoit point la curiosité de voir les sacrifices des Formosans, il lui répondit qu'étant d'une Religion différente de celle qui étoit établie dans l'Isle, il faisoit scrupule d'assister à ses sacrifices & ne se soucioit pas d'en voir les cérémonies, ainsi il s'en retournoit à la maison adorer * Dieu à sa maniére. Cependant il avoit grand soin d'expliquer à son Disciple tout ce qui concernoit la doctrine & le Culte de la Religion des Formosans, avec autant d'exactitude, que s'il eût été lui-même dans cette croyance, ne lui disant jamais un seul mot du Christianisme ; mais s'employant uniquement à lui enseigner la langue Latine, & à l'instruire de toutes les maximes de l'honnêteté morale. Enfin dans tous ses discours & par toutes ses actions, il paroissoit d'une si grande probité, candeur & honnêteté, que ce jeune homme l'aimoit comme son propre Pere.

Au bout de 4 ans *le Pere de Rode* ayant

* C'est l'expression dont se servent les Japonnois pour dire prier.

yant receu des lettres qui le rappelloient dans son Païs, il pria son Disciple de faire entendre à son Pere le dessein qu'il avoit de se retirer, & de lui demander de sa part, qu'il eût la bonté de lui accorder son congé, & de lui payer ses gages, ainsi qu'ils étoient convenus ensemble. *Psalmanaazaar* avoit conceu tant d'estime & d'amitié pour son maître, que la pensée de son éloignement lui donna un chagrin mortel: le mystérieux sécret de sa mission lui étoit inconnu, il fit tous ses efforts pour l'engager à ne le point quitter. Mais il lui déclara qu'il étoit absolument résolu de s'en aller, & lui fit connoître le dessein qu'il avoit de voyager par tout le monde & principalement dans les Païs habitez par les Chrêtiens, exaltant cette partie de la terre par dessus toutes les autres.

Sa résolution l'étonna, cependant il ne laissa pas de lui demander en riant s'il étoit fou de vouloir se hazarder d'aller parmi les Chrêtiens, qui ne manqueroient jamais de le faire mourir en haine de sa Religion, de même que les Formosans leur ôtoient la vie pour l'horreur qu'ils avoient de la leur; mais Monsieur *Amozamna* l'ayant trés sérieusement asseuré que cela n'étoit point à craindre, que

les

les Chrêtiens étoient de fort bonnes gens, & si éloignez d'aucune cruauté envers les étrangers, qu'au contraire ils les traitoient avec toute l'affabilité & la générosité possible : Témoin ceux qui infecterent autrefois le *Japon*, dit le jeune homme en l'interrompant : vous n'avez pas une juste idée des Chrêtiens, lui répondit-il. Si vous les connoissiés comme moi, vous leur rendriés plus de justice, ne croiés pas que ceux qui ont autrefois habité les Iles du *Japon* fussent de vrais Chrêtiens, comme ils se le difoient étre. J'ai entretenu, continua-t-il, un grand nombre de Japonnois qui ont voiagé chés les Chrêtiens, & qui s'en loüent extrémement : ils sont charmés de la beauté de leur païs, de la bonté, douceur & honnêteté de leur naturel : ils en ont été receus si agréablement, qu'ils m'ont asseuré, qu'aprés avoir veu toutes les curiositez dont l'art & la nature ont à l'envi orné cette partie de la terre, lors qu'ils ont voulu s'en revenir chés eux, les Chrêtiens les ont comblés de presens avant leur départ, & ils admirent encore à present les richesses qu'ils en ont apportées. De plus ce païs est abondant en des choses qui sont fort rares & fort précieuses chés nous : sans parler
d'une

d'une infinité d'autres, qui n'ont jamais été veuës, ni connuës dans le *Japon*, ni à *Formosa*. Enfin il l'asseura qu'il n'avoit pas dessein d'employer plus de trois ou quatre années dans ses voyages, que d'abord il iroit à la Chine, ensuite dans les Indes, d'où après quelque séjour, il passeroit en Affrique, & de là en Europe *, où il devoit voir l'Espagne, la France, l'Allemagne, l'Italie, la Hollande &c. Le moindre de ces Païs, lui disoit-il, est incomparablement plus beau, plus riche, plus agréable & vaut cent fois mieux que l'Isle de *Formosa*, & tout le *Japon* ensemble. Il ajoûtoit, qu'aprés qu'il auroit été dans tous les plus fameux endroits du monde connu, soit pour les raretez de la nature ou pour l'excellence des arts & des sciences qui y fleurissent, il reviendroit dans son Païs chargé de biens & plein d'expériences ; alors, continuoit-t-il, je n'aurai plus rien à faire qu'à me divertir, & je passerai le reste de ma vie dans la joie & le plaisir des bonnes compagnies. Toutes les personnes d'esprit me rechercheront, & seront ravies de m'entendre discourir des merveilles

que

* L'ordre de ces voyages fut changé, comme on le verra par la suite.

que j'aurai remarquées dans les Pais étrangers, de la surprenante diversité de leurs maniéres, de leurs Loix, de leur Politique, soit en paix soit en guerre, des progrés étonnans qu'ils ont faits dans les arts, au delà de ce qui est connu chez nous, de leur commerce, & enfin de toutes les avantures bonnes ou mauvaises qui me seront arrivées dans mon voyage. Tout cela contribuera à me faire connoître, & me procurera infailliblement l'honneur & l'estime des honnêtes gens.

Il accompagnoit tous ses discours de circonstances & d'expressions si engageantes, que *Psalmanaazaar* connut bien d'abord qu'il vouloit l'engager à le suivre : mais n'étant alors âgé que de 19. ans, la curiosité ne lui permit pas de réfléchir beaucoup sur les conséquences d'une telle entreprise, ainsi il fut aisé au Jésuite de l'amener au point qu'il souhaitoit.

En effet ses vives & agréables descriptions firent une telle impression sur son esprit, que résolu déja de voir de si beaux Païs, il lui dit naïvement, que, s'il n'y avoit point de danger, & qu'ils pussent retourner au *Japon* au bout de 5. ou 5. années, il auroit une grande démangeaigeaison de voyager avec lui. Mais *Amozamna* dissimulant son dessein parut si éloigné d'approuver ce que son Ecolier lui disoit, qu'il s'écria d'une colere feinte, à Dieu ne plaise que j'entreprenne de vous tirer de la maison de vôtre Pere! S'il sçavoit que j'eusse un pareil dessein, que pourrois-je attendre autre chose que la mort? ah! je vous prie, continua-t-il, ne m'en parlés pas davantage. Cependant il lui avoit fait envisager l'Europe par des endroits si charmants, & ses descriptions lui en avoient fait concevoir une si agréable idée, que son feint refus, bien loin d'arrêter sa Curiosité, ne fit que l'irriter davantage, de sorte qu'il ne cessoit de l'importuner, afin qu'il consentist à ce qu'il l'accompagnât dans ses voyages, lui promettant fort sérieusement qu'il lui garderoit un sécret inviolable, & qu'il menageroit toutes choses de manière, que qui ce soit ne s'appercevroit de leur dessein. Mais malgré toutes ces promesses *Amozamna* continuoit de feindre, & pour l'animer davantage, il persistoit dans son refus, & sembloit mépriser des empressemens dont il étoit charmé. *Psalmanaazaar* voyant que son maître insistoit toûjours sur la crainte du danger, où il s'exs'exposeroit, s'il confentoit à ce qu'il defiroit de lui, fe mit à lui faire de nouvelles proteftations de fa fidélité & de fa difcrétion : l'affeurant qu'il lui auroit une obligation qu'il n'oublieroit de fa vie, & plufieurs autres chofes femblables. Enfin aprés un long entretien, fur les inconveniens auxquels une telle entreprife étoit fujette, & les rifques qu'il falloit néceffairement courir dans un fi long & fi pénible voyage, le Jéfuite voyant que fon Difciple n'étoit rebuté de rien, qu'au contraire il n'en paroiffoit que plus réfolu, feignit de ceder à fes importunitez, & lui dit qu'il avoit toûjours eu une grande opinion de fa fincerité, qu'il fe flattoit même qu'il avoit du refpect & de l'amitié pour lui, (comme en effet le jeune homme l'aimoit & l'honoroit parfaitement) qu'il ne lui pouvoit donner de plus fortes preuves de la confiance qu'il avoit en lui, qu'en expofant fa vie pour le contenter, que cette feule confidération devoit l'engager à lui étre fidelle, & que, puis qu'il avoit une fi grande paffion de voyager avec lui, il vouloit bien le fatisfaire, mais qu'il falloit ufer de toutes les précautions imaginables, afin qu'il n'arrivât rien qui pût donner quelque

que soupçon de leur dessein. Cette fuite qu'ils méditoient étoit tout le fruit que le Jésuite esperoit tirer de sa mission : c'étoit un coup de partie pour lui, & il ne douta point qu'on ne la dût regarder en Europe comme une preuve incontestable de son zéle pour la Religion Chrétienne, & pour la gloire de sa Societé.

Dés que leur résolution fut prise, ils commencerent à agir plus librement ensemble, ne songeant plus qu'aux moyens les plus seurs & les plus propres à faciliter leur retraite, & à se pourvoir d'un fonds pour leur subsistance. A propos dequoi, un jour qu'ils eurent un Entretien sur ce sujet, vôtre Pere, dit le Maître à son Disciple, est riche & a quantité d'or tant monnoié qu'en effets : & puisque nous sommes résolus d'entreprendre un voyage qui nous obligera nécessairement à de grands frais, il seroit bon que nous pussions nous munir d'une bonne somme, pour subvenir à nôtre dépense ; mais afin de n'étre pas surpris dans une action si hardie, il faut attendre à faire nôtre coup que nous soyons sur le point de nôtre départ. Alors, pendant la nuit, nous nous saisirons de tout ce que nous pourrons at-

trap-

traper, & nous nous rendrons en diligence avec nôtre petit butin, au plus prochain port, où il nous faut avoir un Bâtiment tout prest à nous attendre.

Toutes choses ainsi arrêtées, dés que le tems fixé fut venu, ils prirent quelques hardes, dont ils ne pouvoient se passer dans le voyage, & emporterent 25. livres pesant d'or, * partie en monnoie, partie en en ustenciles, sçavoir, un *Rochmoo*, 3 *Copans* & 14. livres pesant en pots, plats & autres ustenciles d'or, outre environ 600 écus, tant en argent qu'en acier monnoié.

Munis de ce petit capital ils sortirent du logis laissant tout le monde dans un profond sommeil, & arriverent vers le milieu de la nuit au port de *Khadzey* éloigné de *Xternetsa* d'environ 3. lieues ou 9 milles d'Angleterre. Un *Bal-*
con

---

* La livre d'or dans *Formosa* n'est pas d'une grande valeur, puis qu'on la réduit à celle de 11. *Florins de Hollande* ou 20. *Schillings d'Angleterre*. Mais comme les Japonnois n'ignorent pas la rareté de ce métal en Europe, ils n'en laissent point emporter, sans payer de grosses doüanes. Nos Voyageurs qui s'en allerent de nuit n'en payerent point, de sorte que l'or & l'argent qu'ils emporterent leur tint lieu d'environ 1750. *livres sterlin* ou 19290. *florins*.

con * les attendoit : c'étoit un de ceux dont *Pſalmanaazaar* avoit coûtume de ſe ſervir, lors que ſon Pere l'envoyoit dans quelque Iſle voiſine pour ſes affaires. Il ordonna au Pilote de le mener à *Luçon*, † feignant d'y avoir des affaires importantes pour leſquelles ſon Pere le faiſoit partir en diligence. *Luçon* eſt la principale des Iſles que les Portugais appellent *Manilles*, & les Eſpagnols *Philippines*. Elle eſt éloignée de *Kadzey* d'environ 100. lieuës : ils y demeurerent 8 ou 10 jours, pendant leſquels ils retinrent toûjours leur Pilote & leurs matelots, de peur qu'ils ne retournaſſent avertir leur maître du lieu où ils étoient. Ils s'embarquerent enſuite ſur un Vaiſſeau qui alloit à *Goa*. ‡ Le trajet eſt d'environ 1000 lieuës; ils furent 4 ou 5 mois à le faire. Le *Pere de Rode* qui s'étoit chargé de tout l'or & l'argent qu'ils avoient em-

L

---

* Sorte de petite Galere : voyez le chap. 31.

† En Latin *Luconia*. Cette Iſle eſt entre le 12. & le 20. degré de latitude Septentrionale : elle a environ 100 lieuës de long, ſur autant de large, & par conſequent 400 de circuit. La ville capitale ſe nomme *Luçon*, ou *Luſſon*, en Latin *Luſſonia*, elle eſt auſſi apellée *Manille*.

‡ Voyez le chap. 33. pour la ſituation de cette ville.

emporté, le ménageoit à sa fantaisie, & son Disciple le laissoit faire. En arrivant à *Goa*, il lui dit, que, comme ils avoient besoin d'épargner leur bourse, à cause des maladies & autres fâcheux accidens qui pouvoient arriver dans le voyage, il croyoit qu'ils ne feroient pas mal d'aller loger à un hôpital, que les Chrétiens avoient fait bâtir, pour y recevoir les étrangers. Le Sr. *Psalmanaazaar* ne sçait pas, si ce ne fut point à une des maisons des Jésuites qu'il le mena, & qu'il luy dit être cet hôpital fameux, dont tous les Voyageurs font mention. Ce qui lui a fait conjecturer depuis, que la maison où ils furent appartient aux Jésuites, c'est qu'il se souvient qu'on lui fit voir le corps de *François Xavier*, que l'on conserve précieusement, & qu'on expose à la vénération des fidéles, avec les tombeaux de l'Empereur *Tampousamna*, & de quelques autres Princes du *Japon*, qui s'étant faits Chrétiens furent tués, ou exilés dans la révolution. Quoi qu'il en soit, le bon accueil qu'ils receurent, & la maniére dont ils furent traités dans cette maison, le persuada en partie, de ce qu'il avoit oui dire à son maître à *Formosa* touchant la générosité & affabilité des Chrétiens. Vous voyez, lui disoit

soit *le Pere de Rode*, ces gens, contre lesquels nous sommes si animés chés nous, & que nous accablons de malédictions, parce que nous sommes accoûtumés dés l'Enfance à entendre dire que ce sont des infames & des scélérats, avec quelle bonté, avec quelle douceur, avec quelle charité ils nous reçoivent, quoi qu'ils n'ignorent pas combien nous les haïssons: cependant bien loin de se venger sur nous des maux que nous faisons souffrir à leurs freres, quand nous les attrapons, ils s'empressent à nous faire du bien, nous préviennent dans nos besoins, & tout cela sans intérêt, car nous pouvons demeurer ici deux ou trois mois, si nous voulons, sans qu'on nous demande quoi que ce soit. Ah! qu'on me l'avoit bien dit que les Chrétiens n'étoient pas tels qu'on nous les réprefente. Ce discours appuié par des faits dont *Psalmanaazaar* ne pouvoit disconvenir l'étonnoit extrémement, il en tiroit un augure avantageux, & se sçavoit bon gré d'avoir entrepris un voyage dont les commencements sembloient lui promettre beaucoup de satisfaction. Au bout de six semaines de séjour à *Goa*, ils monterent sur un Vaisseau qui alloit en Espagne. La navigation fut longue: elle dura

dura 9 ou 10 mois, pendant lesquels il ne leur arriva rien d'extraordinaire. Ils vinrent à *Gibraltar*, * où le changement de Climat, ou plûtôt de nourriture causa une maladie au Sr. *Pfalmanaazaar* qui l'obligea de demeurer cinq semaines en cét endroit. Pendant ce tems-là le *Jésuite de Rode* se promenoit dans la ville, & venoit de tems en tems faire part à son Disciple de ce qu'il avoit veu de plus remarquable. Quand il commença à se mieux porter, il lui demanda, s'il ne croioit pas qu'il fût à propos qu'ils quittassent leurs habits de Japonnois, lui disant que, quoi qu'on l'eût asseuré que les Etrangers étoient toûjours bien receus par toute l'Europe, cependant il craignoit que les Japonnois ne fussent pas veus de si bon œil que les autres, au moins parmi le peuple, à cause qu'ils sont en réputation par tout le monde de haïr les Chrétiens, & de n'en point souffrir chés eux ; mais ne le voyant pas disposé à le vouloir imiter, il lui dit, qu'il en useroit comme il voudroit, que pour lui, il s'étoit déja pourveu d'un habit. En effet, il fut surpris de

---

* Ville de l'Andalousie sur le détroit du même nom, à 18. lieuës de Cadiz.

de le voir le lendemain vêtu d'une Robe noire, avec une espéce de manteau ou casaque, qu'il connut dans la suite être l'habit que les Jésuites portent en campagne. Mais il ne lui fit paroître aucune envie de suivre son exemple, comme en effet il ne s'en soucioit nullement, aimant mieux l'habit auquel il étoit accoûtumé dés son enfance, & qu'il n'a quitté que lors que la nécessité l'y a contraint, comme on le verra dans la suite.

Dés qu'il fut entiérement rétabli, ils firent voiles, pour *Toulon*, * Port de France, où étant arrivés, une des choses qui le surprit le plus, fut d'y voir diverses sortes de Moines en habits si étranges & si bigarrés, qu'il demanda à son maître, quelle espéce de gens c'étoit, ce que feignant d'ignorer, (car jamais homme n'entendit mieux l'art de feindre) vous me faites des questions, lui dit-il, comme si j'étois naturel du païs, que voulés-vous que je vous dise? Ce sont peut-être des étrangers comme nous, qui viennent ici pour leur commerce, & qui n'y faisant que peu de séjour, ne veulent

* Dans la *Provence* sur la mer Méditerranée, à 10 lieuës de *Marseille*.

lent pas, non plus que vous, quiter l'habit de leur païs. Car, ajoûta-t-il, je m'imagine que c'est ici un port de mer fort fréquenté, & une ville d'un grand négoce, si l'on en peut juger par le grand nombre de vaisseaux que nous y avons veus. En passant par *Marseille*, * *Aix* † &c. *Psalmanaazaar* observa sur les chemins un grand nombre de Croix, qui lui firent dire à son maître qu'asseurément il falloit qu'il y eût bien des voleurs dans le païs, puis qu'on y voioit tant de Gibets; mais *le Pere de Rode* lui répondit avec la même dissimulation, que ce n'en êtoit peut-être pas là la raison, & qu'il se pouvoit faire qu'on les mît ainsi en grand nombre, plûtôt pour épouventer les malfaiteurs, par la crainte d'un supplice que la représentation de ces objets est seul capable de leur inspirer, que par le besoin qu'on en eût pour les punir.

Enfin ils arriverent à *Avignon* au Couvent des Jésuites. La surprise du Japonnois y fut extréme, de voir le portier

* Autre Port de mer sur la Méditerranée, où est l'arsenal des Galéres de France.
† Capitale de la Provence, à 5. lieuës de *Marseille*.

tier de cette maison se jetter aux pieds de son Compatriote, l'appeller d'un nom différent de celui qu'il avoit toûjours porté, & lui parler en son langage : ce fut alors qu'il commença à le soupçonner d'être Chrétien ; mais quand il vit venir tous les Peres du Couvent l'embrasser & le congratuler sur son heureux retour, quand il apperceut tous les parens & amis de ce Jésuite, & toutes les personnes les plus qualifiées de la ville, lui venir rendre visite, il lui fut impossible de garder plus long-tems le silence: véritablement il étoit si interdit, & tant de choses se présentoient en foule à son imagination troublée, qu'il lui fit cent questions à la fois sans lui donner le loisir de lui répondre. Il lui demanda d'abord, s'il n'étoit pas déja venu autrefois dans cette ville, comment il se pouvoit faire que tant de gens le receussent avec des marques d'une si grande joie, s'il étoit Chrétien ou non, comment & pour quelle raison il s'étoit caché de lui si long tems, & même depuis leur départ du *Japon*, dans quelle veuë il avoit usé d'une telle ruse pour le tirer de son païs, & ce qu'il prétendoit faire de lui : *Le Pere de Rode* lui avoüa ingénûment qu'il étoit Chrétien, natif de

cette Province ; mais qu'il seroit bien-tôt convaincu par expérience de la vérité de tout ce qu'il lui avoit dit à *Formosa*, tant de la beauté & richesse du Païs, où il l'avoit amené, que de la bonté de ses habitans. Il est vrai, ajoûta-t-il, que je vous ai tiré de la maison de vôtre Pere ; mais vous savés bien qu'en cela je n'ai fait que condescendre à ce que vous avez ardemment souhaité de moi : cependant je ne doute pas que vous ne soyez content des offres que j'ai à vous faire. Si vous voulés vous instruire des principes de nôtre Religion, je m'attacherai à ne vous laisser ignorer rien de ce qui la concerne ; & si je suis assés heureux pour vous persuader de l'embrasser, soyés seur que je metterai tout en usage pour vous faire subsister ici aussi honorablement que vous auriés pû faire chez vous. Que si vous avés dessein de retourner en vôtre païs, nous vous fournirons tout ce qui sera nécessaire pour vôtre voyage. Cette derniére offre n'étoit que par maniére d'acquit, la suite fera voir combien il étoit éloigné de lui procurer cét avantage : il sçavoit bien qu'en le renvoyant à *Formosa* il seroit frustré des honneurs & applaudissemens qu'il espéroit tirer de sa conversion. Ce
dis-

discours donna bien à penser au Japonnois. Quand il réfléchissoit sérieusement sur sa condition, & sur le danger, où il se croioit exposé, il se sentoit saisi d'une telle frayeur, qu'il ne savoit que dire ni que faire : il entra dans une mélancolie dont il eut bien de la peine à revenir, & qui pensa lui causer la mort.

Aprés bien des réfléxions, il prit enfin le parti de payer tous ces *bons Peres* de belles paroles, & de se comporter civilement avec eux, dans la crainte où il étoit de se voir traité de même que les Chrétiens le sont dans son païs. Il m'a avoué que cette pensée le faisoit quelquefois fremir. Enfin pour leur paroître plus docile, & gagner leur bienveillance il fit à son tour cette proposition au *Pere de Rode* : si vous pouvés, lui dit-il, un jour, me convaincre de la verité de vôtre Religion, & de la fausseté de la mienne, je suis prêt à me faire Chrétien, mais s'il arrive que vos raisons ou vos preuves ne me puissent persuader, ne trouvés pas mauvais que je vous prie de me procurer les moyens de m'en retourner dans mon Païs. *Le Pere de Rode* fut ravi de le voir dans cette disposition, & ne balança pas un moment pour consentir à sa proposition, espérant qu'il ne tarderoit pas à se rendre. Mais pour se donner plus de gloire, il fit courir le bruit qu'il étoit fils d'un Roi, & qu'il l'avoit accompagné en Europe dans le dessein de se faire Chrétien. Je n'ai pû éclaircir cette circonstance, Monsieur *Psalmanaazaar* ayant toûjours caché son véritable nom, & la condition de son Pere. Il est vrai-semblable, & l'on a jugé par tout ce qu'il a laissé échaper dans la conversation, qu'il est d'une famille riche & considérable à *Formosa*. Quoi qu'il en soit, il n'y avoit que trois moyens par lesquels les Jésuites pussent espérer de le convertir, par des arguments ou des preuves demonstratives, par de belles promesses, ou par la force & la violence.

A l'égard des preuves, ils ne lui en purent jamais produire aucune capable de faire la moindre impression sur son esprit, au contraire il leur soûtint que leur Religion renfermoit de bien plus grandes absurditez que la sienne. Il leur allégua par exemple le dogme de la *Transsubstantiation*, contre lequel il leur fit cent objections dont voici les principales.

1. Le témoignage des sens, qui nous disent tous que le Sacrement de l'Eucha-

chariſtie n'eſt que du Pain, car ſi je prouve, leur diſoit-il, que le témoignage des ſens eſt recevable & ſuffiſant pour nous perſuader de la vérité d'une choſe, je ne puis croire que la ſubſtance du pain ſoit changée, comme vous dites, en la ſubſtance de la chair naturelle de Chriſt, parce que les ſens me diſent que cela n'eſt pas : or je ſoûtiens que vous ne pouvez point rejetter le témoignage des ſens, parce que c'eſt ſur le rapport des ſens, qu'eſt fondée toute la certitude de vôtre Religion. Car ne m'avez-vous pas allegué, continuoit-il, les miracles de J. C. pour Confirmation de ſa doctrine ? Mais qui a aſſeuré les Apôtres & les prémiers fidéles de la vérité de ces miracles, ſi ce n'eſt qu'ils les ont veus, qu'ils les ont ouis ? Et qui vous aſſeure à preſent que leur rapport eſt véritable, ſinon que vous les liſez ou les entendez lire dans les Ecrits qu'ils vous ont laiſſez ? Si donc le témoignage de ſens n'eſt pas ſuffiſant pour aſſeurer une verité, toute l'évidence du Chriſtianiſme priſe de celle des miracles qui le confirment, eſt renverſée & détruite, & ſi vous prétendez que les ſens peuvent être juges de la vérité des miracles de Jeſus-Chriſt, pourquoi ne le feront-ils pas de la vérité de sa doctrine ?

II. Il soûtenoit que la *Transubstantiation* étoit absurde, parce qu'un même corps ne pouvoit pas être en plusieurs lieux en même tems. Que selon eux, le Corps de Christ étoit corporellement present en mille lieux à la fois, c'est à dire dans tous les endroits du monde, où le Sacrement est célébré, quelque éloignez qu'ils soient les uns des autres. La distinction qu'ils lui donnoient, qu'un même corps ne pouvoit occuper qu'une place, *circumscriptivè*, mais qu'il pouvoit en occuper plusieurs, *definitivè*, lui paroissoit frivole & impertinente. Ce sont des termes, leur disoit-il, qui ne signifient rien, & dont vous ne vous servez que pour éluder la force de mon objection ; car je soûtiens qu'il est également impossible qu'un même corps puisse être corporellement present en plusieurs lieux à la fois, même de la maniére que vous l'entendez, par vôtre terme de *definitivè*, autrement un même corps pourroit être mort dans un lieu, pendant qu'il seroit vivant dans un autre, ce qui implique contradiction.

III. Il leur objectoit que, lorsque Jesus-Christ en instituant ce Sacrement dit :

dit : *Faites ceci en mémoire de moi*, il suppoſa qu'il ſeroit éloigné d'eux, lors qu'ils célébreroient ce même Sacrement. Car c'eſt auſſi peu la coûtume, qu'il eſt inutile de rien faire, pour ſe remettre en l'eſprit l'idée d'un ami, lors qu'il eſt preſent ; mais bien quand il eſt abſent. C'eſt pourquoi les paroles de Jeſus-Chriſt, *Faites ceci en memoire de moi*, montrent évidemment, qu'il n'eſt pas corporellement preſent dans ce Sacrement. Il ajoûtoit que cette doctrine de la *Tranſubſtantiation* ne pouvoit pas être véritable, parce qu'elle ſuppoſoit, que ce qu'ils appellent accidens du pain, ſubſiſte ſans ſubſtance de pain, & que la ſubſtance de la Chair de Chriſt eſt réellement preſente ſans les accidens qui ſont propres à de la chair. L'un & l'autre lui paroiſſoit impoſſible, & il proteſtoit, qu'il ne pouvoit concevoir comment la blancheur peut ſubſiſter ſans quelque choſe qui ſoit blanc, ni comment il peut y avoir une ſubſtance de chair ſans qu'elle ſoit, ni veuë, ni touchée, ni goûtée, & ſe mocquoit de tous les prétendus miracles, dont ils lui diſoient que ce myſtére étoit accompagné, comme de choſes dont on ne pouvoit juger, parce qu'ils étoient imaginaiginaires, qu'ils ne tomboient pas sous les sens, & que d'ailleurs tant de contradictions ne pouvoient pas se trouver dans la Toute-puissance de Dieu.

Voilà une partie des objections qu'il leur fit contre la *Transubstantiation* : il n'en fit pas moins contre les autres points de leur doctrine, que je ne rapporterai point ici, de peur d'ennuier le Lecteur ; mais il est certain qu'il ne fut point satisfait de leurs réponses, & quoi qu'ils fissent tous leurs efforts pour le persuader au moins de la fausseté de la Religion dans laquelle il étoit né, il y demeuroit encore plus fortement attaché, en leur disant toûjours que leur croyance étoit beaucoup plus absurde que la sienne.

Les Jésuites voyant que tous leurs raisonnemens ne l'ébranloient point, tentérent de le gagner par les choses auxquelles ils le croioient sensible. Ils lui firent les plus belles promesses & les plus engageantes propositions qu'ils purent imaginer. Ils l'accablérent de caresses, en un mot, ils mirent tout en usage pour le corrompre, & l'attirer dans leur parti. Mais il connoissoit trop bien la duplicité de leur cœur, & avoit assez éprouvé leur fourberie pour ne se laisser pas surprendre

dre par leurs alléchemens. Il leur reprochoit non seulement la supercherie du *Pere de Rode*, dans le *Japon* ; mais encore que depuis son arrivée à *Avignon*, ils manquoient honteusement à la parole qu'ils lui avoient donnée, de le laisser en liberté de conscience, & de le renvoyer chez lui, quand il le souhaiteroit, qu'ainsi il n'avoit garde de se fier à leurs promesses. En effet le desir naturel & l'espérance qu'il avoit de revoir sa Patrie, jointe à la peur de demeurer encore long-tems si éloigné des siens, parmi des étrangers, méchans & hipocrites, lui firent rejetter avec indignation toutes leurs offres.

Il y avoient déja six ou sept mois que Monsieur *Psalmanaazaar*, étoit chez les Jésuites : il y étoit tellement persécuté que pour se débarasser en partie de leurs importunitez, il avoit feint de souhaiter d'entendre leurs leçons publiques, ce qu'ils lui avoient accordé avec plaisir ; mais ne se voyant pas pour cela moins fatigué de leurs pressantes sollicitations, il prit la résolution de changer de demeure : il quitta donc leur Couvent, & se logea dans une maison particuliére, où il vivoit à sa fantaisie.

Les Jésuites qui avoient encore entre leurs mains une bonne partie de son argent,

gent, s'imaginant qu'il ne le voudroit pas perdre, lui permirent non seulement de se satisfaire, mais même lui donnerent la liberté de se promener dans la Province ; ce qu'il fit pendant prés de six mois, allant de Ville en Ville, cherchant à adoucir l'amertume du chagrin qui le dévoroit. L'année du *Jubilé* arriva Les Jésuites, qui se flattoient toûjours qu'avec le tems ils réduiroient cét esprit opiniâtre, s'aviserent pour l'occuper d'une maniére utile, de lui proposer de faire un voyage à Rome en la compagnie de 17 ou 18 jeunes gens, qui s'y en alloient pour voir les cérémonies qui s'y pratiquent à l'ouverture du *Jubilé*. Ils s'imaginérent que la majesté, l'ordre, la pompe des processions, la richesse des habits des Prêtres, la parure des Eglises & des Autels, la magnificence du Pontife, de ses Cardinaux & des autres Prélats, enfin que tous ces mystérieux spectacles lui donneroient une haute idée de la Religion, & lui inspireroient peut-être du respect pour des choses qu'il ne pouvoit encore comprendre, & avec lesquelles ils espéroient qu'il se familiariseroit. Monsieur *Psalmanaazaar* ne fut pas fâché de faire ce voyage, ceux qu'il devoit accomcompagner se mirent en équipage de Pelerins, se proposant d'aller à pied, pour gagner les indulgences que le Pape accorde en pareille occasion. Nôtre Japonnois ne se faisoit pas de peine de marcher, mais il ne voulut point quitter ses habits, de sorte qu'il entra dans *Rome* vêtu à la Japonnoise. Les Jésuites lui avoient donné des lettres de recommandation par le moyen desquelles il fut bien receu, & fort honorablement traité chez leurs Confreres, qui ne manquérent pas de l'exhorter à embrasser promptement la Religion Chrétienne; mais il leur dit pour se débarasser d'eux, qu'il devoit retourner à *Avignon*, & que là il seroit baptisé par la même personne qui l'avoit amené de son Pais. Ils demeurérent lui & ses camarades de voyage, environ un mois dans *Rome* : ils y virent non seulement les Cérémonies du *Jubilé*, mais aussi toutes les raretez de cette somptueuse Ville, les Eglises, les Palais, les Jardins, & tous ces superbes restes de l'Antiquité, qui attirent la curiosité de tous les étrangers. Ils furent à *Lorette* *, mais Monsieur

Psal-

* Petite Ville dans la marche d'Ancone, Province de l'Etat de l'Eglise prés de l'embouchure du Musone, dans le Golfe de Venise.

Psalmanaazaar ne voulut point entrer dans cette fameuse Chapelle qu'on dit être la Chambre * dans laquelle la Sainte Vierge conceut le Sauveur du Monde, parce qu'il la falloit traverser en se traînant sur ses genoux.

Lors qu'il fut de retour à *Avignon*, les Jésuites lui firent meilleure mine que jamais, & le questionnérent sur ce qu'il avoit veu de beau & de rare à *Rome*, & ce qu'il pensoit des cérémonies du *Jubilé*. Il leur répondit qu'il étoit très content de tout ce qu'il avoit veu, qu'il ne se pouvoit rien ajoûter à la magnificence de leurs Fêtes ; mais il ajoûta en même tems qu'il étoit extrémement surpris qu'ils condamnassent la Religion Payenne à cause du grand nombre de cérémonies, dont elle est chargée, comme si la leur ne l'étoit pas pour le moins au-

---

* Cette Chambre selon l'Histoire que les Catholiques Romains en font, doit avoir été transportée par les Anges de Nazareth en Dalmatie, de là à Venise, puis dans le Diocese de Récanati, dans le Champ d'une Dame nommée Lorette, dont elle a pris le nom, & de là enfin deux lieuës plus loin, où elle est à present enfermée dans une magnifique Eglise, enrichie par les pieuses ou superstitieuses largesses de quantité de Rois, Princes, Seigneurs, & autres.

autant, à quoi ils lui répliquérent qu'ils ne trouvoient rien à redire aux cérémonies Payennes, sinon qu'elles étoient destituées de toute vertu ou signification spirituelle, au contraire de celles des Chrêtiens, qui n'avoient été inventées, que comme des moyens d'élever plus facilement le cœur à Dieu & exciter une plus grande dévotion. Le Japonnois ne fut pas satisfait de cette réponse, parce qu'il prétend que les cérémonies de la Religion Payenne ont positivement le même but. Il ne leur voulut rien dire : de sorte que son silence leur fit croire qu'il commençoit à goûter ce qu'ils lui disoient. Mais il en étoit bien éloigné ; la crainte qu'il avoit de les irriter contre lui, étoit la seule cause de sa retenuë : c'est pour cette raison qu'il ne voulut point leur faire connoître combien il avoit été scandalisé du Luxe orgueilleux des Papes, qui se disent les Vicaires de Dieu, les Successeurs immediats des Apôtres, & qu'on traite de Sainteté par excellence, de la dissolution générale du Clergé & des Moines, des excés du peuple, de l'éffronterie des femmes de débauche, enfin de l'impunité des crimes les plus détestables, qui sont si communs & si publics

blics que les étrangers s'en apperçoivent, dés qu'ils arrivent. Certainement, disoit-il en lui-même, si ces gens-là croioient que la Religion qu'ils professent est la seule véritable, ils en observeroient mieux les précéptes ; contens de remplir leurs devoirs, ils ne s'empresseroient pas tant pour en imposer aux foibles & aux ignorans, outre qu'il avoit l'imagination remplie de tant de prétendus miracles qu'on lui avoit dit se faire continuellement par les reliques des Saints, que n'en ayant pû voir aucun, il crut que non seulement tout ce qu'on lui en avoit dit étoit faux, mais aussi que ceux qu'on attribuoit à J. Christ, étoient de même nature. De sorte que son voyage de *Rome*, bien loin de l'encourager à se faire Chrétien, ne servit qu'à l'en éloigner davantage.

Cependant les Jésuites, voyant que d'un jour à l'autre, il remettoit à se déclarer sur le changement qu'ils espéroient de lui, commencérent à l'attaquer & à le poursuivre plus vivement, qu'ils n'avoient encore fait. Nous avons long-tems attendu, lui dirent-ils un jour, & nous avons même espéré que nous aurions la satisfaction de vous recevoir dans le sein de l'Eglise Catholique,

que, nous nous sommes servis de toutes les raisons les plus propres à vous persuader la vérité de nôtre Religion ; mais puisque vous ne voulez pas ouvrir les yeux à la lumiére, & que vous continuez toûjours dans vôtre opiniâtreté, il faut que vous soyez averti que nous ne pouvons pas souffrir plus longtems vos délais. Nous avions prié les Peres Inquisiteurs, de ne vous point inquiéter sur le sujet de vôtre Religion, laquelle, comme vous sçavez, n'est soufferte en aucun Païs Chrétien. Ils vous ont à nôtre consideration donné tout le tems que vous pouviez souhaiter pour vous faire instruire : ils se sont flattez comme nous, que vous subiriez enfin le joug de Jésus-Christ, qui est le seul qui puisse vous rendre éternellement heureux ; mais puisque vous avez méprisé tout ce que nous avons fait jusqu'à présent pour vous procurer un bien, dont vous ne connoissés pas le prix, ils sont résolus d'employer les voies de rigueur, & de vous faire sentir que ce n'est pas parmi nous qu'on se mocque impunément de Dieu & de ses Serviteurs.

En effet huit jours aprés, on lui fit voir des Lettres du grand Inquisiteur, por-

portant ordre de le mettre à l'Inquisition, à moins qu'il ne se fît Chrêtien. Que ces lettres fussent supposées ou non, le Japonnois n'en sçait rien ; mais il est certain que les Inquisiteurs les lui montrérent, & lui dirent en même tems, que, si dans 10 jours, il ne changeoit de Religion, ils seroient obligés de le faire conduire dans les prisons *du St. Office.* Les Jésuites étoient presents à ce beau compliment, & aprés avoir consulté ensemble, ils prolongérent le tems, & lui donnerent 15 jours, afin qu'il eût plus de loisir, pour songer à ce qu'il avoit à faire. La raison pour laquelle ils lui donnérent cette quinzaine, étoit que le 15 du mois d'Aoust alors prochain, étoit la fête de l'Assomption de la *Vierge Marie*, & qu'ils avoient grande envie qu'il fît son abjuration, & fût baptisé dans un jour si solemnel.

Dans cette extrêmité, il ne sçavoit quel parti prendre, tantôt il étoit prêt à se soûmettre, tantôt rappellant sa constance & sa fermeté, il méprisoit leurs menaces, & se préparoit à souffrir plutôt la mort la plus cruelle, que de rien faire contre sa conscience. Il paroissoit néanmoins écouter avec assés de tranquiquilité tout ce qu'ils lui difoient, ne leur répondant prefque rien. Son filence leur faifoit concevoir de bonnes efpérances, c'eft pourquoi ils commencérent à lui expliquer plus ouvertement les mistéres de leur Religion, ce qu'ils n'avoient fait jufques-là que par des comparaifons. * Ils ne lui permirent jamais de lire l'Ecriture Sainte ; mais ils lui fourniffoient en abondance des livres, qui traitoient des actes & des prétendus miracles de leurs Saints.

Pendant les 4 ou 5 premiers jours des 15 qu'on lui avoit accordés, il écouta avec une foûmiffion apparente, toutes les preuves par lefquelles les Peres Inquifiteurs prétendoient lui démontrer avec la derniére évidence, la folidité de leur doctrine. Ces bons Peres répondoient à fes objections par des diftinctions de l'Ecole, dont les termes lui étoient inconnus & incomprehenfibles. Il convenoit de tout, & étoit quafi preft de fe confeffer vaincu : néantmoins s'étant hazardé de leur dire qu'il

* Par exemple, ils comparoient la Trinité à une piéce d'étoffe qui aiant trois plis ne laiffent pas de faire enfemble une feule & même piéce d'étoffe. On peut juger de la juftesse de leurs autres comparaifons par celle-ci.

qu'il n'entendoit pas leurs réponses, & que leurs raisonnemens êtoient trop abstraits pour lui, le *Pere de Rode* lui parla en ces termes. Monsieur, puisque vous n'entendés pas ce que les Révérends Peres vout disent, je m'en vais vous l'expliquer en vôtre Langue naturelle ; mais au lieu de cela, voici ce qu'il lui dit en Japonnois. Mon cher enfant, vous voiés que les Peres Inquisiteurs ont grande envie de vous mettre à l'Inquisition, ce qui seroit le plus grand malheur qui pût vous arriver ; je vous conseille d'avouër plûtôt que vous entendés bien tout ce qu'ils vous disent, que de demeurer plus long-tems dans l'opiniâtreté. Leurs raisonnemens sont fort justes, & fondés sur des Principes incontestables ; mais vous n'en pouvés pas encore sentir la force. C'est pourquoi je vous prie de dire hardiment que vous êtes persuadé par la force de leurs raisons, que la Religion Chrétienne est la seule véritable Religion, & que vous ne souhaités rien tant que de l'embrasser. La fraieur l'aiant saisi dans ce moment, il prit la parole, & dit en Latin, j'entens fort bien à present, passons à un autre article.

Cependant il avoit confiance en Dieu, & espéroit toûjours trouver les moiens d'échapper de leurs mains, & de s'enfuir. Au bout de 10 jours, aiant vendu tout ce qu'il avoit de hardes, & des nippes qui lui étoient restées, * il essaia de sortir de la Ville, & pour ne donner aucun soupçon du dessein qu'il méditoit, il prit trois ou quatre jeunes écoliers avec lui, feignant de vouloir faire un tour de promenade de l'autre côté du *Rhône;* mais il fut arrêté à la porte par la sentinelle, à laquelle il avoit été consigné; (car les Inquisiteurs avoient pris soin de le prévenir, & de donner des ordres si exprés, qu'ils ne s'imaginérent jamais qu'il pût leur échapper, quand l'envie lui en auroit pris.) Il ne desespéra pas néantmoins de réüssir dans son projet; il rentra dans la Ville, sans se plaindre, & sans

* Par le compte que le *Pere de Rode* fournit au Japonnois à *Avignon*, il lui fit voir qu'il n'avoit plus que pour la valeur de 250 pistoles d'effets, selon l'estimation qu'en fit un orfévre : ces effets consistoient en deux Baguettes d'or, une petite Eguière avec le Bassin aussi d'or, & un *Copan*, que les Jésuites ont gardé, lui aiant donné de cette somme 190 pistoles ou environ à plusieurs fois, les 60 pistoles qui étoient de reste, sont demeurées entre leurs mains.

sans montrer aucun ressentiment de la violence qu'on lui faisoit: il s'en retourna dans sa chambre jusqu'à environ 7 heures du soir, qu'étant allé chés un Juif de sa connoissance, il changea ses habits Japonnois, qu'il avoit toûjours portés jusqu'alors, & s'étant déguisé en Abbé, c'est à dire aiant pris un habit noir, un petit colet & une perruque, il tenta de sortir par une autre porte; mais il étoit si bien connu par toute la Ville, que malgré son déguisement, le soldat qui étoit en sentinelle, le reconnut & l'arrêta. Ce second malheur l'effraia dans le moment; mais étant un peu revenu à lui, & faisant réflexion que l'argent faisoit surmonter les plus grands obstacles, il fit briller aux yeux du soldat ce précieux métal, qui endort les sentinelles, & se fait un chemin à travers les Rochers, & les lieux les plus inaccessibles. Il lui offrit une pistole, (il lui en auroit donné vingt.) Le soldat n'hésita point, la prit & le laissa passer. C'est ainsi que la Providence le tira d'entre les mains des traîtres Jésuites, & des impitoiables Inquisiteurs, parmi lesquels il n'auroit jamais eu de repos, qu'il n'eût embrassé
leur

leur Religion, & ne se fût conformé à toutes leurs pratiques.

CHAPITRE XXXVII.

De ce qui arriva au Sr. Psalmanaazaar, *depuis qu'il sortit* d'Avignon, *jusqu'à ce qu'il fût arrivé en* Hollande.

S'étant ainsi échappé d'*Avignon*, il prit son chemin par le *pont St. Esprit*, ¹ & en remontant le long du *Rhône*, il passa par *Valence*, ² *Romans*, ³ *Grenoble*, ⁴ où il vit en passant la grande *Chartreuse*, ⁵ & se rendit à *Lion*, ⁶ avec toute la diligence possible. Son dessein étoit

1 Ville du *Languedoc* ainsi nommée à cause de son pont, qui passe pour un des plus beaux de l'Europe.

2 Ville du *Dauphiné*.

3 Ville du *Dauphiné*.

4 Capitale du *Dauphiné* sur l'*Isere*.

5 C'est un Couvent de Moines qu'on nomme *Chartreux* Ce lieu n'est fameux que par sa solitude, qui est affreuse.

6 Ville capitale du *Lionnois*, au confluant du *Rhône* & de la *Saone*.

étoit de se rendre en *Hollande*, où il espéroit trouver le moien de repasser en son païs. L'impatience qu'il en avoit, & la crainte de retomber entre les mains des Jésuites, lui faisoient hâter le pas, de sorte qu'il ne séjournoit nulle part, & n'eut point de repos jusqu'à ce qu'il se vit dans un lieu, où les Jésuites ne fussent plus à craindre. De *Lion il passa par Bourg* ¹ *en Bresse*, par *Salins*, ² *Bezançon*, ³ *Befort* ⁴ & gagna *Brisac*. ⁵

Enfin de *Brisac*, prenant sa route par *Selestat*, ⁶ & passant par *Haguenau* ⁷, *Landau*, ⁸ où il fit quelque séjour, *Wormes*,

1 Ville Capitale de *Bresse* sur la *Reissouce*.
2 Petite Ville de la *Franche Comté* sur la riviére de *Forica* à 6 lieuës de *Besançon*.
3 Ville Capitale du Comté de *Bourgogne* sur le *Doux*.
4 Petite Ville d'*Allmagne* sur le *Doux*, dans le *Sunigau* en *Alsace*.
5 Capitale du *Brisgau* en *Suabe* sur le *Rhin*, entre *Bâle* & *Strasbourg*, éloignée de 9 à 10 lieuës de ces deux Villes.
6 Ville de la Prévôté d'*Haguenau* en *Alsace*, prés de l'*Ille*.
7 Ville d'*Alsace* sur le *Motter* à 4 lieuës de *Strasbourg*.
8 Ville d'*Alsace* enclavée dans le Palatinat du *Rhin* sur le *Queich*, à 5 lieuës de *Philisbourg*.

mes, ² *Maience*, ² *Coblents*. ³ Il arriva à *Andernach*, ⁴ où des soldats de l'Electeur de *Cologne* le prirent & l'enrôlérent par force : car on avoit donné ordre d'arrêter tous les passans, pour remplir quelques nouveaux Régimens que l'Electeur venoit de créer. Il y avoit 3 Compagnies à *Andernach*, trois à *Lintz*, ⁵ & six à *Bonne* ⁶, qui étoit la Place du Rendez-vous. Lors qu'elles y furent toutes assemblées, le Capitaine de la Compagnie, où le Sr. *Psalmanaazaar* avoit été mis, dit au Colonel qu'il avoit un soldat natif de l'Isle *Formosa* sujet de l'Empereur du *Japon*, & païen de Religion, qu'aiant oüi dire des choses mer-

veil-

1 Ville d'*Allemagne* sur le *Rhin* à 10 lieuës de *Maience*.

2 Ville du Cercle Electoral du *Rhin* en *Allemagne*, capitale de l'Archevêché de ce nom, sur le *Rhin* vis à vis de l'embouchure du *Mein* à 7 lieuës de *Francfort*.

3 Ville du Cercle Electoral du *Rhin* appartenante à l'Electeur de *Treves*, située au confluant du *Rhin* & de la *Moselle*.

4 Petite Ville d'*Allemagne* dans le Diocése de *Cologne*.

5 Ville capitale de la haute *Autriche* sur le *Danube* à 36 lieuës de *Vienne*, & 10 de *Passau*.

6 Ville du Diocése de *Cologne* sur le *Rhin* à 4 lieuës de *Cologne*.

veilleufes de l'Europe, il avoit entrepris un Voiage si long, si dangereux, & si pénible, uniquement pour satisfaire sa curiosité. Le Colonel qui étoit Savoiard, * & de ces Catholiques à brûler, fit scrupule de retenir un païen au service de l'Electeur. Aprés l'avoir bien questionné, il ordonna qu'on le conduisît à la maison des Jésuites pour le faire instruire. A ce nom de Jésuite, nôtre Japonnois trembla : il craignit d'abord qu'ils n'eussent quelque connoissance de sa sortie d'*Avignon*, & il s'imagina qu'il alloit être condamné de nouveau à souffrir une persécution, qui lui tenoit lieu de supplice. Le Colonel aprés quelques réflexions, voulut se faire un mérite de contribuer à la conversion d'un Idolatre, il le conduisit lui-même chés les Jésuites, lesquels par bonheur n'avoient point oüi parler de lui. Apres les premiéres questions sur le dessein de son Voiage, ils commencérent à lui étaler mille belles speculations, & à exalter leur Religion, à mesure qu'ils tournoient la sienne en ridicule. Il étoit déjà convaincu par sa
propre

* Son nom étoit Mr. le Chevalier de St. *Maurice*.

propre expérience, que leurs argumens étoient trop foibles, pour persuader leurs opinions à tout homme, qui auroit un peu de sens, & il jugeoit qu'ils avoient encore moins de prise sur un *Juif*, un *Turc* ou un *Païen* que sur un autre : il connoissoit d'ailleurs les raisonnemens qu'ils avoient coûtume de faire en semblables cas, aiant encore la mémoire fraîche des disputes, dont il ne faisoit que de sortir, de sorte qu'il se trouva si préparé à entrer en lice avec eux, qu'il leur prouva qu'il y avoit mille fois plus d'absurdités dans leur Religion que dans la sienne : & il leur parla avec tant d'assurance & de facilité, que le Colonel tout étonné s'écria, *Ce n'est pas lui qui parle, c'est le Diable qui est en lui, qui parle par sa bouche.* Mais un de ces Jésuites l'aiant tiré à quartier lui dit qu'il étoit bien malheureux de vouloir persister dans l'idolatrie, & qu'il le plaignoit de tout son cœur, au lieu que, s'il embrassoit la foi chrétienne, il lui pouvoit procurer des avantages considérables auprés du Prince Electoral ; mais il lui répondit qu'il falloit avant toutes choses qu'il le convainquit de la vérité de sa Religion, qu'autrement il étoit résolu de tout souffrir plûtôt que de renoncer à la sienne. Le Colonel en fut si irrité, qu'il le menaça de le faire jetter dans un cu de basse fosse, où il le feroit jeûner au pain & à l'eau, jusqu'à ce qu'il changeât de sentiment. Son Capitaine plus honnête homme qu'eux tous, considérant qu'on l'avoit engagé par force, ne voulut pas souffrir qu'il lui fût fait aucun mal. Il pria le Colonel de lui permettre de s'en aller, & de lui accorder un congé, ce qui fut fait le même jour.

Il reprit donc ses habits d'Abbé, sortit de *Bonne*, & continua son voiage jusqu'à *Cologne*, * où il fut encore arrêté à la porte par la sentinelle, qui le fit conduire au Capitaine des Gardes, auquel il montra son Congé de *Bonne* : ce congé portoit en substance qu'on l'avoit renvoié à cause de sa Religion. *Si ces gens sont fous*, lui dit ce Capitaine des Gardes, *pour moi, je ne le suis pas, quoique tu sois païen, tu peux rendre d'aussi bons services à l'armée que le meilleur Chrétien.* Le voilà donc enrôlé une seconde fois. Le Colonel du Régiment s'appelloit Monsr. *Buchwald*, son
Ca-

---

* Ville du Cercle Electoral du *Rhin*, Capitale de l'Archevêché de ce nom, située sur le *Rhin* entre *Bonne* & *Dusseldorp* à 4 lieuës de l'une & 7 lieuës de l'autre.

Capitaine, qui fut fait Major ensuite, se nommoit Mr. *Warensdorff* : ils étoient tous deux Lutheriens. Le Lieut. Colonel qui avoit nom *Vandeuil* étoit Catholique, & plusieurs Officiers du Régiment Calvinistes, appartenans tous au Prince de *Mechlenburg* ; mais le Régiment étoit pour quelques années à la païe des Hollandois. Le Colonel & le Capitaine envoiérent chercher quelques Ministres de leur Communion, l'un desquels étoit à *Cologne*, un autre à un village éloigné d'une heure de chemin, & deux autres qui servoient dans les Régimens de Brandebourg. Nôtre Japonnois eut à faire à ces quatre Messieurs ; pendant tout un jour ; mais leur *Consubstantiation* le chocqua autant que la *Transsubstantiation* Romaine. Elle lui parut sujette à autant d'absurdités que la doctrine de Rome, premiérement parce qu'ils recusent le témoignage des sens, & détruisent par conséquent la plus grande preuve de la Religion Chrétienne, sçavoir les miracles, qui la confirment, la vérité desquels dépend absolument du témoignage des sens de ceux qui les ont veus. Secondement la doctrine des Lutheriens, de même que celle de l'Eglise Romaine, suppose que le Corps de Christ, qui est à présent gloirieux & immortel dans le Ciel, est néantmoins corporellement present dans l'Eucariftie, & dans tous les lieux à la fois, où ce Sacrement est administré; ce qui est contraire à l'idée que nous avons d'un corps semblable au nôtre, & tel qu'est celui de Jesus Christ, quoique glorifié: car si le corps de Jesus Christ avoit des qualités différentes des nôtres, & dont les nôtres ne pussent être susceptibles, lors qu'ils seront glorifiés, ou que le corps de Jesus Christ eût des propriétés, qui ne conviennent qu'aux Esprits, il n'auroit pas pris un corps semblable au nôtre, ce qui est contre l'Ecriture.

Outre les absurdités communes aux Eglises *Romaine* & *Lutherienne*, cette derniére en a comme l'autre quelques-unes qui lui sont particulieres : car premierement elle enseigne, que ces paroles, *Ceci est mon Corps*, se doivent entendre litteralement, sans cependant que la substance du pain soit détruite, tellement que selon la glose des Lutheriens, le sens des paroles du Seigneur est celui-ci, *Cette substance du pain est réellement ma chair*, ce qui est une contradiction dans les termes; car il est impossible que la même substance puisse être en même tems

tems & pain & chair. Secondement ils soûtiennent que le pain de l'Eucariſtie eſt ſacrement ou ſigne du corps de Chriſt, & qu'il eſt en même tems réellement ſon corps : autre contradiction, qu'une ſeule & même choſe ſoit en même tems, & le ſigne & la choſe ſignifiée, ou qu'une ſeule & même choſe ſoit ſigne d'elle-même. Troiſiémement ils aſſeurent que le corps de Chriſt eſt vivant dans l'Eucariſtie (car ils rejettent le ſacrifice de la Meſſe, dans lequel le corps de Chriſt eſt immolé & offert en holocauſte pour les péchés des vivans & des morts) & qu'il eſt uni à la Divinité, ſans vouloir qu'il ſoit un objet d'adoration, ſi ce n'eſt dans la reception du ſacrement.

Voilà entre autres les objections qu'il faiſoit contre les Lutheriens, par leſquelles les Miniſtres de cette Communion virent bien le peu d'apparence qu'il y avoit de le perſuader par raiſon de ſe ſoûmettre à leur doctrine ſur l'Eucariſtie. C'eſt pourquoi le Miniſtre, qui demeuroit dans le village dont nous venons de parler, l'amena chés lui, où il le garda l'eſpace de 15. jours. Son Capitaine s'étant mis de la partie, ils ſe joignirent enſemble pour l'engager ſous de belles promeſſes à embraſſer leur Religion; mais il de-
M 6 meura

meura inflexible, & les asseura qu'ils ne gagneroient rien sur lui par de semblables voies : ils le renvoiérent donc à sa garnison, où le Lieutenant Colonel qui étoit Catholique Romain le prit & le conduisit aux Capucins, & ensuite aux Jésuites ; mais toutes leurs peines furent inutiles. Enfin les Officiers du Régiment qui étoient tous Calvinistes le menérent au Ministre de leur Eglise, lequel étant d'abord convenu avec lui des absurdités auxquelles la doctrine des Romains & des Lutheriens est sujette, aprés avoir détourné ces pierres d'achopement qui l'arrêtoient, il le convainquit de maniére, sur la plûpart des points qu'il contestoit, que tout surpris en lui-même de ne sçavoir presque plus qu'objecter, il se vit sur le point de se faire Chrétien ; mais l'ordre de leur dispute aiant laissé les matiéres de la Grace & de la Prédestination pour la fin, dés que le Ministre, un peu trop entêté de son opinion, lui eut proposé la doctrine de la Prédestination absoluë, & qu'il se fut efforcé de la lui prouver par l'Ecriture, il en fut tellement scandalisé, qu'il recommença à douter de nouveau de la vérité des choses sur lesquelles il s'étoit déja déclaré vaincu. Il lui dit donc que, s'il y avoit une nécessité

cessité absoluë de croire une telle Prédestination, il n'avoit point de plus forte preuve qu'il étoit réprouvé, que la répugnance qu'il sentoit à embrasser cette doctrine, & il ajoûta que, supposé cette Prédestination absoluë, il estoit seur de n'être jamais damné pour adhérer à une Religion dans laquelle Dieu l'avoit fait naître ; mais à cause du décret absolu & éternel par lequel il étoit réprouvé.

Le Ministre se trouvant un peu embarassé par ces objections, auxquelles il étoit néantmoins si aisé de répondre, lui dit pour se tirer d'affaire, qu'il étoit un opiniâtre, & qu'il ne se vouloit pas rendre à la raison. Cependant le Regiment marcha de *Cologne* à *Bois-le-Duc* * en *Hollande*, où plusieurs Ministres Calvinistes s'empressèrent de voir nôtre Japonnois, & de disputer contre lui plûtôt par curiosité, que par aucun dessein de travailler à sa conversion. Il leur opposa toûjours les mêmes argumens, ne trouvant personne qui lui donnât de réponse

*Ville des Païs bas ; Capitale de la Mairie de ce nom, dans le *Brabant* Hollandois, au confluant de *l'Aa* & du *Dommel*.

ponse satisfaisante. De *Bois-le-Duc* il alla à *l'Ecluse*, * où il demeura l'espace de trois mois & demi, pendant lesquels il soûtint encore plusieurs assauts, dont il sortit toûjours aussi peu satisfait qu'auparavant. Monsr. le Brigadier *Lauder*, alors Gouverneur de cette Place, aiant un jour invité à dîner chés lui le Ministre de l'Eglise Françoise, nommé Mr. D.***, lui dit, qu'il y avoit dans la garnison un soldat Japonnois, & païen de naissance, assés instruit des différentes Sectes qui partagent l'Eglise Chrétienne, pour oser tenir tête aux plus habiles sur les points les plus difficiles de la Religion, qu'il lui ouvroit un beau champ pour faire montre de son sçavoir & de son zele. Le Ministre alla dés le lendemain trouver le Japonnois pour lui proposer une dispute publique. Ils convinrent ensemble du tems & du lieu, & se promirent mutuellement que le vaincu se rangeroit du parti du vainqueur, & embrasseroit sa Religion.

Le jour venu, il se trouva un grand nom-

---

* Petite Ville trés forte dans la *Flandre* Hollandoise à 3 lieues de *Bruges*, où il y a un petit port de mer.

nombre de personnes à cette assemblée. Nôtre Japonnois commença d'expliquer sur le champ, & en aussi peu de paroles qu'il lui fut possible, la Religion de son païs, la maniére dont on y adore Dieu, & tout ce qui fait partie du culte qu'ils lui rendent. Quand il vint à parler du sacrifice des enfans, Monsr. D. * * *, l'interrompit en lui disant, n'avouerés-vous pas que vous servés un Dieu bien cruel, & bien barbare, qui exige de telles victimes? Véritablement cela peut paroître tel, répondit le Japonnois; mais qu'est-ce que cette cruauté en comparaison de celle du Dieu que vous adorés? Car si vous appellés nôtre Dieu cruel, parce qu'il prive quelques-unes de ses créatures d'une vie temporelle, pour les rendre éternellement heureuses, de quel nom appellerai-je celui, qui tire exprés des créatures du néant, pour les rendre souverainement malheureuses, & qui les condamne à des peines éternelles, avant même qu'elles existent, & sans avoir égard ni au bien ni au mal qu'elles pourront faire, seulement pour montrer la séverité de sa Justice dans la punition d'une désobéïssance qu'il lui plaît d'imputer à toute la postérité du premier homme ? Cette réponse à laquelle le
Sr.

Sr. D***. ne s'attendoit pas, le furprit. Il ne lui répondit autre chofe, finon que c'étoit une matiére au deffus de la portée de fon efprit, & qu'il avoit befoin d'inftruction, avant que de fe mêler d'en parler : ainfi le Japonnois aiant été prié de continuer l'expofition de fa croiance, dit que Dieu leur apparoiffoit fouvent, tantôt fous la figure d'un Bœuf, ou d'un Eléfant, & tantôt fous celle d'un Lion, ou d'un Ours, felon qu'il étoit irrité ou appaifé par l'odeur de leurs facrifices ; mais qu'ils l'adoroient fous ces différentes figures. O Dieu ! quel aveuglement, s'écria le Miniftre ! Eft-il poffible que Dieu que vous avoüés être tout-puiffant, infini, immenfe, incomprehenfible, éternel &c. voulût s'abbaiffer jufqu'à fe revêtir de la figure de tels animaux ? Je ne fçai pas fi cela eft au deffous de la grandeur de Dieu, repartit le Japonnois ; mais je fçai bien que pour en prouver la poffibilité, je n'ai qu'à me fervir des exemples rapportés dans vôtre Ecriture, la Régle de vôtre Religion. Ne croiés-vous pas que le St. Efprit eft infini, immenfe, éternel, en un mot qu'il eft Dieu ? Cependant ne s'eft-il pas manifefté aux hommes fous la figure d'une Colombe qui eft bien moins confidé-

fidérable que celle d'un Eléfant ou d'un Bœuf? A quoi le Sr. D * * *. ne répondit que par des exclamations sur la différence de ces animaux, sans donner aucune raison de cette disparité. Plusieurs de ceux qui étoient presens indignés de le voir defendre si mal une bonne cause, tentérent vainement de dire quelque chose, il leur imposa silence, & ne voulut jamais souffrir que personne parlât que lui. Le Japonnois l'écoutoit fort patiemment; mais tout son discours ne roula que sur des exhortations à pratiquer l'humilité & la simplicité Chrétienne, dont à la verité il ne paroissoit pas lui-même fort rempli; ainsi cette conférence ne produisit aucun effet sur l'esprit de nôtre Japonnois, & si la Providence ne lui eût pas suscité un * *Ananias pour lui faire tomber les écailles des yeux*, & lui servir de guide dans un chemin semé de tant d'épineuses controverses, le sistéme de la Religion Chrétienne tel qu'il lui avoit été proposé jusqu'alors, lui paroissoit si absurde, qu'il seroit demeuré plus opiniâtrément que jamais dans son idolâtrie; car il proteste encore actuellement que ces terribles décrets de
la

* Actes Chap. 9. v. 18.

la Prédestination & de la Réprobation absoluë lui avoient fait envisager Dieu comme un Tiran cruel & inéxorable, qui n'avoit pas de plus grand plaisir que de voir souffrir éternellement ses Créatures. Cette idée lui paroissoit si effroiable, & si contraire à la loi génerale de toutes les Religions du monde, dont la fin prochaine est la punition du vice & la récompense de la vertu, qu'il s'étonnoit que des gens doüés de raison eussent pû se résoudre à adopter un principe si déraisonnable, & si peu conforme à l'idée qu'ils veulent qu'on ait de Dieu, comme d'un Etre infiniment bon & miséricordieux.

Mr. *Innes*, Ministre Ecossois se trouvant à *l'Ecluse* entendit parler de nôtre Japonnois; son avanture lui aiant donné de la curiosité, il le vit, le questionna, & en fut fort satisfait. Il le goûta davantage par la suite, eut pitié de lui, & le plaignit de le voir si attaché à sa Religion, & si éloigné du Christianisme; mais lui aiant remarqué l'esprit net, & aisé, de la penetration & du discernement, & capable de faire un bon usage de sa raison, il entreprit de lui exposer la Religion Chrêtienne d'une maniére simple & dégagée de tout ces monstrueux

trueux Dogmes de *Transubstantiation*, de *Consubstantiation*, de *Prédestination absoluë*, inconnus aux Apôtres & à leurs premiers disciples. Le Japonnois l'écouta avec tant de plaisir qu'en peu de semaines toutes ses difficultés s'évanouirent, ses doutes furent éclaircis, & son cœur si satisfait, que ne pouvant résister à la force de la verité, & à l'attrait de la grace, il résolut de ne différer pas plus long-tems sa conversion, & se disposa à recevoir le batême. Monsr. *Innes* le lui administra, le Gouverneur de la Place, Monsr. le Brigadier *Lauder*, fut son Parrain & le nomma *Georges*. On obtint son congé du Colonel, & Monsr. *Innes* jugeant que, si ce jeune homme s'appliquoit à l'étude, il pourroit rendre un jour de fort grands services à l'Eglise, lui conseilla de passer en Angleterre, où il est depuis 7 ou 8. mois, sous la protection de Mylord Evêque de *Londres*, qui l'a engagé d'aller incessamment à l'Université *d'Oxford*, pour y commencer son cours de Théologie. Mais avant que de finir, j'ai crû que le Lecteur seroit bien aise que je lui fisse part du plan que ce Néophite s'est fait lui-même de la Religion Chrétienne, sur ce qu'il en a retenu des conférenférences qu'il a eues avec son Pere spirituel, Monsr. *Innes*. On y trouvera bien des choses qui regardent plus la discipline que la doctrine; mais je n'y ai rien voulu changer; on jugera par là de la netteté de son esprit, & de la justesse de son discernement. Ce sistéme est expliqué à la maniere des Géometres, sçavoir par définitions, axiomes, demandes & propositions : il contient deux parties, la premiére renferme les principes de la Religion Chrétienne en général, la seconde ceux qui sont plus particuliers à l'Eglise Anglicane, & qui la distinguent des autres Assemblées, Héretiques, ou Schismatiques.

CHAPITRE XXXVIII.

Motifs de Conversion du Sr. Georges Psalmanaazaar.

SECTION PREMIERE.

Sistéme de la Religion Chrétienne en général.

DEFINITIONS.

I. Par le mot de Dieu, j'entens un Etre

Etre infini, incréé, éternel, incomprehensible, tout-puissant, invisible &c. contenant en soi toutes les perfections imaginables.

II. Une chose est dite exister d'une necessité absoluë; lorsque rien ne peut exister sans elle.

III. On dit qu'une chose est créée pour la gloire de Dieu, lorsque selon sa nature & son pouvoir, elle manifeste un ou plusieurs de ses attributs,

IV. Par les miracles, j'entens certains effets clairs & évidens, qui surpassent les forces des causes naturelles, & qui sont destinés à la confirmation de la vérité d'une bonne Religion.

V. La Révélation est une manifestation extraordinaire de la volonté de Dieu à la connoissance de laquelle l'homme ne pourroit jamais parvenir par ses facultés naturelles.

VI. La Religion consiste dans le culte que nous devons à Dieu, & qu'il demande de nous.

VII. Par les Créatures du même genre, j'entens généralement toutes celles qui sont ou végétatives, ou sensitives, ou raisonnables.

AXIOMES.

I. Ce qui n'est point ne peut pas donner l'existence à quelque chose.

II. Toutes les Créatures ne sont pas revêtuës d'égales perfections.

III. Deux propositions contradictoires ne peuvent pas être toutes deux vraies.

IV. Deux choses qui s'expriment par deux ou plusieurs propositions contradictoires ne peuvent pas être toutes deux vraies.

V. Il y a plusieurs Religions différentes dans le monde.

VI. Toutes les Religions contiennent certain nombre de propositions, qui sont ou toutes fausses, ou toutes véritables, ou en partie fausses, & en partie véritables.

VII. Si nous n'avions pas la faculté de penser, la gloire de Dieu nous seroit une chose inconnuë.

VIII. Plus une faculté est forte en nous, & plus nous voions clairement les propriétes d'une chose que nous concevons, quand elle est l'objet de cette faculté.

Demandes.

I. Que la gloire de Dieu, le bien public & l'avantage de chaque homme en particulier sont les fins principales de toute véritable Religion.

II. Qu'il est nécessaire qu'un homme croie quelque chose, ou qu'il ne croie rien du tout.

III. Que rien ne doit être cru, sans une évidence suffisante.

IV. Que les choses qui ont le même dégré, ou des dégrés égaux d'évidence, exigent de nous le même, ou un égal dégré d'acquiescement.

Propositions.

I. Il y a un Dieu.

II. Il a créé toutes choses pour sa gloire.

III. Plus nous connoissons un objet, & plus, naturellement parlant, la contemplation de cet objet en excite en nous l'amour ou la haine.

IV. Toutes les différentes Religions du monde procedent de l'amour ou de la haine de l'objet de nôtre adoration, ou des différens dégrés de ces affections.

V. On

V. On ne doit rendre aucun culte à Dieu qui ne lui soit agréable.

VI. Toutes les Religions du monde, prises ensemble, ne plaisent point à Dieu.

VII. Il n'y a qu'une Religion considérée distinctement par elle-même qui soit agréable à Dieu.

VIII. L'homme dans son état naturel ne peut pas découvrir cette Religion.

IX. Il y a des moiens certains pour discerner la véritable Religion d'avec celles qui sont fausses.

X. La Révélation est absolument nécessaire.

XI. Il est de la sagesse de Dieu que toutes les créatures d'un même genre concourent & s'accordent ensemble à manifester la gloire de Dieu d'une même maniére : c'est même une chose inséparable de la nature de ces créatures.

XII. Dieu peut se réveler aux hommes plus ou moins selon son bon plaisir.

XIII. Plus l'évidence d'une Révélation est universelle, plus la Religion elle-même est parfaite & universelle.

XIV. Dieu n'a pas eu dessein de faire embrasser à tout le genre humain une
Reli-

Religion qui n'auroit pas des degrez d'évidence proportionnés à cette universalité.

XV. Plus cette évidence est universelle, & plus la Révélation est parfaite.

XVI. Une Révélation & par conséquent la Religion qu'elle établit, doit être réputée pour la plus universelle, lorsque son évidence est si claire, qu'on ne peut la révoquer en doute, pourveu qu'on croie seulement quelque chose, & lorsque les argumens qu'elle emploie, pour engager les hommes à la pratique de ce qu'elle enseigne, sont accommodés à la plus médiocre capacité.

Ces Principes généraux aiant été expliqués à nôtre Japonnois par Mr. *Innes*, tant de bouche que par écrit, non-seulement il les embrassa avec toute la satisfaction imaginable; mais il protesta qu'il en comprenoit parfaitement toute la force, & qu'il étoit dans le sentiment, qu'il n'y a personne au monde qui examine sans passion, & par ces principes, toutes les Religions qui sont sur la terre, qui ne convienne que ni la *Juive*, ni la *Païenne*, ni la *Mahometane*, ne peuvent prétendre au titre de véritable Religion, & qu'il n'y a que la

N *Chre-*

Chrétienne seule qui soit en droit de prendre cette qualité, parce qu'elle est la seule qui ait la sainteté, l'évidence & la raison en partage.

Nous avons fait voir ci-dessus l'embaras, où se trouva nôtre Japonnois à la veuë des différentes sociétés, qui partagent l'Eglise Chrêtienne, ne sachant à quelle Communion il se rangeroit.

Les Ministres de Hollande lui faisoient entendre que le Gouvernement Episcopal n'étoit pas conforme à l'esprit de l'Evangile, ni à l'usage de la primitive Eglise : au contraire Monsr. *Innes* s'efforça de lui prouver, que c'étoit la forme de Gouvernement la plus ancienne, & qu'elle avoit été reçûë de tout tems. Pour lui en faire mieux comprendre la nécessité, il se servit de la même méthode qu'il avoit emploiée en lui prouvant la vérité de la Religion Chrêtienne en général. Voici ce que nôtre Prosélite en a retenu, & que j'ai tiré mot pour mot de ses Mémoires.

SEC-

SECTION SECONDE.

Principes particuliers à l'Eglise Anglicane.

DEFINITIONS.

I. PAr un certain ordre de gens, j'entens quelques personnes choisies dans une société, qui joüissent d'un pouvoir, ou d'un privilége, qui ne se doit pas communiquer à chaque membre particulier de cette société.

II. Par l'Ordination, j'entens un pouvoir receu d'un, ou de plusieurs autres, pour administrer les saints Sacremens, & les autres ordonnances sacrées, conformément à l'Institution de Jesus-Christ.

III. Par une Eglise, j'entens une société de gens qui croient, & qui professent la Doctrine Chrétienne, & qui ont le pouvoir d'administrer les saints Sacremens, & les autres ordonnances sacrées, conformément à l'Institution de N. S. Jésus Christ.

DEMANDES.

I. Une société est censée avoir un

pouvoir, quand une, ou plusieurs personnes de cette société en sont revêtues, quoi que chaque membre particulier ne puisse pas y prétendre.

II. Ce qu'une nécessité absoluë oblige une société de faire dans des tems de confusion, ne doit pas être tiré en exemple pour la même, ou quelque autre société, quand elles viennent à joüir de leurs pouvoirs, ou de leurs priviléges, sans aucun empêchement : & même dans ce premier cas, la nécessité ne rend pas une chose légitime; mais seulement pardonnable; & elle perd son nom, quand les irrégularités, auxquelles elle a donné occasion, peuvent être redressées.

III. En matiére de fait, la supposition que le contraire peut être vrai, n'est pas suffisante pour détruire la vérité de ce qui s'est passé, c'est à dire, que personne ne peut dire qu'une chose n'a pas été ainsi, parce qu'elle auroit pû être autrement.

Axiomes.

I. On ne doit rien croire dans la Religion Chrétienne, que ce qui est fondé sur une certaine évidence.

II. Rien ne doit être pratiqué par des Chrétiens considérés comme tels, qui ne soit fondé sur leur croiance.

III. Un homme, ou un nombre d'hommes, ne sauroient donner à un autre homme, ou à un autre nombre d'hommes ce qu'eux-mêmes n'ont pas, & qui n'est pas en leur pouvoir.

PROPOSITIONS.

I. Il y a eu une Eglise Chrétienne sur la terre, depuis le tems de Jesus-Christ & de ses Apôtres.

II. L'Eglise n'a de pouvoir que celui qu'elle tire de N. S. & de ses Apôtres.

III. Les Apôtres furent revêtus d'un pouvoir, qui n'étoit pas communicable à tous les Chrétiens en général.

IV. Tous les Chrétiens en général, au tems des Apôtres, ou de la primitive Eglise, n'avoient pas le pouvoir d'administrer les Sacremens, ni de prêcher l'Evangile.

V. Ceux qui n'avoient pas eux-mêmes ce pouvoir ne pouvoient pas être en état de le communiquer à d'autres.

VI. Ce pouvoir donc a résidé continuelnuellement dans un certain ordre d'hommes, à qui nôtre Seigneur, ou les Apôtres, l'avoient communiqué.

VII. Ce pouvoir nous a été tranſmis par cét ordre d'hommes inviolablement, & ſans interruption, depuis les premiers âges de l'Egliſe Chrétienne.

VIII. Ceux-là ne ſont pas une Egliſe, qui ſe ſéparent eux-mêmes de cette ſociété, ou de ces ſociétés de Chrétiens, dans leſquelles le pouvoir d'adminiſtrer les Sacremens & les autres ordonnances ſacrées eſt uniquement placé, à moins que cette ſociété, ou ces ſociétés n'aiant corrompu la Doctrine en des points fondamentaux.

IX. Perſonne ne ſe doit joindre en communion avec une ſociété, qui n'a pas le pouvoir d'adminiſtrer les Sacremens, & les autres ordonnances ſacrées.

X. Perſonne ne doit s'attribuer ce pouvoir, à moins qu'il ne le reçoive de ceux qui ſont en pouvoir de le donner.

XI. Celui qui le reçoit par cette voie, doit être pleinement aſſeuré, & avoir une évidence ſuffiſante, que ceux de qui il le reçoit, ont effectivement le pouvoir de le donner ; car une ſimple probabilité ne peut jamais juſtifier un
hom-

homme d'avoir usurpé ce pouvoir.

XII. Personne ne peut être asseuré de cela, à moins qu'au même tems, il n'ait une évidence suffisante, que ceux qui le lui donnent, sont du nombre de cét ordre d'hommes, auxquels les Apôtres ont communiqué ce pouvoir, pour être transmis inviolablement, & sans interruption jusqu'à nous, depuis les premiers âges de l'Eglise Chrétienne.

XIII. Il n'y a pas d'autre moien pour être asseuré de cela, que de remonter de nôtre tems à ceux des Apôtres, ou de la primitive Eglise.

XIV. Ceux qui ne peuvent pas produire cette évidence, ne sauroient être cét ordre d'hommes, à qui les Apôtres ont communiqué ce pouvoir, pour être conservé, & transmis inviolablement, & sans interruption jusqu'à nous, depuis les premiers âges de l'Eglise Chrétienne.

XV. L'Eglise Anglicane peut produire cette évidence & conséquemment elle est du nombre de cét ordre de gens, à qui les Apôtres ont communiqué ce pouvoir, pour être transmis jusqu'à nous inviolablement, & sans interruption, depuis les premiers âges de l'Eglise Chrétienne.

Voilà les propositions que Mr. *Innes* don-

donna à nôtre Japonnois touchant la discipline de l'Eglise, qu'il lui expliqua fort amplement les unes aprés les autres, & par le moien desquelles, il le guérit de tous ses scrupules touchant les différentes sociétés, qui se trouvent dans l'Eglise Chrétienne ; de sorte qu'aprés les avoir sérieusement examinées, & les avoir comparées avec celles que Mrs. les Ministres de l'Ecluse, & autres lieux, où il avoit été, lui avoient alléguées, il se détermina en faveur du Gouvernement Episcopal, & embrassa la Communion de l'Eglise d'Angleterre, comme étant celle qui lui parut la plus conforme aux Institutions Apostoliques & aux usages receus parmi les premiers Chrétiens. *Je sçai fort bien*, me disoit-il un jour à ce sujet, *qu'il n'y a aucune vérité pour claire & évidente qu'elle puisse être, contre laquelle il ne se puisse trouver des gens qui forment des objections, cela a toûjours été, & sera toûjours ainsi, tant qu'il y aura des hommes sur la terre : mais je croi que chacun est obligé de suivre les lumiéres de son esprit, à proportion de la mesure qu'il a plû à Dieu de lui donner, sans condamner personne.*

Aprés avoir veu les principes généraux qui ont servi de fondement à la con-

conversion de nôtre Japonnois, on sera sans doute bien aise de voir en même tems, de quelle maniére il a conceu les preuves qui lui ont été alléguées en faveur de la Religion Chrétienne. Je les rapporterai mot pour mot, & dans le même ordre qu'il les a lui-même arrangées. Ainsi dans tout le reste de cét Ouvrage, on doit se souvenir que c'est le *Sr. Psalmanaazaar lui-même qui parle*, sans qu'on lui ait rien prêté que le tour & les expressions de la langue Françoise, dans laquelle il n'a pû se faire entendre avec assez de facilité.

CHAPITRE XXXIX.
Suite des motifs de Conversion du Sr. Georges Psalmanaazaar.

SECTION PREMIERE.
De l'Existence de Dieu.

IL est constant que l'Existence de Dieu est le fondement de toute Religion. Tout le soin qu'on se donne pour découvrir quel est le culte le plus convenable & le plus agréable à Dieu, & toutes les disputes qui partagent les hommes sur ce sujet seroient superfluës, si nous n'étions certains, avant toutes choses, qu'il y a un Dieu.

La plus grande partie du genre humain, tant les Païens que les autres, conviennent tous de cette vérité, qu'il y a un Etre suprême qui gouverne toutes choses. C'est Dieu ; mais parcequ'il ne se trouve encore que trop de gens qui en doutent, ou qui témoignent en douter, il n'est pas inutile de montrer par quels argumens on peut mettre cette vérité, le fondement de toutes les Religions révélées, à couvert des attaques de ceux, qui ne voulant pas faire usage de leur raison, cherchent à s'aveugler sur une chose si claire & si évidente.

Un grand nombre de sçavans Théologiens travaillent à expliquer quels sont les moiens les plus propres, pour parvenir à la connoissance de Dieu. Quelques-uns croient que cette notion nous est naturelle, & qu'elle est imprimée dans les cœurs de tous les hommes, par celui qui les a créés. D'autres pretendent que cela ne se peut prouver, & que les hommes ne parviennent à cette connoissance que par la Révélation, ou par la Tradition. Sans entrer dans l'examen de ces différentes opinions, je croi que le seul usage de nôtre raison aidée

de

de la lumiére naturelle, nous peut amener à celle de l'Existence de Dieu, comme je le vais démontrer.

ARGUMENT. I.

Tout ce qui existe doit nécessairement exister par soi-même, ou avoir receu son existence de quelque autre. Ce qui existe par soi-même est incréé, indépendant, éternel. C'est Dieu. Ce qui existe par un autre ne peut être que la production d'une cause qui existoit auparavant : c'est ce qu'on appelle cause seconde. Puis donc que toutes les causes secondes sont produites par quelques autres, qui leur donnent l'être, qu'elles n'avoient pas auparavant, il faut nécessairement, ou que cette production soit éternelle & infinie, ou que les effets produisent quelquefois leurs causes, & qu'elles se reproduisent sans cesse l'une l'autre, comme par un cercle perpetuel; ou qu'il y ait une cause premiére, qui subsiste par elle-même, & de laquelle toutes les autres causes sont sorties. C'est Dieu.

On prouve qu'il ne peut pas y avoir une production de causes à l'infini, parce que la cause qui produit une nouvelle cause, doit avoir un commencement dans son opération, laquelle se doit faire dans un certain tems limité, or ce tems limité est incompatible avec la nature de l'Eternité; donc il ne peut pas y avoir une production de Causes éternelles.

On ne peut pas non plus imaginer une production circulaire, par laquelle le dernier effet produit la cause premiére; Car une même chose seroit la cause de sa cause, seroit prieure & postérieure à sa cause, & à elle-même, ce qui est contradictoire & impossible; il faut donc convenir qu'il y a une cause prémiére, qui existe par elle-même, qui a créé toutes choses &c. C'est Dieu.

Argument II.

Je suis seur qu'il y a à present quelque chose dans le monde. Car je suis persuadé en moi-même que je pense, que je conçois, que je doute. Le néant n'est pas capable de ces propriétés; donc je suis certain qu'il y a un Etre qui pense, qui conçoit, qui doute & de là je tire les deux conséquences suivantes.

I. Qu'il y a eu quelque chose de toute Eternité. Car ou il y a toûjours eu quel-

quelque chose, ce qui prouve un Etre éternel; ou il y a eu un tems, où rien n'existoit, alors toutes choses seroient demeurées dans le néant. Car il n'y a point de principe plus certain que celui-ci, que rien ne peut produire rien, & que tout ce qui a receu l'être a été produit par quelque chose qui étoit; donc s'il y avoit eu un tems, dans lequel rien n'existoit, tout ce qui existe à present, n'auroit jamais pû être produit.

2. Puis qu'il est certain qu'il y a dans le monde un Etre qui pense, qui connoit, qui entend; il est évident qu'il y a eu de toute Eternité, un Etre qui pense, qui connoit & qui entend. Car il n'est pas moins impossible qu'un Etre dépouillé d'intelligence, produise un Etre intelligent, que rien produise quelque chose : & s'il y avoit eu un tems, où il n'y avoit point d'Etre intelligent, un pareil Etre n'auroit jamais pû commencer d'exister, parce que rien ne l'auroit pû produire. Donc si un tel Etre existe, il faut que celui qui lui a donné l'existence, existe lui-même de toute Eternité.

On peut de la même maniére prouver l'existence de tous les attributs & perfections de Dieu. Car si nous trouvons qu'il y a un pouvoir, une sagesse, une bonté dans le monde, il faut qu'elles viennent d'une source divine & éternelle : de sorte que ces choses ne pouvant être elles-mêmes la cause de leur existence, & rien ne pouvant jamais donner à un autre une perfection qu'il n'a pas en lui-même, il s'ensuit nécessairement que cét Etre éternel doit aussi être éternellement tout puissant, tout sage, tout bon, la cause premiére & l'Original de toutes les Perfections qui ont été, qui sont, & qui seront à jamais.

SECTION II.

Des Attributs de Dieu en général.

QUoi-que nous concevions l'essence divine comme unique en elle-même, revêtuë de toutes les perfections possibles, cependant ses attributs se peuvent distinguer les uns des autres, & recevoir différens noms, suivant les différens objets, par lesquels Dieu nous les manifeste : non pas qu'il y ait aucune diversité réelle dans la nature, ou les Perfections de Dieu, mais seulement dans nôtre maniére de les concevoir. Car la foiblesse de nôtre en-
ten-

tendement ne nous permettant pas de les envisager d'une seule veuë, nous sommes obligés de nous les représenter séparément, & par rapport aux différens objets qui nous les font appercevoir.

Les attributs de Dieu ne doivent pas se confondre avec les effets qu'ils produisent : ce sont deux choses bien différentes. Car, par exemple, la Justice doit se distinguer de la punition, la Bonté de la Grace &c. comme des effets de leurs causes.

Cela supposé, nous considérerons les attributs de Dieu comme étant de deux sortes, de Dieu consideré comme un simple Etre, & à cet égard l'Unité, la Spiritualité, l'Eternité & l'Immensité lui sont attribuées : ou comme un Etre vivant, & alors l'intelligence & la volonté lui conviennent.

Les attributs qui dépendent de la volonté de Dieu se peuvent considérer encore de deux maniéres, ou comme des affections telles que celles que nous sentons en nous-mêmes ; ainsi l'amour, la haine la colére, le desir, la joie, la douleur &c. sont des attributs de Dieu: ou comme des vertus morales, telles sont la justice, la bonté, la longue attente, la sévérité &c. à quoi nous ajoûtons, comme qualités-
re-

résultantes de tous ses autres attributs, sa gloire & sa félicité éternelle.

SECTION III.
Des Attributs divins en particulier.

LE premier des attributs de Dieu, considéré comme un simple Etre, est l'Unité. Dieu est un, indivisible en son essence, séparé & distingué de toutes les autres choses visibles & invisibles. C'est pourquoi la nature divine ne se pouvant multiplier, & produire plusieurs Dieux, comme la nature humaine, qui produit plusieurs hommes, il faut conclurre que Dieu est un en lui-même, & par lui même, qu'il n'y a que lui seul qui soit Dieu, & qu'il ne peut y avoir d'autre Dieu que lui.

Le second attribut de Dieu, considéré comme un simple Etre, est qu'il est Esprit, & le plus pur de tous les Esprits, une essence dégagée de toute matiere, c'est-à dire un Etre incorporel, immatériel, invisible, dont l'acte le plus essentiel est la pensée. Dieu est donc une substance qui pense.

Le 3. attribut est l'Eternité qui n'est

n'est rien autre chose qu'une durée qui n'a ni commencement ni fin. Quand nous disons que Dieu est éternel, tant *à parte ante* qu'*à parte post*, nous entendons qu'il est immuable, exempt de toute variation & changement.

Le 4. attribut est son Immensité, par laquelle il remplit tout, il pénétre tout. Dieu est immense, c'est-à-dire qu'aucune étendue déterminée ne le peut contenir, & qu'il est present dans tous les lieux, & tous les espaces qui se peuvent imaginer. Les attributs de Dieu, consideré comme un Etre vivant sont, Premiérement, sa vie qui est le fondement de tous ses autres attributs & de leurs opérations, & sans laquelle il ne pourroit exister, ni agir comme un Etre intelligent, & seroit incapable d'aucune félicité, mais Dieu n'est pas seulement vivant, il est la source de la vie, & c'est lui qui vivifie toutes choses.

Secondement, son intelligence, que nous pouvons distinguer par sa connoissance & sa sagesse. La connoissance a pour objet toutes les choses qui ont été, qui sont & qui seront, tout ce qui est possible & impossible. C'est pourquoi quand nous parlons de la science de de Dieu, nous entendons que Dieu se connoît lui-même, & toutes ses perfections infinies, qu'il connoît toutes les choses qui sont en lui-même, de lui-même, & hors de lui-même; dans lui-même, comme ses décrets, de lui-même comme ses Actions extérieures, la Création, la Conservation, la Redemption &c. hors de lui-même, comme les péchés de tous les hommes. La sagesse de Dieu est cette perfection par laquelle il dirige les moïens qu'il sçait être les plus convenables, pour parvenir à une fin. Cette fin est, ou subordonnée comme la Redemption des hommes, qu'il a accomplie par l'Incarnation & la mort de son fils; ou dernière, comme la manifestation de sa gloire, à laquelle toutes les autres choses se rapportent.

Troisiémement, sa divine volonté, qui peut être considérée comme une faculté, ou comme une Action de vouloir telle & telle chose, pour des fins justes, bonnes & sages. Tels sont les décrets de Dieu, par lesquels il se détermine en lui-même, à parvenir à certaines fins par tels moïens, qui sont les plus convenables à sa gloire. Ces décrets sont ou absolus, comme ceux de la Création, de l'Envoi de son fils au monde;

de, ou conditionnels, comme le salut des hommes, à proportion de leur foi & de leur repentance.

Dans la volonté divine nous pouvons considérer deux sortes d'attributs, les premiers que nous concevons à la manière des affections que nous sentons en nous-mêmes, & les autres comme des vertus morales, qui gouvernent nos affections. L'Amour en Dieu est, selon nôtre manière de concevoir, une affection par laquelle Dieu se plaît en ce qui est bon : cét amour en Dieu, renferme en soi la grace, la miséricorde &c.

La haine est toûjours cette affection que nous sçavons être opposée à l'amour, & par laquelle Dieu abhorre tout ce qui est mal.

La colére a beaucoup de liaison avec la haine : dans nous, c'est une affection par laquelle nous nous éloignons de tout ce qui nous déplaît, ou qui peut nous causer quelque mal : mais en Dieu, ce n'est autre chose que le dessein qu'il a de punir les méchans.

La Justice de Dieu s'accorde parfaitement avec sa Sainteté. C'est cette perfection, per laquelle il veut & fait toûjours ce qui est bon, saint, juste & raisonsonnable : on l'appelle la justice universelle de Dieu. Sa justice particuliére est la distribution qu'il fait à un chacun de ce qui lui est convenable & nécessaire, la récompense des bons & la punition des méchans. Cette justice de Dieu est tempérée par sa débonnaireté & sa patience, qui sont des perfections en Dieu, qui arrêtent le cours de ses vengeances contre les péchés des hommes.

La Toute-puissance de Dieu est cette perfection par laquelle il peut faire toutes choses généralement quelles qu'elles soient ; car rien ne lui résiste & *tout ce qu'il veut s'accomplit au moment qu'il lui plait*, * excepté les choses, qui impliquent contradiction, lesquelles Dieu ne peut pas faire ; non pas par défaut de puissance ; mais à cause de l'incompatibilité de la chose même ; comme quand nous disons, que Dieu ne peut mentir, qu'il ne peut se renier soi-même, qu'il ne peut pas faire que ce qui a été, n'ait pas été, que ce qui est, ne soit pas, qu'un corps soit un esprit &c. La gloire de Dieu est l'Excellence de sa nature divine, par la-

* Pseaume 115.

laquelle il est infiniment au dessus de toutes les créatures. Sa félicité est ce qui résulte de ses divines perfections, la contemplation desquelles ne peut que le rendre souverainement heureux.

Mais en parlant de toutes ces distinctions, dans les attributs de Dieu, il faut toûjours se souvenir qu'elles ne sont telles que selon nôtre maniére de concevoir, parce que Dieu étant un Etre trés simple en lui-même, tous ses attributs ne sont aussi qu'une seule & même chose avec lui, & que toutes ses Actions procedent de l'accord parfait que ses perfections répandent dans sa divine essence.

SECTION IV.

Que Dieu gouverne toutes choses par sa sagesse & par son pouvoir.

APrés avoir prouvé l'existence de Dieu, il faut faire voir que c'est lui uniquement qui gouverne le monde, & tout ce qu'il renferme par sa Toute-puissance & par sa Sagesse infinie, ce qui paroîtra clairement par les confidérations fuivantes.

1. Que toutes chofes dans le monde tendent aux fins pour lefquelles elles font faites, par des voies convenables & proportionnées à leur nature; ce qui ne fe pouvoit exécuter fans une raifon, une fageffe & une prefcience, dont Dieu feul eft capable.

2. Que comme les créatures ignorent fouvent elles-mêmes les fins pour lefquelles elles exiftent, ou agiffent, elles avoient befoin d'un Conducteur fage & éclairé, pour les gouverner felon leurs befoins & les entretenir dans cette fubordination admirable à laquelle nous les voions affujeties.

En effet quel ordre ne voions-nous pas dans la deftination de toutes les créatures? Les plantes, les herbes nourriffent les animaux, qui font eux-mêmes à l'ufage de l'homme, comme l'homme eft créé pour Dieu. Mais quelles merveilles dans la fabrique de ce rare compofé de corps & d'efprit, & dans toutes les différentes fonctions de fes parties? Quel rapport les membres n'ont-ils pas les uns avec les autres? Avec quelle harmonie ne concourent-ils pas au bien de cette admirable & furprenante

te machine? Pouvons-nous ouvrir les yeux, fans appercevoir une foule d'argumens, tant en nous-mêmes, que hors de nous-mêmes qui nous prouvent avec la dérniére évidence, le foin fpécial que Dieu prend de nous? C'eft pour nous que les élémens font faits. Pourrions-nous fubfifter un moment fans l'air que nous refpirons? La terre ne nous foûtient elle pas, & ne produit-elle pas tout ce qui eft néceffaire, pour nous nourrir, nous vêtir & nous mettre à couvert des injures du tems, & des rigueurs des faifons? La mer nous fournit de toutes fortes de poiffons, & nous ouvre un paffage dans les endroits de la terre les plus éloignés de nous, pour commercer avec tous les hommes. Le Soleil ne luit pas pour lui-même, il eft fait pour nous éclairer, & pour meurir tous les fruits de la terre, dont nous avons l'ufage ; mais avec quelle régularité cet Aftre ne fait-il pas fon cours depuis tant de fiecles? Que dirons-nous de la Lune & des Etoiles, & de toutes les autres beautés de la nature? Et fi des Païens, éclairés des feules lumieres de la raifon, ont été convaincus par la confidération de tant
de

de merveilles, *de l'existence d'un seul Dieu, Auteur & Gouverneur de toutes ces choses,* * se peut il faire que parmi des Chrétiens, favorisés des lumiéres d'une Révélation divine, il s'en trouve qui doutent encore, si des ouvrages si éclatans, si réglés, si admirables, ne sont pas des effets du hazard & de la nécessité ?

Quelque peu considérable que soit le nombre de ces aveugles volontaires, il y en a toûjours trop : c'est pourquoi je ne laisserai pas de joindre aux preuves que je viens d'alléguer, 1. le consentement général de toutes les Nations, qui tombent toutes d'accord, qu'il y a un Etre supréme, qui a fait le monde, & qui le gouverne. Car les hommes, malgré l'orgueil qui leur est naturel, ont mieux aimé adorer le bois, la pierre, les Astres, les animaux, que d'être sans Dieu, & sans Religion. 2. Les remords de la Conscience, qui ne manquent jamais de reprocher secrétement aux hommes leurs crimes, lors même qu'ils se croient le plus à couvert des recherches de la justice humaine ; ce qui prou-

---

*Oportet unum esse Deum à quo hæc omnia regantur & gubernentur. *Cicero lib.* 2. *de Nat. Deorum.*

prouve qu'il y a un Juge supérieur & invisible, qui rendra un jour à chacun selon ses œuvres : ainsi quand les hommes n'auroient pas en eux-mêmes l'idée d'une Divinité, ils ont une raison, par laquelle ils peuvent tirer des conséquences des principes que la lumiére naturelle leur enseigne, & se convaincre de l'existence de Dieu (même sans le secours de la Révélation, laquelle suppose toûjours qu'il y a un Dieu, qui en est l'Auteur) & reconnoître qu'il est le Maître & le Conservateur de toutes les choses qu'ils voient.

SECTION V.

Des fins que Dieu s'est proposées en créant le monde.

NOus ne pouvons pas nous imaginer que Dieu se soit proposé d'autre fin, en créant le monde, que la manifestation de sa gloire. Si donc toutes les créatures sont faites pour la gloire de Dieu, ne sont elles pas toutes obligées de travailler autant qu'il est en elles à le glorifier? C'est pour cela que *David* * dit que les cieux annoncent la gloire

* Pseaume 19.

de Dieu; car la confidération de leur arrangement, & de leur grandeur nous amene néceffairement à la connoiffance de celui qui les a formées; mais l'homme, qui eft la plus parfaite de toutes les créatures vifibles, eft d'autant plus engagé à publier les merveilles de Dieu, qu'il eft plus capable de le faire; & qu'il a été plus particulierement créé pour cette fin. En effet les créatures inanimées, ou celles qui font deftituées de raifon & de jugement, ne peuvent exalter leur Créateur. C'eft à l'homme, pour qui elles ont été faites, à leur prêter fa langue, & à faire retentir tous les lieux, où il fe trouve, des acclamations, qu'il doit à la puiffance, à la fageffe, & à la bonté de Dieu, qui brille de tous côtés, dans les œuvres de la Création. Dieu ne l'a doüé de tant de facultés, que pour les emploïer à le glorifier. Pourquoi a-t-il des yeux, fi ce n'eft pour appercevoir les merveilles de fon Dieu? Et pourquoi a-t-il une langue, fi ce n'eft pour publier les bontés de fon Créateur? Soit que nous confiderions la fin pour laquelle Dieu a créé l'homme, ou les grands biens qu'il en a receus, il ne peut s'empêcher de reconnoître qu'il eft dans une étroite te obligation de le servir, de l'aimer & de l'honorer de tout son pouvoir, & de toutes ses forces, & de le remercier toute sa vie, de toutes les faveurs dont il l'a comblé.

SECTION VI.

De la nécessité d'une Révélation.

Dieu étant un Etre trés simple & trés parfait, il falloit que les hommes lui rendissent un culte aussi trés simple & trés parfait. Ils ne le pouvoient pas faire deux-mêmes; il eût été impossible, dans l'état de corruption, où ils sont nés, & avec la diversité de tempéramens, d'humeurs, d'inclinations; le different partage de leurs facultés corporelles & spirituelles, & cette varieté de préjugés qui les maîtrisent, qu'ils se fussent accordés dans la maniére d'adorer, & de servir Dieu, si cela eût entierement dépendu de leur choix. Car enfin supposons pour un moment, que tous les hommes eussent pû convenir ensemble d'un certain culte, par lequel ils eussent rendu leurs hommages à Dieu, d'une maniére uniforme; ne seroient-ils pas toûjours demeurez dans le doute, si ce culte eût été agréable à ses yeux? Quelque offrande, quelque sacrifice que nous fassions à Dieu, toutes choses lui appartiennent : & quand nous lui offririons nos corps & nos ames en sacrifice, nous ne lui presenterions rien qui ne soit à lui, & que nous n'aions receu de sa libérale bonté. C'est ce que reconnut *Socrates* un peu avant sa mort. *J'ai travaillé*, disoit-il, *tout le tems de ma vie, j'ai fait tout ce que j'ai pû pour plaire à Dieu, cependant je doute encore, si je suis un objet agréable à ses yeux.* * D'où je conclus que les hommes, pouvant si facilement se tromper dans les différentes notions qu'ils ont de Dieu, & étant de leur nature si attachés aux choses sensibles & corporelles, ils n'auroient jamais pû d'eux-mêmes embrasser un culte qui répondît à la grandeur & à la Majesté de celui qui les a créés. Ainsi il étoit absolument nécessaire que Dieu se fît connoître à eux d'une façon toute particuliére, pour leur apprendre sa volonté, & la maniére dont il vouloit être servi & adoré. C'est pourquoi Dieu ne s'est pas contenté de nous instruire de ce qu'il est, par la manifes-

---

* *Regis* cursus Philosoph.

festation de sa puissance, dans les œuvres de la Création, il a voulu encore dés le commencement se révéler aux hommes en plusieurs sortes, il a ouvert sa bouche sacrée pour être nôtre Docteur. *Dieu*, dit St. Paul, * *a parlé à nos Peres à plusieurs fois & en plusieurs manières, & à nous en ces derniers tems par son fils.* Non seulement sa bonté l'a porté à se communiquer à ses créatures ; mais il leur a donné une loi qui comprend tous les devoirs auxquels il lui a plû de les engager, tant envers lui, qu'envers elles-mêmes, & à l'observation de laquelle, il a attaché un bonheur souverain & éternel ; de sorte que c'est à cette loi divine que tous les hommes sont tenus de se conformer, s'ils veulent joüir des graces & des privileges que Dieu promet à ceux qui l'aiment & lui obéissent, & éviter les peines & les tourmens infinis, qu'il a préparés à ceux qui l'offensent, & méprisent ses commandemens. C'est dans cette loi qu'on trouve l'unique & véritable culte par lequel Dieu veut être servi & honoré, & c'est ce que nous appellons Religion.

Mais

* Epit aux Heb. chap. 1.

Mais parce que les hommes sont lents, & peu disposés à croire les choses qui viennent de Dieu, afin qu'ils n'eussent aucun lieu de douter de la verité d'une Révélation divine, & qu'ils ne prissent pas pour des Imposteurs, ceux qui devoient leur annoncer la volonté de Dieu, il étoit nécessaire que la verité de cette Révélation leur fût confirmée par une évidence, & des faits miraculeux, qui fussent au dessus de toute puissance humaine. C'est ce qui se trouve dans la Religion Chrétienne, laquelle a été confirmée par des signes extraordinaires & des œuvres miraculeuses, dans le même tems qu'elle a été publiée ; mais parce que des hommes adroits & rusés ont pû & peuvent encore, par un art & une adresse extraordinaire, ou même par l'aide des malins Esprits, faire des choses qui paroissent miraculeuses, nous examinerons par quel moien, on peut discerner les vrais miracles d'avec les faux, & par conséquent les hommes envoiez de Dieu, d'avec les Imposteurs, & les Emissaires du Démon.

SECTION VII.

De la Religion en général & des moiens de discerner les vrais miracles d'avec ceux qui ne le sont pas.

Dieu étant, comme nous avons déja dit, un Etre trés parfait, il ne se peut contredire lui-même, ni établir deux Religions contraires. Puis donc qu'il y a tant de différentes Religions dans le monde, qui se condamnent l'une l'autre réciproquement, il est seur, qu'il n'y en peut avoir qu'une véritable, & qui soit d'autorité divine; & que toutes les autres ne sont que des inventions humaines, pleines d'illusions, de fraudes & de mensonges. La difficulté est de sçavoir, par quels moiens l'on peut distinguer la véritable Religion, d'avec celles qui ne le sont pas.

Ces moiens sont deux, l'examen des preuves, qui établissent la Religion, & l'objet de la Religion. Nous avons déja remarqué qu'une des meilleures preuves de la vérité d'une Religion, sont les miracles qui se font, ou qui ont été faits pour sa confirmation; mais afin que nous ne soions pas trompés sur la solidité de ces preuves, il faut voir comment on peut discerner des Actions véritablement miraculeuses, d'avec les enchantemens, ou les tromperies dont le Diable se sert, pour en imposer aux hommes. Un miracle pour être cru véritable, doit avoir trois qualités nécessaires. Prémiérement, celui qui le fait doit en avoir le dessein, & sçavoir par avance qu'il le doit faire. Secondement, nous devons être trés certains que le miracle a été effectivement fait. Troisiémement, ce doit être une œuvre merveilleuse, qui frappe les sens, & qui soit au dessus de la portée de toutes les causes naturelles; ce qui se peut observer encore de deux maniéres: la premiére est, quand le miracle est tellement au dessus des forces de la nature, qu'il paroît absolument impossible, qu'il se soit pû operer par une puissance autre que divine, comme de rendre la vie à un mort. La seconde est, quand le miracle, n'excedant pas le cours ordinaire des causes secondes, la maniére dont il est fait paroît entiérement surnaturelle, comme la guérison des maladies, par la prononciation d'une seule parole, sans qu'aucune application de reméde ait précédé. Pour

Pour ce qui regarde l'objet de la Religion, il doit être la gloire de Dieu, le bien public, & le bonheur de chaque homme en particulier. Mais comme toutes les Religions du monde se vantent, ou se peuvent vanter d'avoir ces trois choses pour objet, la raison nous doit servir de guide dans l'examen que nous en pouvons faire. Elle nous découvrira toutes les absurdités dont la doctrine, les préceptes & le culte des fausses Religions sont remplies. Elle nous apprendra que Dieu ne peut jamais exercer son pouvoir, ni faire des miracles pour autoriser une mauvaise Religion, confirmer le mensonge, ou justifier un Imposteur; & que, s'il permet quelquefois que des Peuples soient séduits & des Nations trompées, c'est ou pour punir leur orgueil & leur opiniâtreté, ou pour d'autres raisons qu'il ne nous est pas permis d'approfondir. Si donc je découvre une Religion, qui ait les preuves & l'objet dont nous venons de parler, alors je suis certain que cette Religion est revélée de Dieu, je l'embrasse avec asseurance, & je dois remercier la divine bonté tous les momens de ma vie, de me l'avoir fait connoître.

SECTION VIII.

De la Religion Chrétienne en général, & particulierement des miracles qui ont été faits pour sa confirmation.

CE seroit une entreprise de trop longue haleine, & même assés inutile, de parcourir toutes les Religions du monde, pour faire voir qu'il n'y en a aucune autre que la Chrétienne, qui soit fondée sur des principes incontestables, & dont la sainteté seule en soit la base & le fondement. Je m'attacherai seulement à faire voir, que les preuves sur lesquelles le Christianisme est établi, & que je vais rapporter, sont les plus fortes & les plus claires, qu'un homme raisonnable puisse souhaiter de trouver, en matiére de Religion. C'est sur l'évidence de ces preuves, jointes à la sainteté de la Morale, & des préceptes de Jesus-Christ, que je me suis déterminé à me faire Chrétien, & j'espere que le Lecteur en pourra tirer quelque avantage. Car s'il est lui-même Chrétien, la considération de ces preuves serviront à le confirfirmer dans sa foi, & l'engageront à loüer Dieu de plus en plus, de l'avoir appellé à la connoissance de la verité : s'il est Juif, Turc, ou Païen, & qu'aprés avoir examiné ces preuves, & les avoir comparées avec celles que sa Religion renferme, il veüille en juger sans passion, il ne tardera pas à s'appercevoir de quel côté est l'avantage, soit qu'il s'attache à la pureté de la doctrine, à la sainteté du culte, ou à l'équité des préceptes. Puis donc que les miracles sont une des meilleures preuves de la vérité d'une Religion, voions si ceux que Jesus-Christ a faits dans la Judée, n'ont pas tous les caracteres des vrais miracles.

Je dis que les miracles de Jesus-Christ ont certainement les trois conditions que nous avons observées être nécessaires pour être réputés vrais miracles. Premiérement, Jesus-Christ connoissoit par avance qu'il devoit faire les œuvres miraculeuses qu'il a faites, il choisissoit même certains endroits pour les faire plûtôt que d'autres.

Secondement, ces miracles ont été effectivement faits par Jesus Christ ; non seulement les Chrétiens le publient, mais les Juifs le reconnoissent, les Mahometans en conviennent, & plusieurs Païens,

Païens, dont nous rapporterons les noms cy-après, ne peuvent s'empêcher d'en faire mention dans leurs Ecrits.

Troisiémement, les miracles de Jesus-Christ ont frappé les sens, & ont surpassé les forces de la nature. Il a ressuscité des morts, rendu la veuë aux aveugles, l'oüie aux sourds, la santé aux malades, chassé les Diables des corps des possédés, & tout cela à la premiére parole qui sortoit de sa bouche sacrée, & sans que l'application d'aucun reméde fût nécessaire ; c'est ce que j'espere démontrer par les considérations suivantes.

1. Les miracles de Jesus-Christ ont été sans nombre. *Il passoit par toutes les villes & les bourgades de la Judée guérissant tous les malades & conjurant les malins Esprits.* (a) Car les Ecrivains sacrés disent, *qu'il a fait un fort grand nombre de miracles outre ceux dont ils parlent.* (b)

2 Ces miracles s'étendoient sur toutes les Créatures, sur lesquelles il a fait voir qu'il avoit un pouvoir absolu & sans bornes. *Il calmoit les tempêtes & les orages:* (c) *il changeoit l'eau en vin :* (d) *il multiplioit les*

─────────

(a) Actes ch. 10. v. 37. (b) St. Jean ch. 20. v. 30. & 21. v. 25. (c) St. Matth. ch. 8. v. 24. (d) St. Jean, ch. 2.

les vivres, ensorte que quelque peu de pains & de poissons suffisoient à rassasier 5000 personnes. (a) 3. la puissance qu'avoit Jesus-Christ de faire des miracles, n'étoit pas passagére, mais permanente. Les corps ressuscités ont vécu long-tems aprés leur resurrection, les aveugles guéris ont conservé leur veuë : les lépreux ont été nettoiés, sans que la lépre leur soit revenuë. 4. Tous ces miracles ont été des œuvres de charité aussi bien que de puissance. 5. il a opéré les plus grands miracles avec la même facilité que les moindres, en disant une parole. Le Lazare mort depuis quatre jours, sortit du sépulcre, dans le moment qu'il le lui ordonna, en disant, *Lazare sors dehors*. (b) il ne fit que prendre par la main la fille d'un des principaux de la Sinagogue, qui étoit morte, & si-tôt qu'il lui eut dit, *Fille leve toi*, (c) elle obéit & se trouva pleine de vie, & en parfaite santé. Les malades qui étoient éloignés de lui n'ont pas laissé d'être guéris dans le moment qu'il a parlé, comme s'il en eût été proche. Un homme riche, qui l'étoit venu trouver pour lui demander la gué-

___
(a) St. Jean ch. 6. (b) Ibid. Jean ch. 11. (c) St. Matth. ch. 9. & St. Marc. ch. 5.

guérison de son fils, reconnut qu'à la même heure qu'il lui dit, *Ton fils vit*, (*a*) il fut guéri. Il arriva la même chose au valet du Centenier, dés qu'il lui eut dit, *Qu'il te soit fait selon que tu as cru.* (*b*) Ceux-même qui ne faisoient que toucher ses vêtemens, ont trouvé leur guérison. La femme travaillée d'un flux de sang, n'eut pas plûtôt touché la frange de sa robe à travers la foule qui le suivoit, qu'il déclara, qu'*une vertu étoit sortie de lui*, (*c*) afin que la guérison de cette femme étant connue de tous ceux qui étoient présens, ils en donnassent gloire à Dieu. 6. tous ces miracles ont été faits sans employer aucune matiére étrangere, ou s'il s'est servi de quelque chose, ç'a toûjours été de ce qui n'étoit nullement capable de produire de pareils effets, comme lors qu'il *guérit l'aveugle né, en détrempant un peu de boue avec sa salive, & en l'envoyant à la fontaine de Siloë.* (*d*) 7. Jesus Christ n'a pas seulement eu ce pouvoir pour lui-même; mais il a eu celui de le communiquer à ses Apôtres, lesquels ont fait en son nom, autant & plus de miracles que lui. St. Pier-

(*a*) St. Jean, ch. 4. v. 46. (*b*) St. Matth. ch. 8. & St. Luc. ch. 7. (*c*) St. Matth. ch. 9. v. 20. (*d*) St. Jean, ch. 9.

Pierre guérit le Boiteux en *lui commandant, au nom de Jesus, de se lever & de marcher.* (a) Ce miracle fut connu de tous ceux qui demeuroient à *Jérusalem*, les Princes de la Sinagogue n'en purent disconvenir, quoi qu'ils fussent les plus grands ennemis de J. C. & de ses Apôtres. Ils ont aussi ressuscité des morts : *Tabitha par St. Pierre* (b) *& Eutyches par St. Paul.* (c) *Les mouchoirs & les serviettes* (d) que ces saints hommes avoient touchés étant appliqués sur les malades & les possedés chassoient les démons & guérissoient les maladies. *L'ombre même de St. Pierre,* (e) lors qu'il passoit par les ruës de *Jérusalem* operoit les mêmes miracles. Certes une des plus grandes merveilles que Jesus-Christ ait faites, & une des plus éclatantes preuves de sa mission, a été cette communication miraculeuse qu'il a faite de son pouvoir sur toutes les créatures, non seulement à ses Apôtres, mais même *à ceux qui croioient en lui, & qui invoquoient son saint nom.* (f) Ce privilege est tellement au dessus des forces de la nature, qu'aucun des Inventeurs des faus-

(a) Actes ch. 3. (b) Ibid. ch. 9. v. 36. (c) Ibid. ch. 20. v. 10. (d) Ibid. ch. 19. v. 12. (e) Ibid. ch. 15. v. 25 (f) St. Jean, ch. 14. v. 12.

fausses Religions du monde n'a osé se vanter d'un tel pouvoir; mais les Apôtres aprés avoir receu leur commission de Jesus-Christ, leur Maître, pour aller prêcher l'Evangile à toutes les Nations, firent des miracles tant à *Jerusalem* & par toute la *Judée*, que dans la *Samarie*, la *Phenicie*, *l'Isle de Cypre*, à *Antioche*, à *Ephese*, & dans tous les autres païs, villes & bourgades qu'ils parcoururent, pour y planter la foi Chrétienne. (*a*) Dieu *confirmoit* par tout *la parole de sa grace* en obéissant, pour ainsi dire, à la voix de ses serviteurs, la réputation desquels alla si loin, & la doctrine fit un tel progrés, que dans les païs les plus éloignés il y eut des Peuples qui crurent à leur parole *St. Paul* nous dit que de son tems *depuis Jerusalem jusqu'aux confins de l'Illirie, l'Evangile avoit été prêché par lui avec plusieurs signes & miracles.* (*b*) Les Juifs, les Gentils, les Grecs, les Romains, les Peuples & les Nations, qui habitoient les païs les plus reculés, ont rendu témoignage à la vérité, & attesté qu'ils avoient été témoins des merveilles que Dieu a opérées parmi eux, par le minis-

(*a*) Marc. ch. 16. y. 20. (*b*) Epit aux Rom. ch. 15. v. 19.

niſtére des Apôtres; en ſorte que le même *St. Paul* nous aſſeure que *leur voix a été oüie par tout, & que leur parole a été portée juſqu'aux extremités de la terre.* (a) 8 Ce don des miracles n'a pas été reſtraint à la ſeule vie des Apôtres, il s'eſt étendu juſqu'aux trois ou quatre premiers âges de l'Egliſe, comme il paroît par les Ecrits de *St. Irenée, d'Origene, de Tertullien* & autres Docteurs, qui diſent qu'une infinité de miracles ſe ſont opérés de leur tems, de la vérité desquels ils appellent à témoin les Païens même qui les ont veûs. *Euſebe, St. Cirile, St. Auguſtin* parlent de ceux qui ſe ſont faits dans le 4. ſiecle, ſurquoi le Lecteur peut conſulter les ouvrages que ces ſçavans hommes ont laiſſés. 9. Ces miracles ne ſont pas ſeulement atteſtés par des Chrétiens, mais par des Païens même. *Marc Aurele* aſſeure le Senat de Rome par ſes lettres, que dans le combat fameux, où les *Marcomans* * de beaucoup ſuperieurs aux Romains, *furent vaincus*, l'armée aiant ſouffert pluſieurs jours par une grande diſette d'eau, les Chrétiens obtinrent par leurs priéres une pluie douce & rafraichiſſan-

---

(a) Epit aux Rom. ch. 10. v. 18. *Anciens Peuples de la Germanie. Ils occupoient la Boheme propre.

sante, pendant que les Barbares étoient battus d'une grêle prodigieuse, & d'un tonnerre effroiable. Le Poëte *Claudien* † fait mention de ce Prodige, comme d'un fait si constant, & si connu de son tems, que je n'ay pû m'empêcher de rapporter ses propres paroles.

- - - Chaldæa mago seu carmina ritu
Amavere Deos, seu quod reor omne Tonan-
    tis
Obsequium Marci mores potuere mereri.

Ce même Poëte parle d'un autre Prodige, par lequel *Theodose* renversa les projets de Révolte d'*Eugenius* & d'*Arbogastes*, en ces termes.

O nimium dilecte Deo, cui fundit ab
    antris
Æolus armatas Hyemes, & militat
    æther,
& conjurati veniunt in classica venti.

Porphyre avouë qu'il s'est fait des choses merveilleuses aux tombeaux des Chrêtiens Martirs, & que les dieux des Païens

† In 6. Conf. Hon. *In 3. conf. Hon. †Hier. adv. Vigilant. c. 4.

Païens perdirent tout leur pouvoir, après que le nom de Jesus-Christ eut été invoqué. † L'oracle d'Apollon déclare que certains hommes (il entendoit les Chrétiens) lui imposoient silence, & l'empêchoient de pouvoir rien predire à l'avenir. Celui de *Delphes* avoüe qu'il ne pouvoit plus donner aucune réponse, parce que le corps de *Babylas* Martir, étoit enterré proche de son autel. *(a)* Enfin c'est une chose si constante que dans les premiers siecles de l'Eglise, les oracles des Païens devinrent sourds & muets que *Plutarque* *(b)* écrivit un livre, dans lequel il cherche les raisons de ce silence.

On voit donc bien, que la force des preuves qu'on tire des miracles de Jesus-Christ, consiste principalement en ces trois points.

I. Que supposé que ces miracles aient été faits, comme ils sont rapportés, on ne peut douter qu'ils n'aient été de vrais miracles, & tels qu'il n'y a qu'une puissance divine, qui les ait pû faire.

2. Que nous avons des preuves suffisantes qu'ils ont été effectivement faits
par

---

† Eusebe lib. 5. Præp. Evang. * Eus. de vita Const. *(a)* Chrysost. Orat. 2. in Babylam *(b)* Intitulé de Oraculorum defectu.

par J.C. ses Apôtres, & les autres Disciples auxquels ils ont été attribués. 3. que ces merveilles ont été faites en confirmation de la vérité de la Religion Chrétienne.

Quoi que les considérations que nous avons déja faites soient plus que suffisantes pour établir la vérité de ces trois propositions, je ne laisserai pas d'en ajoûter encore quelques autres.

Nôtre premiére proposition est donc, que les miracles que nous prétendons avoir été faits par Jesus-Christ & ses Apôtres, ont été de vrais miracles, & tels qu'il n'y a qu'une puissance divine, qui les ait pû faire, je le prouve.

Parce que, s'ils n'ont pas été faits par une puissance divine, il faut necessairement qu'ils l'aient été, ou par un effet de quelque science occulte, dont Jesus-Christ étoit instruit; ou par quelque ruse ou stratagême, connu seulement de lui & des siens; ou par le secours de quelques esprits, bons ou mauvais. 1. Ce n'a point été par un effet de quelque science occulte, parce qu'il est absolument impossible que des hommes puissent ressusciter des morts, par l'effet d'aucune science quelle qu'elle puisse être, j'entens une science dont l'homme soit capable. Cette vérité est si palpable, que, comme il seroit ridicule
d'en-

d'entreprendre de la contester, il ne seroit pas moins inutile que je m'étendisse davantage pour la prouver. 2. Ce n'a point été non plus par aucune ruse ou stratagême: car par exemple, *le Lazare* étoit depuis quatre jours dans le sépulcre; il est vraisemblable que tous ceux qui l'avoient veu mourir, se trouvérent presens, lors que Jesus-Christ le ressuscita. Ces gens-la étoient bien asseurés qu'il étoit mort, puis qu'ils ne doutoient pas même que le corps ne fût déja corrompu, & ne sentît mauvais. Parmi les Spectateurs du miracle, il y avoit des gens d'esprit, des gens sçavans, trés propres à demêler une imposture, & portés d'inclination & par envie à décrier la personne & les œuvres de Jesus-Christ. S'il y avoit eu quelque tromperie, il eût fallu que plusieurs personnes y eussent eu part, & parmi tant de gens intéressés à découvrir la fraude, ne se feroit-il trouvé personne qui en eût pû remarquer & déclarer quelque chose? Cela passe toute croiance humaine. 3. Les miracles de Jesus-Christ n'ont pû être faits par le secours d'aucuns esprits; car ce ne pourroit être que par les bons, ou par les mauvais esprits, les Anges ou les Démons. Nous avons déja montré, que les miracles de Jesus-Chrift ont été au deffus de la puiffance de toutes les Créatures, des hommes & des Anges: mais quand ils auroient été faits par le miniftere des Anges, la vérité de la miffion de Chrift, n'en eût pas été moins évidente, que s'ils euffent été faits par une puiffance inhérente en lui-même, & inféparable de fa nature. Car les Anges font les miniftres du Trés-Haut, & ne font jamais que fa volonté. Or il feroit abfurde, que dis-je? ce feroit un basfême horrible, de dire que Dieu eût emploié le miniftere des Anges, pour aider un homme à tromper tout le Genre humain. Une telle malice n'appartient qu'aux Démons; auffi eft-ce le dernier retranchement des Impies & des Libertins, lefquels à l'imitation des *Pharifiens*, qui reprochoient à Jefus-Chrift, *qu'il chaffoit les Diables par le Prince des Diables*, (*a*) difent que tous les miracles de J. C. n'ont été que des effets de l'art magique. Mais a-t-on jamais oui dire qu'aucun Magicien, même parmi ceux de *Pharao*, qui fceurent fi bien contrefaire les miracles de *Moïfe*, (*b*) ait reffufcité des morts, & fi Jefus-Chrift a eu recours aux malins efprits pour

(*a*) St. Matth. ch. 12. v. 24. (*b*) Exode ch. 7.

pour faire des œuvres, qui tendoient à établir une doctrine qui détruisoit leur Empire, ne pouvons-nous pas dire aux Profanes, comme faisoit J. C. aux Juifs, *Un Roiaume divisé, & armé contre lui-même, ne peut être de durée, si donc Satan agit contre lui-même, comment son Roiaume pourra-t-il subsister ?* (*a*) 2. celui qui s'oppose au progrés, que font les demons sur l'esprit des hommes, & qui les chasse des corps, dont ils s'étoient emparés, ne peut pas agir de concert avec eux, & doit certainement passer pour leur ennemi ; car le Demon ne se joint pas un autre pour agir contre lui-même, renverser ses projets & ruiner son Empire : or il paroît clairement que c'étoit là le dessein de J. C. puis qu'il faisoit tant de bien aux hommes, & qu'il *délivroit tous ceux qui étoient travaillés des malins Esprits ;* (*b*) donc les miracles de Jesus-Christ n'ont été les effets d'aucun art magique, ni d'aucun commerce avec les malins Esprits. Car, comme il le dit lui-même, non seulement le Demon ne peut être chassé d'un lieu que par la force de son ennemi ; mais il faut que ce soit une force superieure

---

(*a*) St. Matth. ch. 12. (*b*) St. Matth. ch. 4.

re à la sienne. *Un homme ne peut entrer dans la maison d'un fort armé, & ravager ses biens, à moins que d'abord il ne s'en saisisse, & le lie, & alors il renverse tout ce qu'il trouve dans la maison*, (a) c'est à dire que le Diable étant en possession du corps d'un homme y demeure, jusqu'à ce que celui, qui est la force par lui-même, & à qui toutes les Créatures obéïssent, lui commande de sortir, & le force d'abandonner la place.

3. La doctrine de Jesus-Christ tend directement à détruire le péché ; & par conséquent à renverser l'Empire du Démon. *Le fils de Dieu a été manifesté pour anéantir les œuvres du Demon*, (b) en tirant les hommes de leur Idolatrie & des souillures & impuretés auxquelles ils étoient adonnés, pour les amener au véritable culte, & à une sainteté de vie qui fût agréable à Dieu. Le dessein du Demon au contraire, a toûjours été d'arracher du cœur des hommes la crainte de Dieu, & la confiance qu'ils doivent avoir en lui, pour les attacher au culte des Idoles & s'attirer par ce moien l'adoration, qui n'est deuë

(a) St. Matth. ch. 12. v. 29. (b) St. Jean, ch. 3. v. 8.

deuë qu'à Dieu. C'eſt par là qu'il régne abſolument ſur leurs ames, comme il régne ſur leurs corps, en les plongeant dans des impuretés abominables, qui détournent leurs eſprits de Dieu, & les rend des réceptacles de tous les eſprits immondes ; voilà principalement en quoi conſiſte l'Empire du Prince des Ténébres : mais par la prédication de la Religion de Chriſt, cét Empire a été renverſé, les autels du Demon ſont devenus deſerts, ſes Temples ont été démolis, & les hommes ont appris à *adorer* & à ſervir *Dieu en eſprit & en vérité*.

Enfin les miracles de Jeſus-Chriſt, aiant toûjours eté des œuvres de bonté & de charité envers les hommes, (comme de raſſaſier ceux qui avoient faim, de guérir les malades, de reſſuſciter les morts, de délivrer des poſſèdés) ils ſont ſi contraires à la nature & à la conduite du Demon, qui ne cherche que la deſtruction du Genre humain, (comme il paroît par les pratiques qu'il inſpire aux habitans infortunés de ces païs, où l'idolatrie régne encore, & par leſquelles il les engage à ſacrifier leurs propres enfans avec une cruauté qui fait horreur à la nature) qu'il faut ou

P avoir

avoir perdu l'ufage de la raifon, ou s'aveugler exprés, ou être d'une malice infinie, pour douter un moment, que les miracles de Jefus-Chrift n'aient été faits par une puiffance & une autorité divine qui étoit en lui.

Tout ce que nous avons dit prouve affés que les miracles de Jefus-Chrift n'ont pû être faits par la puiffance du Demon; mais parce que c'eft fur cette accufation, que les Juifs & les Gentils ont toûjours infifté, non feulement contre les miracles de J. C. mais auffi contre ceux de fes Apôtres & des Chrétiens des 4 premiers fiécles, j'ajoûterai encore quelques réflexions, pour faire voir l'impoffibilité qu'il y a eu que ces miracles aient été faits par art magique, par des enchantemens, ou par la vertu de certaines paroles prononcées felon les régles de cét art diabolique.

Quel que foit cet art, il eft feur, qu'il ne peut fubfifter que par le moien d'une correfpondance fécréte, & d'un concours immédiat avec les Demons, ou fi ce n'eft qu'une fcience humaine, fes effets ne peuvent être au deffus des forces de la nature. Or les miracles de J. C. de fes Apôtres & des premiers Chrétiens ont été fi grands, fi extraordinaires, fi fort au defdessus du pouvoir de toutes les Créatures, tant visibles qu'invisibles, ils ont été en si grand nombre, opérés si publiquement en tant de différens endoits, & pendant un si grand nombre d'années, qu'il est impossible que tant de merveilles aient été faites par la puissance des Demons. Car si cela étoit d'où vient que pareils miracles n'ont pas été faits pour la confirmation d'aucune autre Religion qui soit dans le monde ? Quel intérêt les Demons auroient-ils pris à la propagation de la Religion Chrétienne, préferablement à toute autre ? Ne leur eût-il pas été bien plus avantageux de s'attacher à avancer le régne de l'Idolatrie, en autorisant par des prodiges, les sales, les cruelles & les barbares Cérémonies des Païens, que de travailler à l'établissément d'un culte, qui a le Dieu souverain pour objet, & la sainteté de vie pour principe ? Il est vrai que les Prêtres Païens ont souvent prétendu confirmer leur doctrine par des prodiges ; mais sans entrer à present dans la discussion de ce qu'il peut y avoir de vrai ou de faux dans ces prétendus miracles, il est constant qu'ils n'ont jamais été de la nature de ceux des Chrétiens : ils n'ont été

ni

ni si grands, ni en si grand nombre, ni si publics, ni opérés en tant de lieux différens. D'ailleurs les Prêtres idolatres n'ont jamais communiqué à leurs Disciples leur prétendu pouvoir de faire des prodiges, afin qu'ils le transmissent à leurs Successeurs, pendant plusieurs siécles, comme nous soutenons que Jesus-Christ & ses Apôtres l'ont fait. Et si la Religion Chrêtienne n'étoit pas divine, pourquoi auroit-elle ce degré d'évidence au dessus de toutes les autres Religions du monde ? Si Jesus-Christ a appris l'art magique en *Egypte*, & l'a enseigné à ses Apôtres, comme l'ont soutenu plusieurs Juifs & Gentils, comment parmi tous les habitans de ce païs-là, ne s'en est-il jamais trouvé aucun qui ait pû parvenir à ce même degré de connoissance, pour l'apprendre aux autres ? Et si les Egyptiens sont les grands maîtres de cet art, pourquoi ne montrent-ils pas leur adresse en faisant des miracles semblables à ceux de J. C. & de ses Apôtres ? Mais si J. C. a instruit ses Disciples en cet art, ses Disciples ont donc connu qu'il étoit un fourbe & un Imposteur : & qui peut comprendre que des hommes se soient déterminés à sacrifier leur vie, comme ont fait les Apôtres, pour soutenir le mensonge, & adhérer à un Imposteur ? Je dis plus, quand il seroit vrai que les Demons auroient pû opérer les merveilles que nous attribuons à J. C. & à ses Apôtres, d'où auroient-ils ce pouvoir ? Ne sont-ils pas sujets au Gouvernement de celui qui a fait toutes choses, & sans la permission duquel, les Demons ne pourroient pas toucher une paille ni faire mouvoir un atome ? Comment donc accorder la bonté infinie de Dieu, avec la permission qu'il auroit donnée aux malins esprits, de faire des signes & des prodiges, pour confirmer le mensonge, & tromper tout le Genre humain ? Que si l'on prouve que les Demons ont fait & font encore des signes & des prodiges, pour confirmer des Nations entiéres dans leurs fausses Religions, je répondrai, que, quoi que Dieu, pour des raisons qu'il nous a cachées, ait permis aux Demons de faire de tels prodiges, il est certain qu'il a toûjours laissé aux hommes les moiens de discerner l'imposture & le mensonge d'avec la vérité. Il leur a donné une raison, par laquelle ils peuvent facilement reconnoître l'absurdité du culte des Idoles, & de la pluralité des Dieux, l'irjustice des hommages qu'ils leur rendent, la superstition de leurs Cérémonies, & combien leurs mœurs sont contraires aux notions les plus naturelles du vice & de la vertu. Mais ce sont des hommes que Dieu a abandonnés à leur sens reprouvé; il a permis qu'ils crussent au mensonge, parce que, quand ils ont pû connoître Dieu par les œuvres de la Création, *ils ne l'ont pas glorifié, comme Dieu, & ils ont préferé la Créature au Créateur*, *a*. s'adonnant à toutes sortes d'ordures & d'impuretés. C'est pourquoi je suis convaincu que de telles Religions, quoi que confirmées par des signes & des prodiges, ne peuvent être de Dieu.

Outre les miracles que Jesus-Christ a faits sur la terre, Dieu lui a encore rendu plusieurs témoignages éclatans, qui méritent nôtre attention, & qui joints aux preuves que je viens de rapporter, donnent un nouveau degré d'évidence à la vérité de la Religion Chrétienne. Tels ont été, l'étoile qui conduisit les Sages de l'Orient à *Bethlehem*, *b*. à la naissance de Jesus-Christ, la fréquente apparition des Anges qui ont annoncé sa venuë,

a. Epit. de St. Paul, aux Rom. ch. 1. v. 21.
b. St. Math. ch. 2.

nuë, *a.* qui l'ont servi aprés son *jeûne* &
sa *tentation b.* dans le desert, à son *Agonie*, *c.* à sa *Resurrection*, *d.* à son *Ascension e.* Tels ont encore été les voix qui
furent oüies du Ciel disant, *qu'il étoit le
fils bien aimé de Dieu*, *f.* comme à son *batême*, lorsque St. *Jean Baptiste* vit les
cieux ouverts & le St. Esprit descendant
sur lui en forme de Colombe: & à sa
Transfiguration, lorsqu'une nuée l'enveloppa, lui & deux de ses disciples, *Pierre
& Jean g.* & encore à son *agonie*, car sitôt qu'il eut achevé de prononcer ces paroles, *Pere glorifie ton nom*, une voix fut
oüie du Ciel, disant, *Je l'ai déja glorifié, & je le glorifierai encore. h.*

Les Prodiges qui éclatérent à sa mort,
tant au Ciel que sur la terre, étoient encore de la même nature. D'épaisses ténébres se répandirent sur toute la surface
de la terre, depuis la sixiéme jusqu'à la
neuviéme heure! *i.* le Soleil & la Lune
s'éclipsérent, le voile du temple se rompit, la terre trembla, les rochers se fen-

---

a. St. Luc. ch. 2.   *b.* St. Math. ch. 4.   *c.* St.
Luc. ch. 23.   *d.* St. Math. chap. 28.   *e.* Actes
chap. 1.   *f.* St. Math. chap. 3.   *g.* Ibid. ch. 17.
h. St. Jean, chap. 12.   *i.* Depuis midi jusqu'à 3.
heures. St. Math. ch. 27.

fendirent, les sépulcres s'ouvrirent, & plusieurs d'entre les saints reslusciterent, vinrent dans la sainte cité, & apparurent à plusieurs. Ces signes furent si extraordinaires, & causérent une telle épouvante, que le Centenier & les soldats Romains qui gardoient le corps de Jesus, s'écriérent en frappant leur poitrine, *Veritablement celui-ci étoit le fils de Dieu, certainement c'etoit un homme juste. a.* Tous ces prodiges étoient autant de voix qui attestoient de la part de Dieu que Jesus-Christ étoit le Messie.

Il paroît par toutes ces considérations que nous venons de faire, que les miracles de Jesus-Christ ont été de vrais miracles, & qu'il n'y a eu qu'un Dieu, ou des hommes animez de l'Esprit de Dieu & revêtus de sa puissance, capables de les faire.

Voions maintenant si ces miracles n'ont pas été effectivement faits par Jesus-Christ & ses Apôtres. 1. Les miracles de Jesus-Christ ne sont pas de la nature de ceux que les Catholiques Romains asseûrent se faire continuellement dans leur prétenduë *Transsubstantiation*, lesquels ne peuvent être appellés miracles parce

a. St. Matth. ch. 27.

parce qu'ils ne frappent pas les sens : ce ne sont tout au plus que des objets d'une foi aveugle; mais les miracles de Jesus-Christ ont frappé les sens. Tous ceux qui étoient presens les ont pû voir, il ne les faisoit pas en cachette; mais publiquement, à la face du Soleil & devant une grande multitude; non seulement ses disciples en furent témoins, mais même ses plus grands Ennemis. 2. Nous en avons une tradition constante depuis le tems des Apôtres jusqu'à ce jourd'hui, laquelle a toûjours été la même, & n'a jamais été contredite. 3. Ces miracles comme nous avons déja dit, n'ont pas seulement été publiés par des Chrétiens; mais ils ont été reconnus par leurs plus grands Ennemis. Les Juifs en font mention dans leur *Talmud*, les Turcs dans leur *Alcoran*, où la resurrection de Jesus-Christ est rapportée; car ils le reconnoissent pour un grand Profete, & ont beaucoup de vénération pour sa mémoire. Les Païens même lui ont rendu témoignage, comme on le peut voir dans plusieurs de leurs ouvrages que je ne puis citer ici : les exemples que j'ai indiqués ci-dessus suffiront, pour satisfaire les personnes raisonnables. 4. Supposons toutefois que nous n'euſſions pas l'aveu des Ennemis de Jeſus-Chriſt, pour prouver la vérité de ſes miracles, le témoignage des Evangeliſtes & des Apôtres n'eſt-il pas ſuffiſant pour nous convaincre? C'étoient des gens qui n'avoient aucun intérêt à nous tromper, au contraire, ils ſe ſont attiré la haine de toutes les Puiſſances de la terre, & ils ont répandu leur ſang pour confirmer leur Doctrine. Cette preuve eſt, à mon avis, la plus forte de toutes celles que j'ai rapportées, & elle ſuffit pour convaincre les plus incrédules de la vérité de la Religion Chrétienne.

Il reſte à faire voir que Jeſus-Chriſt & ſes Diſciples n'ont fait tous ces miracles que pour confirmer la Doctrine qu'ils ont enſeignée, & pour le prouver, j'emprunterai les paroles de Jeſus-Chriſt lui-même, lors que les Diſciples de *Jean* vinrent lui demander, *s'il étoit l'Ἐρχόμενος, ou celui qui devoit venir, il répondit, Allés & dites à Jean ce que vous avés veu, les aveugles voient* * &c. & ce qu'il dit encore aux Juifs, *Si vous ne me croiés pas, croiés au moins aux œuvres que je fais au nom de mon Pere.* † Il y a
tant

* St. Matth. ch. 11. † St. Jean, ch. 10.

tant de passages dans l'Ecriture qui prouvent que les miracles de Jesus-Christ & de ses Apôtres n'ont eu d'autre but que la confirmation de la Doctrine qu'ils ont prêchée, qu'il seroit inutile de m'attacher à vouloir prouver une chose qui n'est contestée de personne.

SECTION. IX.

De l'objet de la Religion Chrétienne.

Nous avons dit † que la véritable Religion doit avoir pour objet, premiérement, & par dessus toutes choses, l'honneur & la gloire de Dieu; secondement le bien public : troisiémement le bonheur de chaque homme en particulier.

Pour me rendre plus intelligible & expliquer l'objet de la Religion Chrétienne à ces trois égards, je l'envisagerai par ce qu'elle nous propose à croire, & par ce qu'elle exige que nous fassions : & si je prouve qu'à tous ces égards, elle a toujours pour objet les

choses

† Dans la Section VII.

choses, dont je viens de parler, j'aurai, à mon avis, suffisamment prouvé qu'elle est la seule véritable Religion.

Mon dessein n'est pas, comme j'ai déja dit ailleurs, de parcourir toutes les Religions du monde pour les comparer l'une aprés l'autre avec la Religion Chrêtienne : j'écris dans un Païs, où l'on est assés convaincu qu'elle est infiniment supérieure à toute autre, & si je m'attache à prouver cette vérité, par la considération de l'excellence de ses principes & de son objet, c'est moins pour la persuader aux autres que pour faire voir jusqu'où il a plû à Dieu d'éclairer mon esprit, dans la recherche de sa vérité, & en lui rendant publiquement la gloire d'un bienfait si singulier, montrer à tout l'Univers qu'il sçait, quand il lui plaît, changer & amolir les cœurs les plus endurcis, & faire luire sa lumiére dans les lieux les plus sombres du Paganisme & de l'Idolatrie.

Il n'y a point, ou trés-peu d'hommes sur la terre, qui ne croient qu'il y a un Dieu : mais la plus grande partie croupit malheureusement dans une ignorance si grossiére, qu'ils n'en ont qu'à peine quelques légéres notions. Les uns le dépouillant de ses principaux attributs,

tributs, en font un Etre trés-imparfait, les autres le repréſentant ſujet à preſque toutes les paſſions de la nature humaine l'aviliſſent encore davantage. Ces fauſſes idées les conduiſent à des principes ſi pernicieux, & ils en tirent des conſéquences ſi horribles, ſi infames, que tout homme qui a du ſens, rougit de les entendre ; mais la Religion Chrêtienne enſeigne non ſeulement l'exiſtence de Dieu, tel qu'il s'eſt lui-même fait connoître aux hommes ; mais elle reconnoît toutes ſes perfections infinies, elle les exalte & nous les fait enviſager comme des qualités ſaintes, ſublimes & inacceſſibles à tous les efforts de nôtre imagination. Les autres Religions reconnoiſſent pluſieurs Dieux, la Chrêtienne n'en admet qu'un qu'elle nous fait adorer en Unité d'Eſſence & en Trinité d'Hypoſtaſe : Celles-là le font matériel & ſenſible, celle-ci ſoutient qu'il eſt ſpirituel & incompréhenſible. Pluſieurs d'entre les Païens nient la Providence, & ſous prétexte de le magnifier, diſent qu'il ne ſe meſle point des affaires d'ici-bas, parce qu'elles ſont des choſes trop au deſſous de lui : mais les Chrêtiens croient & prouvent que Dieu ſans s'abaiſſer, étend ſa Providence

dence par tout, qu'il aime tendrement toutes ſes Créatures, & que pas un cheveu ne tombe de leur tête, ſans ſa permiſſion. En un mot la Toute-Puiſſance de Dieu, ſa Bonté, ſa Miſéricorde, ſa longue Attente, ſa Juſtice, ſa Sageſſe, ſa Sainteté &c. ſont invinciblement démontrées par la Doctrine de Jeſus-Chriſt, auteur de la Religion Chrêtienne.

Que la conduite de ces malheureux, qui nient la Providence, eſt déplorable! Ils vivent ſans foi, ſans eſpérance. S'ils ſont accablés d'afflictions, qui appelleront-ils à leur ſecours? Lors qu'ils ſont à l'agonie de la mort, en qui peuvent-ils mettre leur confiance? Au lieu que nous qui ſommes inſtruits à l'Ecole de Chriſt, nous connoiſſons qu'il y a un Dieu, Créateur, Conſervateur & Gouverneur de toutes choſes : nous ſçavons qu'il obſerve toutes nos actions. Cette penſée nous fait rentrer en nôtre devoir, lors que nos paſſions nous en ont fait ſortir : nous ſommes aſſeurés que tous les biens, les honneurs & tout ce qu'il y a de bon & d'agréable ſur la terre viennent de lui, cela nous oblige à le remercier de la libéralité avec laquelle il répand ſes faveurs ſur nous. Nous croions

croions que les événemens fâcheux qui nous arrivent, comme les maladies, la perte de nos parens, de nos amis, de nos biens, de nôtre réputation, nous font envoiés & départis par une main paternelle, qui nous châtie de nos transgressions, & veut nous amener par là à la repentance. Il est vrai que la plûpart des autres Religions obligent les hommes à reconnoître la fragilité de leur nature, à se confesser enclins au mal & coupables journellement de plusieurs crimes; mais elles n'enseignent point d'autre moien pour appaiser la colére de Dieu que de lui sacrifier des bêtes ou des hommes; sacrifices indignes de la Majesté de Dieu, qui ne changent point le cœur de ceux qui les offrent, & qui par conséquent, bien loin de fléchir Dieu, l'irritent encore davantage. Il n'en est pas ainsi des Chrêtiens, nous sçavons que nous sommes pécheurs; mais nous nous reposons sur la bonté & la miséricorde de Dieu, lequel, pourveu que nous lui offrions un cœur humble & contrit, est toûjours prêt à nous pardonner, pour l'amour de son Fils bien aimé Jesus-Christ, *qui est mort pour nos pechés, & ressuscité pour nôtre Justification*, qui est monté aux Cieux, pour être

être nôtre Avocat, nôtre Médiateur, & nôtre Intercesseur auprés du Pere. Quelle plus grande consolation pour un Chrêtien, de voir que, pendant que les Païens, les Idolâtres cherchent vainement à se rendre leurs divinités favorables, par un nombre infini de sacrifices & de cerémonies, sans trouver de soulagement à leurs maux presens, ni de consolation pour l'avenir, il peut se reposer sur la bonté du Dieu qu'il adore, & en le priant & le glorifiant, joüir d'une tranquilité parfaite, en attendant un bonheur & une félicité éternelle ? Mais Dieu n'a pas seulement envoié son Fils, pour expier les péchés des hommes, il le leur a donné comme Maître & Docteur, pour leur enseigner sa volonté. C'est pour cela que Jesus-Christ a prêché publiquement dans les Sinagogues des Juifs, & à ceux en particulier qu'il avoit choisis, pour être les principaux témoins de sa vie, de sa doctrine & de ses miracles : C'est pour cela qu'il a établi une Communion & une Congrégation de saints qui conservent & annoncent cette même doctrine & dans laquelle, tous les hommes qui croient & se repentent, peuvent entrer & participer aux avantages qu'il leur

leur a procurés par sa mort, & qu'il leur communique par son Esprit. Car aprés que le tems de sa Mission fut accompli, & qu'il eut parachevé ce sacrifice admirable, le seul qui pût satisfaire à la justice infinie de Dieu, & aprés lequel tous les autres sacrifices deviennent inutiles, il s'en retourna à son Pere, & envoia à ses Disciples le St. Esprit, le Consolateur, selon sa promesse, pour les assister, leur donner la force & le courage dont ils avoient besoin, & leur communiquer le don des miracles, celui des langues & de toutes les sciences, qui leur étoient nécessaires, pour prêcher avec fruit l'Evangile, & établir la Religion que nous professons. Ce sont-là les merveilles de la bonté & de la miséricorde de Dieu envers les hommes, inconnuës à tous autres qu'aux Chrétiens. *O Dieu! qu'est-ce que l'homme que tu daignes te souvenir de lui?* *

Ceci me paroît suffisant pour faire voir que tout ce que la Religion Chrêtienne propose à croire, tourne à l'honneur & à la gloire de Dieu, au bien public & au bonheur de chaque homme en particulier. Voions si ses préceptes n'ont pas le même but.

Quelle

* Pseaume 8. v. 5. & 144. v. 3.

Quelle Religion dans le monde oseroit se comparer à la Chrêtienne pour la perfection des Préceptes? A Dieu ne plaise que nous mettions jamais le Christianisme en parallelle avec l'Idolatrie : il ne faut qu'avoir de la raison pour voir que la Religion Païenne, bien loin de porter les hommes à rendre a Dieu le culte qui lui est deu, leur enseigne à rendre à de viles & abjectes Créatures, des honneurs & des hommages qui n'appartiennent qu'au Créateur. Ils ne pensent pas qu'il puisse y avoir quelque chose au dessus du Soleil, de la Lune & des Etoiles : ils s'imaginent qu'il n'y a rien de plus grand, de plus admirable, ni qui soit plus digne du respect & de l'adoration des hommes que ces Astres qui nous éclairent. Si quelques autres portent leurs connoissances plus loin, & reconnoissent un Dieu souverain, ils croient qu'il est au dessous de lui de se mêler du Gouvernement du monde. Il y en a d'autres qui aiant une idée plus juste de cét Etre souverain, le faisant auteur de tout bien & incapable de faire aucun mal, concluent de là que tous les maux dont les hommes sont affligés, viennent des malins esprits, qui se plaisent

sent à nous persécuter : c'est pourquoi ils craignent tellement leur pouvoir, que pour se les rendre favorables, ils les honorent d'un culte égal à celui qu'ils rendent au Dieu suprême. Ils vont même jusqu'à cét excés de barbarie, que de leur sacrifier leurs propres enfans, quand ils croient ces divinités aëriennes ou infernales, irritées contre eux, & ils s'imaginent que le sang des animaux n'est pas capable de les appaiser. Le Diable entretient ces malheureux dans leur aveuglement, & leur persuade même souvent, sous prétexte d'une plus grande sainteté, de se tourmenter eux-mêmes, & de se déchirer le corps en mille maniéres différentes, quoi que d'ailleurs ils croient que la Poligamie, & les plus sales voluptés soient des actions innocentes & permises. Enfin ces Religions, bien loin de conduire les hommes *à la sainteté, sans laquelle nul ne verra le Seigneur*,* les retiennent dans un état déplorable de réprobation & d'ignorance, qui fait que, n'aiant pas les premiéres idées de la vertu, ils condamnent les moiens que nôtre Religion nous prescrit pour reprimer nos passions, & traitent sur cela

nô-

* Epit. aux Heb. ch. 12. v. 14.

nôtre doctrine de notion ridicule & extravagante.

Il n'y a donc que les Juifs qui puissent, sous quelque couleur, disputer avec les Chrêtiens de la sainteté & perfection de leur Religion. Car il est vrai qu'ils ont le même Dieu pour objet, & la même Loi que nous, & que leur révélation est divine; mais à combien peu de devoirs ont-ils réduit l'observation des dix commandemens de Dieu? & au contraire jusqu'où Jesus-Christ en a-t-il étendu l'observance? Pourveu qu'un Juif ne soit ni Idolatre, ni Blasfémateur, qu'il observe religieusement le sabat, qu'il honore son Pere & sa Mere, qu'il ne tue, ne vole, ne commette point d'adultere, qu'il ne convoite point le bien de son prochain, & ne porte point de faux témoignage contre lui, qu'il observe scrupuleusement les cérémonies & les fêtes prescrites par la Loi, & s'abstienne de manger de certaines viandes qu'elle deffend, il croit s'être entiérement acquité de tout ce qu'il doit à Dieu & mériter la récompense promise ; mais les préceptes de la Religion Chrêtienne s'étendent bien plus loin. Car si nous les considérons comme des Regles pour la vie civile, nous les trouverons si raisonsonnables, & si proportionnés à la foiblesse de nôtre nature, qu'il n'y a point d'homme qui, en les suivant exactement, ne puisse devenir parfait. Les plus obstinés Libertins ne peuvent s'empêcher de les approuver. Ces preceptes nous enseignent à rendre premiérement à Dieu l'honneur, le respect & l'hommage que nous lui devons, comme à nôtre Créateur, à croire & à espérer en lui, à le craindre, à l'aimer par dessus toutes choses, à nous reposer entiérement sur sa volonté, & à embrasser avec soumission les afflictions qu'il lui plaît de nous envoier, à l'adorer en esprit & en vérité, à lui sacrifier, non pas des taureaux, ou des agneaux &c. car il ne mange point la chair des animaux, & ne boit point leur sang, mais un cœur brisé de repentance. Ces mêmes préceptes nous instruisent encore de la maniére de l'invoquer, de lui présenter nos requêtes, d'exalter & glorifier son nom, pour tous les biens qu'il a faits à nous, & à tout la Genre humain, depuis la Création du monde. Véritablement la foi & la soumission que nous avons pour cette divine Loi est un don que Dieu seul peut départir

aux

aux hommes, quand il lui plaît, & qu'il accomplit en nous selon son bon plaisir; mais ces devoirs que nous lui rendons ne sont-ils pas fondez sur la raison même? Car qui craindrons-nous si ce n'est le Tout-puissant? En qui aurons-nous confiance, sinon en celui-là seul qui peut nous secourir? A qui nous soûmettrons-nous, & de qui ferons-nous dépendre nôtre bonheur, si ce n'est de celui qui est infiniment bon, infiniment sage, & qui peut seul nous rendre infiniment heureux? A qui obéirons-nous, si ce n'est à celui qui est souverainement juste? Sacrifierons-nous des victimes charnelles à celui qui est Esprit à toûjours? Enfin, si, lorsque nous voulons obtenir quelque faveur temporelle des Princes de la terre, nous savons si bien leur presenter nos requêtes, & sommes si soigneux de leur rendre nos trés humbles graces, quand ils nous ont receu favorablement, à plus forte raison, sommes-nous obligés de nous adresser à Dieu dans nos besoins, & de le remercier des graces qu'il répand sans cesse sur nous, lors même que nous ne les lui demandons pas. Ainsi le devoir envers Dieu, que la Religion nous prescrit n'a pas seulement la gloire re de Dieu pour objet, mais auſſi nôtre bien & nôtre avantage.

A l'égard de ce que nous devons à nôtre prochain, cette même Religion nous donne des régles dont on ne peut trop admirer la ſageſſe, tant pour le Gouvernement que pour la ſociété & l'union entre tous ſes membres. Ces Régles s'étendent également ſur le bien public, comme ſur celui de chaque particulier. Elles nous engagent à obéir à nos Supérieurs en tout ce qui n'eſt point contre la loi de Dieu, quand même ils nous mal-traiteroient & nous perſécuteroient. Elles nous ordonnent de vivre dans un amour & une cordialité ſans reſerve les uns avec les autres, d'oublier & de pardonner les injures que nous recevons de nos plus grands ennemis, même de prier pour eux : car non ſeulement elles nous deffendent de rendre le mal pour le mal ; mais elles nous enjoignent expreſſément de faire du bien à ceux qui nous font du mal, & de bénir ceux qui nous perſécutent : de ſorte que nôtre amitié pour nos Freres, doit être conſtante, ferme, ſincére & ſans bornes.

Ce que la Religion nous ordonne, par rapport à ce que nous nous devons

vons à nous mêmes, est fondé sur les mêmes principes. Elle requiert de nous une profonde humilité, une grande patience à souffrir les affronts & les reproches, une profonde resignation à la volonté de Dieu dans quelque état & condition que nous, nous trouvions, une foi stable & permanente, une pureté sans tache, une tempérance & une sobriété exemplaire, de la modération dans les plaisirs permis, de la simplicité & de la sincérité dans le cœur, une douceur & une modestie singuliére en toutes choses. Elle va plus loin, elle veut que nous nous haïssions-nous mêmes, pour n'aimer que Dieu, que nous méprisions les choses d'ici bas, & que nous aions toûjours faim & soif de la justice. Enfin cette Religion n'a aucun précepte qui ne porte avec soi un caractére de divinité. Elle ne nous propose rien d'étrange ni qui répugne à nôtre nature. Si la *simplicité des Colombes* * nous est recommandée, *la prudence des Serpens* ne nous l'est pas moins. Si nous devons être modestes & humbles, cela n'empêche pas que nous ne soions obligés de comparoître avec asseurance & fer-

* St. Matth. ch. 10. v. 16.

fermeté, quand il est question de deffendre la vérité. Je pourrois m'étendre beaucoup plus loin sur la perfection des préceptes de l'Evangile ; mais en voilà assés pour faire voir que la Religion Chrêtienne conduit certainement les hommes au plus haut dégré de perfection, où la nature humaine puisse aspirer : & que, soit que nous la considérions par ses preuves, ou par son objet, nous sommes forcés de convenir qu'il ne peut y avoir au monde de véritable Religion que celle-là.

SECTION X.

Des promesses & des récompenses, des malheurs & des châtimens attachés à la profession, ou au mépris de la Religion Chrêtienne.

NOtre corruption est si grande, & nôtre penchant au mal est si violent, que quelque idée que nous aions de la grandeur de Dieu & de nôtre bassesse, quelque persuadés que nous soions que nous lui devons tout ce que nous sommes, nous avions besoin d'être excités & retenus par des promesses & par des menaces, pour nous faire marcher dans les sentiers de la vertu, & nous détourner de la voie de perdition.

Soit que nous considérions les récompenses que Dieu promet à ceux qui l'aiment, & suivent ses commandemens, par rapport à Dieu même, soit que nous les envisagions par rapport à nos ames, elles sont infiniment au dessus de toutes celles que toutes les autres Religions du monde promettent à leurs Sectateurs. Quoi, par exemple, de plus absurde que cette Transmigration d'ames si généralement crue par plus de la moitié des habitans de la terre ? Qu'y a-t-il de plus contraire à l'idée que nous avons de ces substances spirituelles qui nous animent, que les Richesses, la pluralité des femmes, les campagnes délicieuses dont *Mahomet* leurre ses disciples ? Nos ames sont sorties des mains de Dieu : elles ont été formées à son image & à sa ressemblance, elles n'auront jamais de repos qu'elles ne retournent à lui. Dés que les chaines qui les retiennent dans nos corps mortels seront brisées, elles se porteront naturellement vers Dieu, comme vers leur centre, avec la même impétuosité que les flammes d'un feu ardent s'élevent vers le ciel; mais s'il ar-

arrive que le poids de leurs crimes, & la colére de Dieu les retiennent, & les plongent dans les abîmes de l'enfer que la justice éternelle a préparés aux méchans, quelles seront les peines & les tourmens de ces ames malheureuses !

Nos corps auront, aussi bien que nos ames, part aux promesses. N'est-il pas juste qu'aiant été compagnons de souffrances & d'afflictions pour l'amour de Dieu, ils le soient aussi dans la récompense ? N'est-il pas juste que nos corps qui conjointement & de concert avec nos ames se sont privés des plaisirs de cette vie, joüissent ensemble de la félicité qui leur est préparée. Voilà les consolations que nous donne l'espérance de la resurrection. Jesus-Christ nôtre Sauveur la prouva aux Juifs par la Loi & par les Profetes, comme le fondement de toutes les vérités qu'il leur enseignoit, & nous sommes seurs que nôtre esperance n'est pas vaine, puisque Jesus-Christ lui-même est ressuscité des morts. De dire, comme font quelques Païens, ou profanes, que les particules de nos corps dispersées, & comme anéanties ne puissent pas se rejoindre, c'est une objection si foible, qu'elle ne meri-

Q 2

te pas de réponse ; car celui qui a tout créé de rien, ne peut-il pas rétablir l'homme en son premier état aprés sa dissolution, & le revêtir de qualités immortelles ? Les récompenses que nous attendons sont donc bien au-dessus de celles que les Réligions, Juive, Mahométane & Païenne promettent à leurs prétendus fidéles. Les Banquets sensuels des Juifs, le commerce impur des Mahométans, les mouvemens vagabonds des Païens sont des choses si opposées à la nature de nos ames, qu'on ne peut comprendre comment des hommes raisonnables se peuvent repaître de pareilles rêveries. L'ignorance des hommes est asseurément un grand obstacle à la propagation de la foi Chrêtienne ; car si elle étoit connuë ou examinée, il n'y a personne qui ne la trouvât juste, sainte & raisonnable, & qui ne l'embrassât de tout son cœur. Cette espérance seule de voir Dieu, de le posséder éternellement, de joüir de la compagnie d'une multitude infinie d'esprits bienheureux, qui chantent sans cesse ses louanges, de mêler pour jamais nos *Halleluyas* avec les leurs, d'être éternellement exempts & à couvert des maux de cette vie, de se voir seurs de vivre éternellement avec
ce-

lui, dans celui, & par celui qui feul peut nous rendre fouverainement heureux, cette efpérance, dis-je, de joüir un jour de tous ces avantages que la Religion nous propofe, eft capable de nous ravir en admiration, & de nous faire prier fans cefte la divine bonté de hâter fa venuë, & de nous délivrer de ces liens, qui nous empêchent d'aller à lui. Nous devrions fouhaiter avec S. *Paul de mourir pour être avec Chrift.* * Cét Apôtre ravi jufqu'au troifiéme Ciel, avoit fenti dés cette vie les avantgoûts de cette éternelle félicité. *L'œil n'a point veu*, difoit-il aux Corinthiens, † *L'oreille n'a point oui, & le cœur de l'homme ne peut comprendre ce que Dieu prépare à ceux qui l'aiment.*

Mais fi d'un côté la bonté & la miféricorde de Dieu va jufqu'à départir de telles récompenfes à ceux qui gardent fes Commandemens, fa juftice de l'autre a fait des menaces, & prononcé des Jugemens épouvantables contre ceux qui les méprifent. Quoi de plus raifonnable? Dieu qui eft miféricordieux envers les bons, ne fera-t il pas jufte envers les mé-

---

* Epit. aux Philip. ch. 1. v. 23.
† Epit. aux Cor. ch. 2. v. 9.

méchans ? & si la récompense des uns est infinie, la punition des autres ne doit-elle pas l'être aussi ? Je ne rapporterai pas toutes les expressions, dont se sert l'Ecriture pour nous faire comprendre le déplorable état des damnés. Je ferai seulement quelques réflexions sur la fin que Dieu s'est proposée en nous faisant ces terribles menaces.

1. C'est pour nous détourner du mal, exciter en nous des mouvemens de repentance, & nous ramener à la sainteté qu'il desire de nous. 2. Pour nous faire comprendre qu'il est un Dieu jaloux, infiniment juste & terrible dans sa colére, & *qu'on ne se moque pas de lui** impunément. 3. Pour nous faire sentir le prix de notre rédemption par Christ ; car si nous ne croyions pas une éternité de supplices, nous n'estimerions pas assez la rançon que Christ a paiée pour nous. Car tout homme qui fera réflexion sur l'excellence de la grace qu'il a perdue, & la grandeur des châtimens qu'il a mérités, comprendra ce qu'il doit à Dieu, qui l'en a racheté par le sang de son propre fils. 4. Enfin la croiance & le souvenir des récompenses & des châtimens éternels servent

* Epit aux Gal. ch. 6. v. 7.

vent à nous faire méprifer les plaifirs de cette vie, pour nous repofer entiérement fur la poffeffion éternelle de ceux, qui nous attendent dans le Ciel, & nous encouragent à embraffer la Croix de Chrift, & à fouffrir de bon cœur toutes les afflictions de cette vie, pour l'amour de lui : car *S. Paul* nous dit que *les fouffrances de cette vie ne font pas à comparer avec la gloire qui nous fera revelée.* *

SECTION XI.

Quelques autres preuves de la vérité de la Religion Chrétienne.

LE fidele Guide auquel la divine Providence m'avoit adreffé, après m'avoir pleinement convaincu de la vérité de la Religion Chrétienne, tant par l'évidence de fes preuves, que par la fainteté de fon objet, travailla à me confirmer dans cette croiance par des argumens & des confidérations très fortres & très folides. Je les rapporterai dans l'ordre à peu près qu'il me les propofa.

1. Les

* Epit. aux Rom. ch. 8. v. 18.

I. Les Juifs conviennent que de tout tems il y a eu un Messie promis : mais ils disent qu'il n'est pas encore venu ; les Chrêtiens prétendent au contraire, que ce Messie tant desiré, si long tems attendu, s'est manifesté en Judée, qu'il s'appelloit Jesus, que c'est celui-là même qu'ils ont mis à mort, & dans la personne duquel, nous trouvons accompli tout ce que les Profetes ont dit du Messie, dans l'Ancien Testament : comme, qu'il devoit naître d'une Vierge dans la ville de *Bethléem*, de la Tribu de *Juda*, de la postérité de *David* ; qu'il commenceroit à prêcher dans la Galilée, où il devoit faire beaucoup de miracles ; qu'il sauveroit non seulement les Juifs, mais aussi les Gentils ; qu'il établiroit la véritable adoration de Dieu, & renverseroit le culte des Idoles & des faux dieux ; qu'il seroit trahi & vendu pour 30. pieces d'argent. Les circonstances de sa passion, de sa mort, y sont décrites, par les mêmes Profetes, comme s'ils en avoient été les témoins oculaires ; le partage de ses vêtemens, les moqueries qu'il a essuiées, sa conduite pendant tout le tems de ses souffrances, ses dernières paroles, sa sépulture honorable, sa resurrection, &c. enfin tout ce qui a été prédit

prédit du Messie, se trouve si exactement accompli en Jesus-Christ, qu'on ne peut douter qu'il ne le soit effectivement, & que la Religion qu'il a établie ne vienne de Dieu.

II. La maniére extraordinaire dont toutes ces Proféties ont été accomplies est trés remarquable. Je n'en rapporterai que deux ou trois exemples. N'est-ce pas une chose singuliére que Jesus-Christ, qui avoit tant d'ennemis, ait été livré aux Juifs par un de ses disciples? qu'il ait été condamné à la mort par un Juge qui l'avoit reconnu & déclaré innocent? qu'aprés avoir plusieurs fois échappé d'être lapidé, & quoique par la loi des Juifs, les accusations portées contre lui supposées vraies, il eût deu naturellement mourir par ce genre de supplice, il ait cependant été crucifié? qu'aprés avoir expiré si ignominieusement sur une Croix (supplice plus usité par les Romains que par les Juifs) il ait été enseveli si honorablement? qu'aucun de ses os n'ait été cassé, quoique ce fût la coûtume de les rompre à tous ceux qu'on crucifioit, & que cela eût été exécuté sur les deux voleurs qui le furent avec lui? & plusieurs autres observations semblables, qui sont asseurément trés surprenantes, & qui nous doivent faire admirer la sagesse de Dieu, qui n'a permis ces choses, qu'afin que tout ce qui avoit été predit du Messie fût accompli en lui.

III. L'accomplissement des Profeties de Jesus-Christ demande nôtre attention. Il prédit aux Juifs *la prise & le saccagement* de Jérusalem, *la démolition de leur Temple & leur dispersion*, * ainsi qu'il est arrivé, les Juifs étans demeurés depuis 17, siecles exilés, proscrits, épars & vagabonds sur la terre; abandonnés de Dieu, méprisés des hommes, desunis entre eux mêmes; sans pouvoir, sans gouvernement, soupirant sans cesse aprés une délivrance qu'ils ne verront jamais.

IV. Les progrés étonnans que les Apôtres & leurs Successeurs ont faits dans la propagation de la Religion Chrétienne méritent aussi une attention particuliére: car soit que nous en considérions l'Auteur & les Prédicateurs, ou que nous aions égard à la Religion en elle-même, & à la maniére avec laquelle elle s'est étenduë, nous ne pouvons nous empécher de reconnoître par tout le doigt de Dieu. 1. L'auteur de cette Religion c'est Jesus, réputé fils d'un pauvre Charpen-

* S. Math. ch. 24.

pentier, né dans une étable en *Bethléem*, mort honteusement sur une croix, en la compagnie de deux scélérats, punis du même supplice. Ceux qui ont prêché aprés lui la doctrine qu'il avoit enseignée, qu'étoient ils? de pauvres pêcheurs, ou gens de métier, ignorans, grossiers, aiant toûjours mené une vie obscure; personnages peu propres à la prédication & à l'établissement d'une nouvelle Religion : cependant ces hommes, pauvres, ignorans, grossiers, ont affronté la sagesse des Grecs, tenu ferme contre la puissance des Romains, domté l'orgueil & la malice des Juifs, & surmonté l'opiniâtreté des Gentils. Certes j'aurois moins de peine à croire qu'une brebis eût pû dévorer cent loups affamés, que non pas d'imaginer que de telles gens eussent été capables de tant de merveilles, si le bras du Tout-puissant n'eût agi avec eux, & si le St. Esprit n'eût parlé par leur bouche.

2. Non seulement l'établissement de la Religion Chrêtienne paroît surprenant à cause de la foiblesse apparente des premiers Prédicateurs, mais par la nature même de la Religion, laquelle, quoique très parfaite, ne laisse pas de contenir des articles de foi, des régles & des

pra-

pratiques, qui font des pierres d'achopement aux Gentils. Par exemple, la Création du monde, telle qu'elle nous est revélée, ne peut que paroître fort étrange à des Philosofes, qui tiennent pour principe incontestable que rien ne se peut faire de rien : des gens accoutumés à croire plusieurs dieux, ne peuvent se résoudre à n'en admettre qu'un. La doctrine de la Trinité & celle de la resurrection des corps, ont paru absurdes à *Rome* & à *Athenes* : Cependant ces mistéres, tout étranges & tout extraordinaires qu'ils y ont paru, y ont été crus & reçus, ce qui certainement ne seroit jamais arrivé, si Dieu ne s'en fût point mêlé, & n'eût operé des miracles par le ministére de ceux qui les ont prêchés. Le monde étoit trop corrompu pour embrasser sans répugnance la Morale de l'Evangile à la Prédication de Jesus-Christ & de ses Apôtres. Il falloit que l'Esprit de Dieu disposât les cœurs à recevoir cette sainte semence, car la doctrine qu'ils enseignoient, ne tendoit pas seulement à porter les hommes à s'abstenir du mal & à faire le bien, mais elle leur ouvroit le chemin à une perfection inconnuë jusqu'alors aux Juifs & aux Gentils, la mortification des passions, le mépris du monde & des

Ri-

Richesses, la pureté du corps & de l'esprit, l'humilité & la simplicité du cœur, l'amour du prochain égal à celui de soi-même. Toutes ces choses leur étoient si nouvelles, qu'il ne falloit pas moins qu'une éloquence, divine pour les en convaincre; & d'où les Apôtres l'auroient ils prise cette éloquence, & tous ces merveilleux talens si nécessaires pour toucher & persuader, si *Dieu* ne leur eût *inspiré tout ce qu'ils avoient à dire?* * Mais l'Eloquence des Apôtres ne consistoit ni dans l'arrangement des phrases, ni dans le tour, ou la finesse des expressions, ni dans le choix des mots: toute leur Rétorique ne paroissoit que dans leur constance, leur fermeté, leur foi, leur sainteté, leur patience, & mille autres vertus qui brilloient encore plus en eux que les dons miraculeux des langues & des miracles, qui les accompagnoient par tout. St. Paul, quoi que savant, nous asseure, *qu'il ne veut rien savoir que Jesus-Christ crucifié, & que ses discours & ses prédications ne sont pas le fruit d'une science humaine.* † Ainsi il est visible que le bon succès de l'établissement de la Religion Chrétienne, est absolument l'effet d'une puissance divine.

3. Ma-

* St. Math. ch. 10. † 1. Epitre aux Corint. ch. 2. v. 2. & suiv.

3. Mahomet a étendu ses opinions par la force des armes, mais les Juifs & les Gentils n'ont point eu à craindre l'épée des Apôtres. Leur Maître ne les chargea pas de porter la guerre par le monde, mais d'annoncer la paix; car c'étoit le Dieu de paix, & il ne recommanda rien plus expressément à ses disciples, qu'il envoia *comme des brebis au milieu des loups* : * Aussi les Princes & les Grands de la terre, au lieu de les protéger, les traitérent avec la derniére cruauté, & les persécutérent de ville en ville; mais ils n'avoient point d'autres armes pour se deffendre, que la foi en Jesus-Christ, point d'autre glaive que celui de la parole de Dieu, avec lequel *ils ont subjugué toutes les Nations, & les ont amenées captives à l'obeissance de la foi en Jesus-Christ:* † en sorte que le sang qu'ils ont répandu & celui de tous les autres Martirs, a été une semence qui a fait multiplier les Chrêtiens à l'infini.

Voilà en partie les réflexions qui m'ont confirmé dans la foi Chrêtienne Mr. *Jennes* m'en fit faire beaucoup d'autres sur la Resurrection & l'Ascension

de

---

* St. Matth. ch. 10. † 2 Ep. aux Corint. ch. 10. v. 4 & 5.

de Chriſt, l'Envoi du St. Eſprit à ſes Apôtres, le Don miraculeux des langues &c. mais ceci ſuffira pour faire voir que ce n'eſt qu'aprés avoir compris l'excellence de la Religion Chrêtienne par deſſus toutes les autres Religions du monde, que j'ai été convaincu qu'elle vient de Dieu, & qu'elle eſt la ſeule véritable, que je l'ai embraſſée, eſpérant d'y vivre & d'y mourir pour reſſuſciter un jour avec Chriſt. Amen.

Voici les principales objections que j'avois coûtume d'alléguer contre la Religion Chrêtienne, avant que de me déterminer à recevoir le batême, avec les réponſes que Mr. *Innes* m'y a faites.

CHAPITRE XL.

Diverſes objections contre la Religion Chrêtienne, & leurs ſolutions.

CE que je diſois contre l'exiſtence de Dieu, ſes attributs & la néceſſité d'une Religion révélée, étoit ſi foible, que j'aurois honte de le rapporter maintenant : tout ne rouloit que ſur les communes opinions des Docteurs de mon païs.

païs. Les premiéres réponses qu'on m'y fit m'en firent voir si clairement l'absurdité, que je n'eus rien à répliquer, ainsi la première objection qui me parut mériter quelque attention fut celle-ci.

1. *Objection.* Comment puis-je être certain que ce que les Evangelistes & les Apôtres ont écrit, soit véritable ? N'étoient-ils pas des hommes, & par conséquent capables de se tromper, ou de vouloir tromper les autres, en écrivant des choses qui n'ont jamais été ?

Réponse 1. Les Ecrivains sacrés étoient des hommes justes & craignans Dieu. Ils ont confessé publiquement dans une grande simplicité des fautes, lesquelles sans cét aveu, nous seroient encore inconnuës : comme leur lenteur à croire, leurs disputes sur la prééminence, leur fuite & leur lâcheté, à la prise de leur Seigneur & Maître &c. ils ne peuvent donc pas avoir été coupables d'un aussi mauvais dessein, que celui d'avoir inventé à plaisir une Histoire telle que celle de Jesus-Christ. Mais à quelle fin nous eussent-ils voulu tromper ? Quel avantage en eussent-ils retiré ? Des honneurs ? La doctrine qu'ils prêchoient les faisoit passer pour des fous & des insensés : des Richesses, ou quelques autres biens

biens temporels ? mais ils enseignoient une Morale qui y étoit bien opposée, puis qu'ils exhortoient les Peuples à tout quitter pour l'amour de Jesus-Christ, & n'est-ce pas pour cela qu'ils ont eux-même exposé continuellement leur vie, errant sans cesse d'un lieu dans un autre, où ils ont été persecutés & tourmentés jusqu'à la mort ? Des Imposteurs ne se fussent jamais exposés de gaïeté de cœur à de pareilles épreuves. Qui pourroit croire que des gens persuadés de la fausseté d'une chose qu'ils auroient inventée, préférassent de souffrir les plus cruels supplices pour soutenir leur imposture, aux honneurs & aux récompenses qui leur seroient offertes pour s'en désister & reconnoître leur erreur, sans qu'au moins, parmi le grand nombre de ces insensés quelques-uns se laissassent gagner, ou par la crainte des châtimens ou par l'espoir de la récompense ?

2. Les Apôtres non seulement ne nous en ont pas imposé ; mais ils ne l'auroient pû faire, quand ils l'auroient voulu. Car, outre qu'étant des hommes ignorans & grossiers, ils n'eussent pû s'entendre pour forger une Histoire de la vie de Jesus Christ, telle qu'ils nous

la

la donnent, écrite par quatre différentes plumes, sans qu'il se trouve la moindre contradiction. Quand ils auroient été assés habiles pour inventer des faits de cette nature, il n'est pas concevable qu'ils eussent eu la hardiesse de les publier si hautement sous les yeux des Juifs, qui les eussent infailliblement traités d'Imposteurs, & n'eussent pas manqué de les faire punir comme tels.

3. Personne ne doute qu'ils n'aient été très propres à écrire la vérité ; ils n'avoient point à rapporter des faits arrivés dans les siécles précédens, ou long-tems avant qu'ils fussent nés, ou dans des lieux éloignés, ils ne nous ont rien dit *qu'ils n'aient veu de leurs propres yeux, ouï de leurs oreilles, & touché de leurs mains.* * Ils ont toûjours accompagné le Sauveur du monde, depuis le tems qu'il a commencé à prêcher, jusqu'à sa mort ; en sorte que, s'ils nous avoient débité quelques faussetés, ce seroit sans doute plûtôt à leurs mauvaises intentions qu'il s'en faudroit prendre, qu'à leur ignorance. Mais nous avons montré combien ils ont été éloignés d'avoir voulu nous tromper : nous ne pouvons donc
qu'ê-

* 1 St. Jean ch. 1. v. 1.

qu'être très asseurés que les Ecrivains sacrés ont été des Historiens très fidéles.

II. *Object*. Comment puis-je être seur que les Livres que nous avons à present du Nouveau-Testament, soient les mêmes que ceux que les Evangelistes ou les Apôtres ont écrits, & que par la succession des temps, ils n'ont pas été alterés?

Rep. Ces Livres ont été dispersés par tout le monde, traduits en une infinité de langues; ils portent par tout les mêmes noms de leurs Auteurs. L'accord admirable de toutes ces différentes versions prouve qu'ils ont toûjours été les mêmes. Se pourroit-il faire que des Nations si éloignées les unes des autres, qui ne peuvent qu'à peine avoir le moindre commerce ensemble, eussent travaillé de concert pour alterer la sainte Ecriture? Si parmi la grande diversité de Sectes, qui partagent les Chrétiens, il s'en fût trouvé quelqu'une, qui eût ajoûté ou diminué ce qu'elle auroit trouvé propre à confirmer son opinion, les autres n'eussent-elles pas fait la même chose? Mais cela n'est point arrivé, il paroît que de tout tems, quelque contestation qu'il y ait eu parmi les Chrétiens, ils ont toûjours appellé de leurs dif-
fé-

férends au texte sacré, lequel a toûjours été le même, & tel que les Apôtres l'ont mis au jour pour la premiére fois.

III *Object.* Les miracles de la Religion Chrêtienne ne suffisent pas pour prouver qu'elle est la seule véritable: car les Juifs & quelques Sectes des Païens ont aussi leurs miracles, sur lesquels ils fondent la vérité de leurs Religions.

Réponse 1. Les miracles seuls ne sont pas une preuve suffisante pour établir la vérité d'une Religion, ils ne servent qu'à la confirmer. C'est pourquoi si la doctrine qu'une Religion enseigne n'est pas sainte; les miracles dont elle fait parade doivent être regardés comme de faux miracles.

2. Les prétendus miracles des Païens n'ont pas les trois conditions requises pour être reconnus pour vrais miracles, sçavoir, que celui qui fait le miracle doit le prévoir & le vouloir faire, 2. que le miracle doit être au dessus des forces de la nature. 3. qu'on doit être certain qu'il a été fait. Mais les miracles des Païens, comme par exemple, ceux de la Religion des Formosans, n'ont consisté que dans des prédictions d'orages, de tempêtes & autres semblables malheurs, qui devoient arriver dans le Païs

Païs, ce qui n'excedoit pas la connoissance humaine. Car les tonnerres, les tremblemens de terre, les pestes ne sont qu'une suite naturelle de la disposition de l'air, qu'une longue expérience & une sérieuse méditation peut faire prévoir. D'ailleurs le *Jarhabadiond*, ou le livre de la loi, dans lequel les miracles sont contenus, est si sécretement gardé par les Prêtres, qu'ils ne souffrent pas qu'aucun homme en prenne la lecture. Ainsi tous ces prodiges des Païens, ne peuvent être regardés que comme de simples Pronostics, ou comme des Fictions, ou des Impostures.

IV. *Object.* Si vous ne voulés pas croire les prodiges ou miracles, que nos Prêtres nous disent avoir été faits, par les Auteurs de nôtre Religion, croiés au moins ceux dont j'ai été témoin oculaire. J'ai veu le Dieu qu'on adore à *Formosa* paroître dans le Tabernacle de nos Temples, sous des figures corporelles & sensibles, par exemple, sous la figure d'un Lion, lors qu'il étoit irrité contre les Peuples, ou sous celle d'un Taureau, d'un Belier &c. quand il étoit appaisé. Je l'ai même veu quelquefois changer de plusieurs figures en peu d'heures, & dans le même jour, paroître irrité & appaisé à tous ceux qui étoient dans le Temple. *Rep.*

Rep. 1 Ce feroit une chofe indigne de la Majefté de Dieu de fe manifefter à fes créatures, fous la figure de fi vils animaux. 2. Il eft vrai-femblable que c'eft une tromperie des Prêtres, qui ont de ces animaux de rechange, pour les faire voir aux Peuples, quand ils le jugent à propos. Cela eft d'autant plus certain, qu'ils ne veulent pas fouffrir que qui que ce foit en approche. 3. Si c'étoit le Dieu fouverain qui fît de telles métamorphofes, il fe manifefteroit publiquement, & ne fe tiendroit pas ainfi caché dans un lieu particulier, où il ne peut être veu que par un certain endroit. 4. pour croire un tel prodige, il faudroit que plufieurs autres miracles l'euffent confirmé.

V. *Object.* Par la même raifon je puis nier la vérité de la Réfurrection de Chrift, car s'il eft véritablement reffufcité des morts, pourquoi n'a-t-il pas apparu à fes ennemis comme à fes amis? & puis qu'il n'y a que fes difciples qui l'ont veu, ne puis-je pas dire avec les Juifs, qu'ils font venus la nuit enlever le corps de leur Maître, & ont aprés cela répandu le bruit qu'il étoit reffufcité? Ce miracle demande d'autres miracles, pour le confirmer.

Rep.

Rep. 1. Auſſi les Apôtres en ont-ils fait quantité, car lors qu'ils ont reſſuſcité des morts, guéri des maladies &c. ç'a toûjours été au nom de Jeſus-Chriſt. 2. on pourroit auſſi demander pourquoi Dieu n'a pas tranſporté les ennemis de J. C dans le Ciel, pour le leur faire voir aſſis à la droite de ſon Pere? Certainement ſi les Juifs l'euſſent veu aprés ſa reſurrection, ils n'euſſent pas manqué de dire que c'étoit un fantôme, un eſprit ou quelque choſe ſemblable, car s'ils n'ont pas ajoûté foi à ce prodigieux nombre de miracles que J. C. a faits avant ſa mort, ils n'auroient pas été plûtôt convaincus qu'il étoit le Meſſie, quand ils l'auroient veu aprés ſa reſurrection. 3 De dire que les Apôtres ſont venus de nuit enlever le corps de J. C. cela paroît ſi abſurde, qu'on ne daigneroit pas y répondre, ſi l'on ne ſçavoit que l'incrédulité ſe retranche ſur les opinions les plus extravagantes. Les Juifs eux-mêmes ne nient pas la mort & la ſépulture de J Chriſt, ils conviennent que ſon ſépulcre étoit étroitement gardé, par des ſoldats qu'on y avoit poſés exprés: mais, diſent-ils, *pendant que les Gardes dormoient, les Diſciples de Jeſus ſont venus & ont*

ont enlevé son Corps. * Ils étoient donc devenus bien hardis, eux qui, peu de jours auparavant, abandonnérent lâchement leur Maître, entre les mains de ceux qui étoient venus pour le prendre : jusques-là que S. Pierre, le plus zélé d'entre eux, malgré sa resolution, ne laissa pas de fuir comme les autres, & de le renier par trois fois, à la voix d'une simple servante, qui l'accusoit d'être de ses Disciples. Mais supposons que les Disciples de Jesus-Christ fussent revenus de leur premiére fraieur, & qu'ils aient été assés hardis, pour entreprendre d'enlever le corps de leur Maître : est-il possible, qu'un nombre de soldats, postés pour garder une chose, se soient tous endormis à la fois, sans qu'un d'entre eux soit au moins demeuré en sentinelle ? Mais accordons qu'ils se soient tous endormis, il falloit que les Disciples de J. C. prissent bien leur temps : & comment auroient-ils pû rouler la pierre qui deffendoit l'entrée du sépulcre sans faire assés de bruit pour éveiller au moins quelqu'un des soldats ? Et quand ils auroient usé de toutes les précautions nécessaires pour ne point faire de bruit,
il

---

* St. Matth. ch. 28.

il faut convenir qu'au moins la crainte qu'ils pourroient avoir euë d'étre surpris, les auroit engagez à faire beaucoup de diligence; mais au contraire il paroît qu'il n'y a eu ni desordre ni précipitation, lors que Jesus-Christ sortit hors de son tombeau: les linges, dont son précieux corps étoit enveloppé, se trouvérent proprement pliés & posés dans un endroit, la serviette qui étoit autour de sa tête, dans un autre: ce qui montre de la présence d'esprit, & non pas l'empressement de gens qui font une chose avec crainte & à la hâte. Accordons encore que les Disciples aient emporté le Corps de Jesus-C. pourquoi n'ont-ils pas été poursuivis en Justice? & si la chose eût pû être prouvée contre eux, n'y avoit-il pas matiére à les faire punir? Si les soldats ont tous été endormis, pourquoi n'ont-ils pas été traités selon la rigueur de la loi des Juifs & des Romains, qui condamnoit des soldats à mort en pareil ces. Enfin cette accusation des Juifs se contredit manifestement; car si les soldats ont été éveillés, pourquoi n'ont-ils pas empêché que le Corps ne fût enlevé? & s'ils ont été endormis, comment savent-ils que ce sont ses Disciples qui l'ont enlevé? Ne faut-il pas que les Juifs soient, ou bien stupides ou étrangement prévenus, ou opiniâtrément incredules, pour ajoûter foi aux miracles de Moïse & des Prophétes, dont ils n'ont point de preuves que l'Histoire & la tradition, & refuser de croire ceux de Jesus-Christ, dont ils ont été les témoins oculaires.

VI. *Object*. Il est seur que le Démon peut faire des prodiges, & qu'il en a fait ; comment donc connoître que J. C. a opéré tant de merveilles, plûtôt par la puissance de Dieu, que par celle du Démon ?

Rép. Quoi que nous ne puissions pas sçavoir jusqu'où va le pouvoir du Démon, nous sommes asseurés, que, quand il pourroit faire des miracles pareils à ceux qu'a fait le Sauveur du monde, il n'auroit pas eu la même veuë que lui en les faisant, c'est-à-dire la confirmation de la Religion Chrêtienne, laquelle détruit son Empire, & ne prescrit rien à ses Sectateurs, qui ne soit à la gloire de Dieu & au bonheur du Genre humain. Car le Diable hait trop l'un & l'autre pour faire la moindre chose qui puisse tourner à leur avantage. Si donc nous convenons qu'il puisse faire quelques miracles, ce ne sont tout au plus que ceux dont les

Païens se vantent, leur Religion ne pouvant que lui être trés agréable.

VII. *Object*. Jesus-Christ a reconnu que les miracles de Moïse avoient été faits par la puissance de Dieu, pourquoi donc a-t-il aboli sa Religion & sa Loi?

Rép. Il est vrai que Jesus-Christ a reconnu que les miracles de *Moïse* avoient été opérés par la puissance de Dieu; mais il n'a pas prétendu abolir la Loi, car il nous asseure positivement le contraire. *Je ne suis pas venu*, dit-il, *pour détruire la Loi; mais pour la remplir*[*] : il n'a abrogé que les cérémonies, qui étoient devenuës inutiles aprés son avénement. L'alliance faite avec les Juifs, prouve que le tems devoit venir que ces cérémonies seroient abolies. Jesus-Christ ne les a pas condamnées comme mauvaises, mais seulement comme imparfaites, & n'étant plus d'aucun usage, puisque ce qu'elles avoient signifié jusqu'alors, se trouvoit accompli en lui. Dieu étoit las de leurs sacrifices, de leurs encensemens & de leurs purifications ; *Le tems étoit venu que les véritables enfans de Dieu le devoient adorer en esprit & en vérité.*[†]

---

[*] St. Matth. ch. 5. v. 17.
[†] St. Jean ch. 4.

VIII. *Object.* Pourquoi Jesus-Christ n'a-t-il pas laissé à son Eglise un pouvoir perpétuel de faire des miracles ?

Réponse. Ce n'est pas à nous à entreprendre de pénétrer dans les secrets de Dieu : il nous suffit que ce soit sa volonté. Nous devons être trés contens & trés satisfaits de ce qu'il a bien voulu confirmer par des miracles une Religion qu'il lui a plû de nous révéler : mais à present que l'Enfance de l'Eglise est passée, que la Religion est établie par toute la terre, les miracles ne sont plus nécessaires : il suffit que Dieu nous ait asseuré qu'il prendra un tel soin de son Eglise, que *même les Portes de l'Enfer ne prévaudront point contre elle.* *

IX. *Object.* Puis que Dieu avoit résolu de racheter le Genre humain par les souffrances & la mort de son fils unique, pourquoi ne l'a-t'il pas envoié plûtôt au monde, & même aussi-tôt aprés la chute d'*Adam*, afin que ceux qui ont vécu entre *Adam* & Christ, eussent part à sa Redemption ?

Rep. 1. Si je demandois pourquoi Dieu n'a pas créé le monde plûtôt, sans doute que personne ne m'en pourroit don-

---

* St. Math. ch. 16. v. 18.

donner de raison; cependant cela ne détruiroit pas l'évidence de la création: de même, quoi qu'on ne puisse pas sçavoir pourquoi Dieu n'a pas envoié son fils au monde deux mille ans plûtôt, cela ne rend pas le bienfait de la Redemption moins certain ou moins efficace. Tout ce qu'on peut dire c'est, que la sagesse infinie de Dieu a fait choix d'un certain tems qu'elle a trouvé plus convenable qu'un autre, & dont elle n'a pas jugé à propos de nous réveler la raison.

2. Quoi que Jesus-Christ soit venu au monde 2000 ans aprés le péché d'*Adam*, celà n'empêche pas que ceux qui sont morts avant sa venuë, & qui ont bien vêcu, selon la loi ou naturelle ou écrite, n'aient eu part à la Rédemption de Jesus-Christ.

X. *Object.* Dieu n'auroit-il pas pû nous délivrer de la peine de nos péchés par un autre moien que par la mort de son fils?

Rép. 1. Il semble qu'il ne falloit pas moins que la mort de Jesus Christ pour satisfaire la justice infinie de Dieu, qui demandoit une satisfaction d'une valeur infinie, de laquelle aucune créature n'étoit capable. 2. Quand la sagesse de Dieu auroit pû trouver quelque autre moien de satisfaire sa justice, les hommes auroient encore demandé pourquoi plûtôt ce moien qu'un autre, en sorte que, si de pareilles questions étoient recevables, il s'ensuivroit que Dieu seroit obligé de rendre compte aux hommes de sa conduite, ou d'agir selon leurs différens caprices. 3. On peut, avec aussi peu de raison, demander pourquoi Dieu n'a pas créé les hommes aussi parfaits que les Anges, ou exemts de pouvoir pécher ; car il le pouvoit faire, & alors nous n'eussions pas eu besoin de Rédempteur. 4. Dieu a pris toutes les mesures qu'il a jugé propres à manifester sa justice & sa miséricorde, mais *ses voies ne sont pas les nôtres, * ses jugemens sont incomprehensibles, & qui est-ce qui est entré dans les conseils de Dieu?* † Nous sommes donc tenus de nous soûmettre, d'admirer la justice de son Gouvernement, & de le remercier de l'asseurance qu'il nous a donnée *de ne vouloir point la mort du Pécheur mais plûtôt qu'il se convertisse & qu'il vive* §. Hé quoi ! aurons nous plus de déférence

---

* Isaie ch. 55.
† Epit. aux Rom. ch. 11. v. 33.
§ Ezech. ch. 18.

ce pour les Princes de la terre que pour le Roi des Rois ? Un sujet ignorant & grossier condannera-t-il son Souverain, qui passe pour le Pere de la Patrie, parce qu'il ne connoit pas les raisons politiques qui le font quelquefois agir d'une façon contraire à ses idées rustiques ? Si donc un particulier n'est pas en droit de censurer la conduite de son Superieur, parce qu'il ne sçait pas le secret qui le fait agir d'une maniére plûtôt que d'une autre, à combien plus forte raison, devons-nous nous soûmettre aux loix qu'il a plû à Dieu de nous imposer, sans nous enquerir des raisons qui l'ont déterminé à nous donner celles-ci plûtôt que celles-là.

XI. *Object.* La mort de J. C. n'a pû étre une satisfaction infinie, telle que Dieu la demandoit, & que la requeroit le Péché d'*Adam*; car comme Dieu, il n'a pû ni souffrir, ni mourir, & comme homme, il n'a été qu'une créature finie : & par consequent ses souffrances n'ont pû être d'un mérite infini.

Rép. La mort de J. C. est doublement satisfactoire, 1 par rapport à Dieu son Pere, qui non seulement n'a requis autre chose de lui pour la Rédemption de tous les hommes; mais qui a été entiérement appaisé par le sang de cette seule victime. Car si dans l'ancienne alliance, les sacrifices de quelques bêtes suffisoient pour expier les péchés, ce n'étoit qu'en vertu de celui de la nouvelle alliance, dont ils n'étoient que la figure, lequel se devoit accomplir en son tems. 2 Par rapport aux qualités de la personne de J. C. Quand nous ne considérerions que sa nature humaine, c'étoit une Créature d'une Excellence infiniment au dessus de toutes les autres Créatures visibles & invisibles ; il avoit été conceu par le S. Esprit, appellé le fils de Dieu, & destiné par le Pere à étre nôtre Sauveur. Mais si nous faisons attention que sa nature divine étoit unie Hipostatiquement avec son humanité, nous sommes obligés de convenir ; *qu'étant Dieu benit éternellement* * avec son Pere, quoi que par cette nature il n'ait pû souffrir, cette union hipostatique a rendu les souffrances de son humanité d'un mérite, & d'une valeur infinie, & que par consequent la Justice de Dieu a été pleinement satisfaite pour les péchés de tous les hommes.

XII. *Object.* Dieu n'a pû satisfaire sa justice en livrant son fils à la mort, car ce

* Epit. aux Rom. Chap. 9. v. 5.

ce fils étant Dieu avec lui, il faudroit dire que Dieu se feroit sacrifié lui-même : ce qui seroit aussi absurde que si on disoit, qu'un Créancier se feroit lui-même paié avec son propre argent, de ce qui lui étoit deu par un autre.

Rép. 1. Si cela se pouvoit dire, non seulement l'efficace de tous les sacrifices qui ont jamais été offerts seroit détruite, mais l'adoration même que nous rendons à Dieu seroit superfluë & inutile : car que pouvons-nous lui offrir qui ne soit à lui & qui ne vienne de lui ? 2. Il faut remarquer que dans les grands ouvrages de la Création & de la Rédemption, Dieu n'a pas agi par un de ses attributs seulement, mais par l'harmonie générale de toutes ses pefections ramassées ensemble. Supposons par exemple qu'une Créature eût pû exister par elle-même, si parfaite & si indépendante de l'Etre suprême, qu'elle eût été capable de satisfaire à la justice de Dieu en mourant, ou en s'anéantissant pour tout le Genre humain, Dieu en acceptant de cette créature une satisfaction proportionnée à la peine que les hommes avoient méritée, auroit seulement contenté sa justice ; mais il n'auroit pas eu occasion de manifester sa misericorde, au lieu qu'il a pleinement montré l'une & l'autre, sa bonté & sa charité envers les hommes, en livrant son propre fils, pour être nôtre rançon, & sa justice par la mort violente que ce bon Sauveur a soufferte.

XIII. *Object*. A qui donc a été paié le prix de nôtre Rédemption?

Rép. A Dieu le Pere, duquel nous avions encouru une perpétuelle disgrace en offensant sa Majesté infinie.

XIV. *Object*. Mais c'est Dieu le Pere, qui nous a donné le Rédempteur.

Rép. Cela est vrai, Dieu a envoié son fils au monde, afin qu'il souffrît & mourût pour nôtre Rédemption. Si ce grand ouvrage a été un effet de la bonté & de la miséricorde du Pere, *qui a tant aimé le monde qu'il n'a pas épargné son propre fils,* * il y a eu aussi cela de particulier dans le fils, que *pouvant prier son Pere de lui envoier plus de* 12, *légions d'Anges, pour le délivrer de la main de ses ennemis,* † il s'est soûmis volontairement, & s'est offert lui-même en sacrifice pour les péchés de tous les hommes: sacrifice qui a flairé une odeur d'appaisement sur nous, & nous a mérité le salut. Ainsi s'est accompli l'ouvrage admirable de la Rédemption du monde.   XV.

* Jean, 3, 16. Rom. 8. 32. †S. Math. 16.

XV. *Object.* Si les sacrifices que les Païens offrent de leurs propres enfans à Dieu, paroissent si injustes & si inhumains, la passion & la mort de Jesus-Christ doit paroître bien plus injuste & plus cruelle; car il est plus difficile de croire que Dieu ait requis le sacrifice de son fils unique innocent, préférablement à celui de quelques milliers d'entre les enfans des hommes coupables.

Rép. Nous ne disons pas que les sacrifices des enfans soient toûjours injustes & cruels; mais nous soûtenons qu'ils doivent être ordonnés de Dieu expressément : comme lors qu'il commanda à *Abraham* de lui sacrifier son fils *Isaac*. On ne peut pas dire non plus, qu'il y ait de l'injustice en Dieu, d'avoir livré à la mort son fils innocent. Car on appelle injustice, lors qu'on prive quelqu'un d'une chose qu'on n'a pas dessein, ou qu'on n'est pas capable de lui rendre; Or Dieu n'a été, ni injuste, ni cruel, en donnant son fils pour mourir une fois pour nous. Il n'a pas été injuste, puis qu'il l'a resuscité le troisiéme jour, qu'il lui a rendu une vie plus glorieuse que celle qu'il avoit auparavant, & qu'il a amplement récompensé ses souffrances, en le plaçant dans le Ciel à sa droite; où il doit

doit régner éternellement avec lui. Dieu n'a pas été cruel, parce que Jesus-Chrift s'eft offert lui-même à mourir pour nous, aiant voulu être le Médiateur entre Dieu & les hommes. Au contraire, fi Dieu n'avoit pas voulu accepter la fatisfaction que fon fils lui offroit pour nous, nous aurions eu plus de raifon de l'accufer d'injuftice & de cruauté, car celui à qui il eft deu, paffe pour cruel & injufte, lors que fon Débiteur n'étant pas en état de le fatisfaire, il refufe qu'un autre le fatisfaffe pour lui.

XVI. *Objeċt.* Pourquoi Dieu a-t-il requis le facrifice de fon fils unique, lui qui avoit deffendu aux Juifs les facrifices d'hommes?

Rép. 1. Quand Dieu deffendit aux Jufs de facrifier leurs Enfans, il ne s'engagea pas lui-même par là, à ne jamais exiger aucun pareil facrifice, fi quelque occafion particuliére le requeroit, comme nous l'avons remarqué dans l'Exemple d'*Abraham* & de fon fils *Ifaac.* *
2. Dieu né commanda pas aux Juifs de crucifier J. C. il permit feulement qu'il tombât entre les mains des méchans, & *Chrift homme un agneau muët devant celui qui le tond, n'ouvrit pas la bouche contre*

fes

* Genefe ch 22.

ses meurtriers *. 3. Quoique les Juifs aient condamné J. C. nôtre Sauveur, par envie & par malice, Dieu le Pere ne laissa pas d'accépter sa mort comme un sacrifice propitiatoire pour tous les péchés du monde.

XVII. *Object.* Mais le péché d'*Adam* & ceux de sa postérité ne sont que des desobeissances envers Dieu, ainsi la parfaite obeissance de Christ pouvoit expier toutes les trangressions des hommes : c'est pourquoi il n'étoit pas nécessaire qu'il souffrît & qu'il mourût pour nous racheter.

Rép. 1. Supposons que Dieu eût trouvé un moien plus court & plus aisé pour nous délivrer de l'état de perdition où nous étions, le condamnerons nous parce qu'il ne l'a pas fait? J. C. pouvoit d'une seule parole guérir toutes les maladies. L'aveugle né a-t-il deu murmurer contre lui, parce qu'il lui appliqua sur les yeux un peu de boue détrempée avec de la salive, & qu'il l'envoia à la fontaine de Siloé? 2 Si l'on s'imagine que le péché d'*Adam* n'étoit qu'une desobeissance, on se trompe; car il étoit non seulement coupable de desobeissance pour avoir mangé d'un fruit auquel Dieu lui avoit

* Esaie ch. 63. 1. Epit. de S. Pierre ch. 2. v. 22.

avoit défendu de toucher, il l'étoit encore d'infidélité, pour avoir ajoûté foi aux discours du serpent plûtôt qu'aux menaces de Dieu, & d'ambition en se persuadant qu'il seroit semblable à Dieu.

3. Si l'on croit que la vie innocente de Christ a pû être une satisfaction suffisante pour les péchés du Genre humain, on se trompe encore, car la satisfaction doit répondre à la peine. Dieu avoit menacé *Adam* de mort, & J. C. ne pouvoit obtenir nôtre pardon, qu'en mourant pour nous.

XVIII. *Object.* La mort dont *Adam* a été menacé étoit une mort éternelle; mais J. C. n'a point souffert, & n'a point été condamné à des peines éternelles.

Rép. J. C. n'a pas souffert les peines éternelles que nous avions méritées; mais on peut dire que son agonie & sa passion sanglante ont, par l'excés des peines qu'il a endurées, égalé celles des damnés. De sorte que, quoi que nous eussions mérité une mort éternelle, il a plu à Dieu de recevoir en satisfaction pour nous, les souffrances temporelles auxquelles nôtre Sauveur s'est bien voulu soûmettre. Ainsi ce sacrifice aiant été une Expiation pour nos péchés, & nous

aiant

aiant fait rentrer en grace avec Dieu, Jesus-Christ est mort ἀντὶ ὑμῶν, c'est-à-dire pour nous, en nôtre place.

XIX. *Object.* Il me paroît fort étrange que J. C. qui étoit même selon sa nature humaine, rempli de toutes les vertus & de toutes les perfections, & qui s'est offert volontairement à souffrir pour nous, n'a pas montré dans ses souffrances autant de joie & de courage, qu'on dit que les Martirs en ont fait paroître. *Son ame a été troublée jusqu'à la mort.* * Et la pensée de ce qu'il alloit souffrir, fit tant d'impression sur lui, qu'il en sua le sang, & *pria trois fois son Pere de détourner de lui le Calice* † d'angoisses & d'amertumes qu'il se voioit sur le point d'avaler. Enfin, sur l'arbre de la Croix, peu de temps avant que de rendre l'esprit, il s'écria, *Mon Dieu, mon Dieu, pourquoi m'as-tu abandonné?* ‡

Rép. 1. Nous ne sommes pas absolument obligés de croire tout ce qu'on nous rapporte des saints Martirs ; il se peut faire qu'on ait mêlé exprés, parmi les circonstances de leur mort, bien des choses qu'on a crû pouvoir servir à encourager les Chrêtiens, dans le tems de la persécution, & pour les exhorter à imiter leur constance. 2.

* S. Math. ch. 26. † Ibid. ‡ Ibid.

2. Les Martirs ont peut-être fait paroître beaucoup plus de courage en public que dans leurs souffrances secrétes; & s'ils ont fait des efforts pour surmonter la foiblesse de leur nature, ç'a été pour diminuer la fraieur des autres Confesseurs. 3. Quand tout ce que les Martirologes rapportent de la foi & de la constance des Martirs seroit vrai, cela doit être attribué au St. Esprit, qui les soûtenoit dans ces occasions par des consolations intérieures, & par l'espérance d'une éternelle récompense. Mais il n'en a pas été de même du fils de Dieu, sa nature humaine chargée de tous les péchés des hommes, fut abandonnée pour un tems à toute la sévérité de la colére de Dieu : ses souffrances intérieures furent tout aussi vives & aussi cuisantes que celles, dont son corps fut accablé; ainsi il n'est pas étonnant que Jesus-Christ qui étoit homme comme nous, destitué de toute consolation fût troublé & agité, à la veuë de tout ce qu'il prévoioit devoir souffrir, & que même, dans le plus fort de ses souffrances, il ait paru se plaindre à son Pere de la sévérité de sa justice, en lui demandant pourquoi il l'avoit abandonné. C'est pourquoi, si nous étions appellés à mourir pour

pour l'amour de Christ, & que nous ne sentissions pas en nous cette fermeté, & ces consolations que les prémiers Martirs ont eues au milieu des plus cruels tourmens, nous ne devrions pas conclurre de là que nôtre sacrifice ne seroit pas agréable à Dieu : car pourveu qu'à l'exemple de J. C. nôtre Maître, nous fussions humblement soûmis à la volonté divine, cela suffiroit pour rendre nôtre *mort précieuse devant Dieu*. * 4. Le trouble, la crainte & les angoisses de J. C. servent à nous faire comprendre l'excés & la valeur des souffrances qu'il a bien voulu endurer pour nous; mais ce qui doit augmenter nôtre confiance, c'est la pensée que celui qui a été tenté, qui a souffert, & qui est mort pour nous, est toûjours prest à nous assister, & à nous consoler dans les épreuves & les afflictions dont la Providence nous visite de tems en tems.

XX. *Object.* Le mistére d'une Trinité *d'Hipostases*, dans l'Unité de l'Essence de Dieu, que la Religion Chrétienne enseigne, est véritablement un mistére pour moi, & me paroît contraire à la raison, & à ce que je conçois de la simplicité de la nature de Dieu.

Rép.

* Pseaume 116.

Rép. Il ne faut pas confondre ce qui eſt au-deſſus de la raiſon, avec ce qui eſt contraire à la raiſon. Nous connoiſſons même dés à preſent beaucoup de choſes qui, quoi qu'elles ſoient au-deſſus de nôtre raiſon, ne laiſſent pas néantmoins d'étre trés raiſonnables. Suppoſons qu'un homme né dans les extrémités de la *Norvege* s'aviſât de voiager dans quelqu'une de ces Provinces de l'Affrique, ou de l'Amérique, les plus expoſées aux ardeurs du Soleil, & où les habitans n'euſſent jamais veu ni oui parler de neige ou de glace, & qu'il leur dît que dans ſon païs, à certains tems de l'année, l'eau s'endurcit tellement qu'elle peut porter les choſes les plus peſantes, & que les hommes & les animaux peuvent marcher deſſus comme ſur terre : aſſeurément ces gens-là diroient que cela eſt contre la raiſon & contre la nature de l'eau : & parce que ni la raiſon, ni l'expérience ne leur auroient jamais fait voir le contraire, il eſt ſeur qu'ils accuſeroient le Voiageur *Norvégien* de vouloir leur en faire acroire. Mais ſi ces Peuples étoient pleinement perſuadés de la probité & de la ſincérité de cet homme : s'il les aſſeuroit que c'eſt une choſe qu'il a veue de

ſes

ſes yeux, & qu'il ne voudroit pas mentir pour tous les avantages du monde, il eſt probable qu'ils ajoûteroient foi à ſon témoignage, quoi qu'ils ne compriſſent pas comment la choſe ſe pût faire. Celui qui a le premier trouvé la pierre d'aiman, ou qui en a découvert la merveilleuſe propriété, ne fut pas crû aſſeurément, dés la premiére publication qu'il en fit, beaucoup de gens doutérent de la vérité de cette nouvelle découverte, un beaucoup plus grand nombre la crurent impoſſible. Enfin le monde aiant été convaincu par expérience, on s'eſt veu contraint de demeurer d'accord de l'exiſtence d'une choſe, qui eſt en elle au-deſſus de nôtre raiſon, & les plus habiles Philoſophes, aprés un million de conjectures, de raiſonnemens, de ſupoſitions, de prétenduës démonſtrations, ſe ſont veus forcés de placer cette merveille de la nature au nombre des qualités occultes d'*Ariſtote*, & d'avouer qu'elle eſt au-deſſus de la portée de l'eſprit humain. Nous en pouvons dire autant des miſtéres du Chriſtianiſme : un Juif, un Païen qui n'a jamais eu aucune connoiſſance de la doctrine de l'Evangile, regarde le miſtére de la Trinité, comme une choſe abſurde, contraire au

bon

bon sens & à la nature de Dieu ; mais s'il étoit une fois convaincu, que J. C. qui l'a enseigné, étoit plus grand que tous les Prophétes, qu'il étoit le fils de Dieu, & que, bien loin de vouloir nous en imposer, il a confirmé cette doctrine par une infinité de miracles, Dieu aiant lui-même déclaré du haut des Cieux, qu'il étoit son fils bien aimé, que tout le monde devoit entendre, si dis-je, un Juif, un Paien, étoit une fois convaincu de toutes ces vérités, il concluroit comme nous, que, quoi que ce miſtére ſoit au-deſſus de la raiſon, cependant-il n'eſt pas contre la raiſon, & il embraſſeroit avec humilité une doctrine, qui eſt le principe, la baze & le fondement de tout le ſiſtême de l'Evangile, & de toute l'économie de la Grace.

XXI. *Object.* Jeſus-Chriſt connoiſſoit-il lors qu'il étoit enfant, qu'il étoit Dieu ?

Rép. Connoiſſiés-vous, à l'âge de ſix mois, que vous étiés une Créature raiſonnable ? La Divinité n'eſt tenuë de ſe manifeſter, que lorsqu'elle le juge à propos, & quoi qu'elle rempliſſe toutes choſes, elle ne fait pas ſentir ſa préſence par tout. Les effets intérieurs de l'union Hipoſtatique de la nature

ture divine avec la nature humaine de J. C. sont des choses que nous ne devons pas approfondir, parce qu'il n'a pas plû à Dieu de nous les révéler.

XXII. *Object.* Puisque la vérité de la Religion Chrétienne est si claire & si évidente, que ses précéptes sont si excellens, pourquoi tous les Chrétiens ne vivent-ils pas dans la pratique des vertus, auxquelles leur Religion les engage ? Il me semble, que, s'ils croient véritablement ce qu'ils font profession de croire, ils meneroient une toute autre vie, du moins pour la plûpart.

Rép. Cette question est trés raisonnable : je conviens avec vous, que la plûpart des Chrétiens ne le sont que de nom : ils connoissent la vérité, ils en sont instruits dés leur jeunnesse : ils sont exemts des préjugés de toute fausse doctrine. Les vérités que je vous ai exposées, & les preuves que je vous en ai alléguées, leur sont familiéres, & cependant ils semblent les méprifer, ou du moins ils n'y font aucune attention. Sachés que leur condamnation en sera d'autant plus grande. Leurs vices ne doivent pas vous scandalifer, & vous n'en devés tirer aucune conséquence contre la vérité de la Religion; souvenés-vous

vous de ces paroles de nôtre Sauveur, que *le serviteur qui connoît la volonté de son Maître, & ne la fait pas, sera battu de plus de coups*, * & en un autre endroit, *Ils viendront de l'Orient & de l'Occident, du Midi & du Septentrion, prendre place dans le Roiaume de Dieu, pendant que vous, qui étes à la porte, en serez chassés*, § c'est-à-dire que Dieu appellera des endroits les plus éloignés de la terre des Peuples à la connoissance de sa verité, pour remplir la place des Chrétiens, qui aiant méprisé sa grace & persisté dans leurs crimes, seront condamnés au feu éternel.

Voilà les principales objections que j'alleguois contre la Religion Chrétienne sur lesquelles j'ai receu une entiére satisfaction. Béni soit à jamais la divine bonté, qui m'a appellé par sa grace, éclairé par son esprit, & conduit par son serviteur, dans le droit sentier qui méne à la vie éternelle. Fasse le ciel, que je ne m'en détourne jamais : & à ce grand Dieu, Pere, fils & St. Esprit, soit tout honneur & toute gloire, maintenant & à jamais. *Amen.*

F I N.

* St. Luc ch. 17. v. 46. & 48.
§ St. Matt. ch. 8. v. 11 & 12.

TA-

ered
TABLE
DES CHAPITRES.

Chap. I. De la fertilité, situation, étenduë & division de l'Ile. 1

II. Des grandes révolutions arrivées dans l'Ile Formosa. 4

III. De la forme du Gouvernement de l'Ile Formosa & des Loix que l'Empereur Meryaandanoo y a établies. 24

IV. De la Religion des Formosans. 32

V. De la croyance des Formosans, sur l'état des ames après la mort. 54

VI. De l'élection & Office du Grand Prêtre, du grand Sacrificateur, des differens Prêtres & Sacrificateurs inférieurs, & des Religieux qui vivent en commun sous la conduite d'un Supérieur. 59

VII. Des cérémonies observées dans le Temple aux jours de Fête. 66

VIII. Des différentes postures dont usent les Formosans en adorant Dieu & les Astres. 70

IX. Des cérémonies du mariage. 73

X. Des cérémonies observées à la naissance des Enfans. 77

XI. Des Funerailles. 80

XII. Des habits des Prêtres & des Religieux. 84

XIII.

TABLE

Chap. XIII. *Des différentes sortes d'habits des autres habitans de Formosa, suivant le rang, l'état & la condition des Peuples.* 90

XIV. *De la couleur, de la taille & des qualitez personnelles des Formosans.* 103

XV. *Des Villes, Palais, Châteaux & Maisons particuliéres de Formosa.* 107

XVI. *Des diverses coûtumes des Formosans.* 116

XVII. *De quelques autres coûtumes superstitieuses des Peuples de Formosa.* 128

XVIII. *De la langue des Formosans.* 137

XIX. *Des arts liberaux & méchaniques.* 151

XX. *Des armes le plus en usage au Japon & à Formosa.* 158

XXI. *Des instrumens de Musique les plus ordinaires au Japon & à Formosa.* 162

XXII. *De la maniére d'élever les enfans à Formosa.* 164

XXIII. *Des Marchandises qu'on trouve à Formosa & de celles qui y manquent.* 167

XXIV. *Des espéces d'Animaux particuliers à ce Païs.* 170

XXV. *Des fruits de la terre.* 172

XXVI. *Des choses que les Formosans mangent le plus ordinairement.* 177

XXVII. *Des maladies particuliéres aux For-*

DES CHAPITRES.

Formosans & des remédes qu'ils y apportent. 180

XXVIII. *Des poids & des mesures.* 185
XXIX. *Des différentes espéces de monnoie qu'on trouve à Formosa & dans tout le Japon.* 187
XXX. *Des revenus du Roi, du Vice-Roi, du Cariluan, ou du grand Général, & de quelques autres personnes élevées à des Charges ou emplois considérables.* 191
XXXI. *De la Marine de Formosa, & des commoditez dont on se sert pour voyager par terre.* 192
XXXII. *Des équipages & du train magnifique du Vice-Roi de Formosa & du grand Général, lors qu'ils vont saluer l'Empereur.* 194
XXXIII. *Du triste succés des missions des Jesuites dans le Japon, depuis l'an 1549. jusqu'en 1616. & principalement des raisons qui obligérent les Japonnois à les exterminer eux & tous les Chrétiens du Païs, & à leur en deffendre l'entrée sous peine de mort.* 198
XXXIV. *De l'arrivée des Hollandois au Japon, aprés le massacre des Chrétiens, & des moiens qu'ils ont emploiés pour s'y établir, ou pour y avoir au moins la liberté du Commerce.* 217

S XXXV.

TABLE

XXXV. *Des moiens dont usent à présent les Jésuites pour aller dans le Japon & à Formosa, & pour y vivre sans être connus.* 223

XXXVI. *Relation des Voiages du Sr. Psalmanaasaar, natif de Fermosa, en plusieurs endroits de l'Europe, & de la persécution qu'il a soufferte à Avignon.* 229

XXXVII. *De ce qui arriva au Sr. Psalmanaasaar, depuis qu'il sortit d'Avignon, jusqu'à ce qu'il fût arrivé en Hollande.* 267

XXXVIII. *Motifs de Conversion du Sr. Georges Psalmaanazaar.* 284

XXXIX. *Suite des motifs de Conversion du Sr. Georges Psalmanaazaar.* 297

XL. *Diverses objections contre la Religion Chrétienne, & leurs solutions.* 375

Fin.

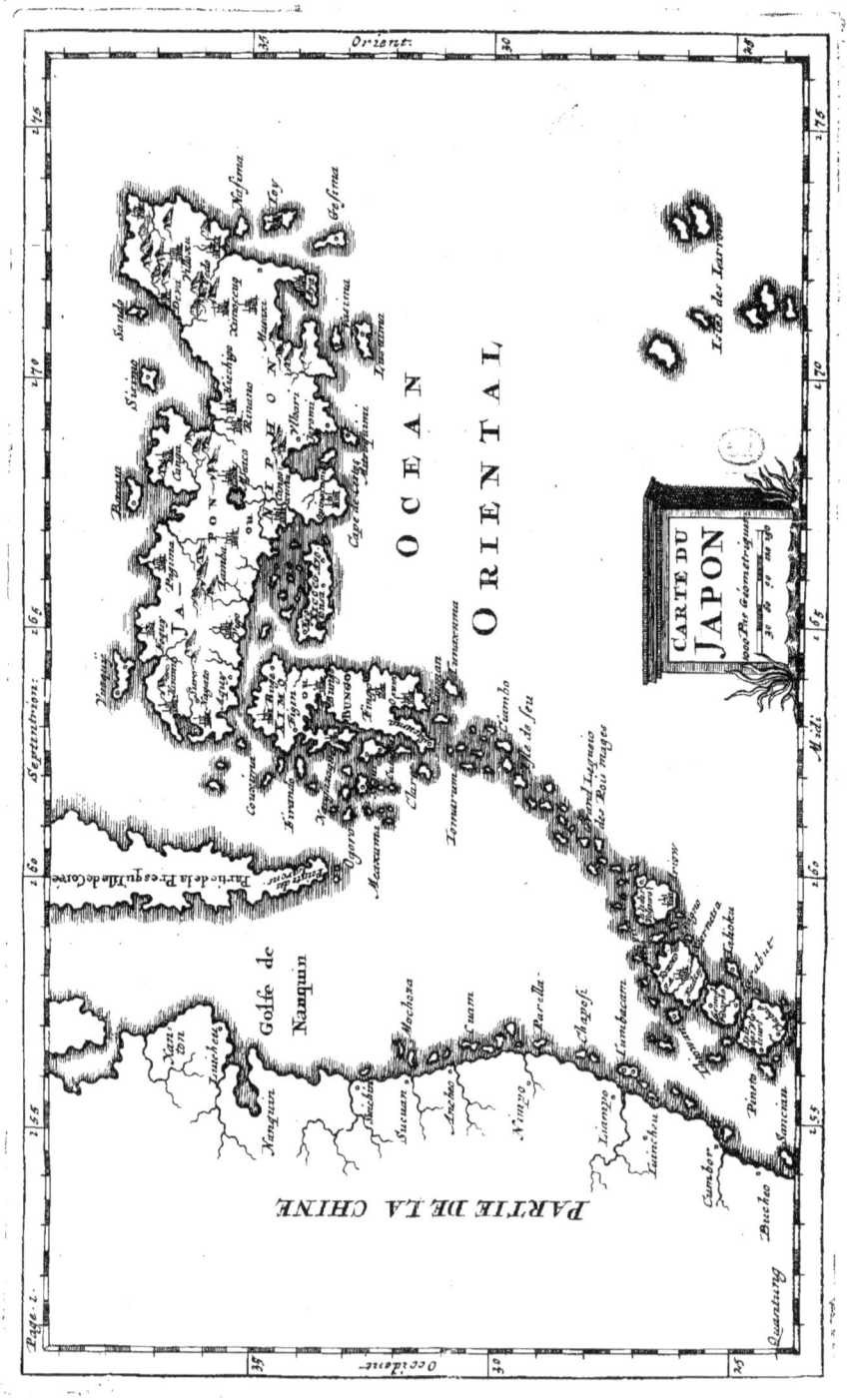

www.ingramcontent.com/pod-product-compliance
Lightning Source LLC
Chambersburg PA
CBHW072125220426
43664CB00013B/2126